Birger Schäfermeier

Die Kunst des erfolgreichen Tradens

Birger Schäfermeier

Die Kunst des erfolgreichen Tradens

So werden Sie zum Master-Trader

Bibliografische Information der Deutschen Nationalbibliothek:
Die Deutsche Nationalbibliothek verzeichnet diese Publikation in der Deutschen Nationalbibliografie. Detaillierte bibliografische Daten sind im Internet über http://dnb.de abrufbar.

Für Fragen und Anregungen:
info@m-vg.de

Wichtiger Hinweis
Ausschließlich zum Zweck der besseren Lesbarkeit wurde auf eine genderspezifische Schreibweise sowie eine Mehrfachbezeichnung verzichtet. Alle personenbezogenen Bezeichnungen sind somit geschlechtsneutral zu verstehen.

Originalausgabe
7. Auflage 2025

ein Imprint der Münchner Verlagsgruppe GmbH
Türkenstraße 89
D-80799 München
Tel.: 089 651285-0

Gesamtbearbeitung: UnderConstruction, München
Umschlaggestaltung: Judith Wittmann
Lektorat: Dr. Renate Oettinger
Satz: inpunkt[w]o
Druck: Florjancic Tisk d.o.o., Slowenien
Printed in the EU

ISBN Print 978-3-89879-672-9
ISBN E-Book (EPUB, Mobi) 978-3-86248-342-6

Weitere Informationen zum Verlag finden Sie unter

www.finanzbuchverlag.de

Beachten Sie auch unsere weiteren Verlage unter www.m-vg.de

Inhalt

Danksagung 10

Vorwort 11

1: Was ein Trader wirklich will und wie er es erreicht 17

Finden Sie heraus, was Sie wollen 17

Fragen Sie sich, welche Werte Sie in Ihrem Leben anstreben 20

Konditionieren Sie sich auf Erfolg!

Formulieren Sie Ihre Ziele richtig! Wichtige Regeln, die Sie beachten sollten, wenn Sie Ihre Ziele formulieren 25

2: Zwei Basics: Vor Ihrem Weg zum Master-Trader müssen Sie diese beiden Dinge akzeptieren! 29

Übernehmen Sie 100 Prozent Verantwortung 29

Konzentrieren Sie sich auf die Dinge, die Sie wirklich kontrollieren können 32

3: Entwerfen Sie einen Plan, der funktioniert! 35

Aufgaben eines Geschäfts- und Trading-Plas 35

So stellen Sie einen umfassenden Plan auf. 40

Der Trading-Plan 48

Beispiel eines Business- und Trading-Plans 65

Mein Trading-Plan (auszugsweise) 70

4: Glaubenssysteme! 75

Wie funktioniert unser Gehirn? . . . 75
Glaubenssätze bestimmen unser Verhalten . . . 78
Es gibt keine Realität – nur eine interne Repräsentation der Welt . . . 80
Wie Überzeugungen unser Handeln beeinflussen . . . 82
Überzeugungen beim Traden . . . 84
So finden Sie Glaubenssätze, die Sie unterstützen . . . 88

5: Zustände und Stimmungen 93

Stimmungen bestimmen unser Verhalten. If you can handle your emotions, you can handle trading . . . 93
Wie entstehen Stimmungen? . . . 95
Disziplin . . . 101
Schritte zur Disziplin . . . 106
So entwickeln Sie einen Verhaltenskompass . . . 109

6: Produktive Stimmungen für den Trading-Erfolg 117

Zustände und Daseinsformen von Tradern . . . 117
Für jeden Trading-Schritt die optimale Stimmung . . . 121
Exzellenz durch Stimmungskontrolle . . . 129

7: Wie finde ich heraus, was eine gute Wette ist? 137

Marktanalyse und ihre Bedeutung . . . 137
Das Chance-Risiko-Verhältnis . . . 144
Kritik am Chance-Risiko-Verhältnis . . . 147
Hit-Rate und Payoff-Ratio . . . 148
Der Erwartungswert . . . 154
Risk of Ruin . . . 159

8: Anfänger legen großen Wert auf den richtigen Einstieg, dabei ist dieser am unwichtigsten 169

Der Einstieg 169
Der zufällige Einstieg 170
So planen Sie Ihren Einstieg 173
Die Philosophie 173
Beurteilen Sie die psychologische Verfassung des Markts 178
Wann steigen wir ein? Klare objektive und spezifische Kriterien 180
Setzen Sie Ihre Regel konsequent um – auch in Verlustphasen 181
Wo steigen Sie ein, oder: So lauern Sie auf Ihren besten Einstieg 183
Poker-Strategie 184
Der Opportunity-Faktor 186
Diese Schritte müssen Sie gehen 187
Das sollten Sie bei jedem Einstieg beachten 188
Planen Sie mit jedem Einstieg bereits den Re-Entry 189
Seien Sie mit der ersten Position aggressiv, und laden Sie nach, sobald es für Sie läuft 190
Steigen Sie nicht zu häufig ein 191
Vermeiden Sie einen Einstieg vor wichtigen Wirtschaftsdaten 192
Gibt es einen klugen Entry, und wie sähe dieser aus? 192

9: Exit-Strategien sind das wahre Geheimnis der Master-Trader 195

Das fundamentale Gesetz des Tradens – und warum so viele Exit-Strategien gegen dieses Gesetz verstoßen 195
Sind Sie endlich bereit dazu, um Ihre Gewinne zu pokern? 198
Die Truthahnfalle 200
Meine Exit-Regeln 205
So finden Sie Ihre perfekte Exit-Strategie 209

10: Auf der Suche nach der »Maximum Rate of Return« 213

Das Kelly-Kriterium . . . 213
Optimal-F . . . 218
So berechnen Sie das Risk of Ruin eines Systems . . . 221
Maximum Rate of Return . . . 222

11: Monte-Carlo-Simulationen 231

Was unterscheidet eine Simulation vom Backtesting? . . . 231
So simulieren Sie Ihr System . . . 233
So entwickeln Sie eine Simulation auf Excel . . . 237

12: Position-Sizing 245

Ein-Lot-Trader handeln suboptimal . . . 245
Position-Sizing – der Turbo für Ihre Performance . . . 249
So entwickeln Sie einen optimalen Money-Management-Algorithmus . . . 255
Regeln des Position-Sizings . . . 260
Verbillige nie . . . 261
Erhöhe niemals dein Initial-Risiko . . . 261
Übertrade nicht . . . 261
Sei diszipliniert . . . 262
So pyramidisiert man . . . 263
Psychologische Überlegungen beim Aufbau einer Pyramide . . . 268
Beispiel einer Pyramide . . . 270

13: Trading-Krisen erfolgreich überwinden 271

Regel 1: »Stay in Business« . . . 271
Regel 2: »Frage nicht warum, sondern wie« . . . 277
Wege aus der Krise . . . 278
Sofortmaßnahmen . . . 278
Generelle Maßnahmen . . . 280

Externe Kontrolle 281
Interne Kontrolle 281

14: Trading bedeutet, strategisch zu denken 283

Trading-Taktiken 283
Trading-Taktik 1: Pokere um deine Gewinne 285
Trading-Taktik 2: Reduziere dein Risiko nur im Verlust 286
Trading-Taktik 3: Versuche nicht, den Gewinn eines Trades, sondern die Summe aller Gewinn-Trades zu maximieren 287
Trading-Taktik 4: Verwende gemischte Strategien 289
Trading-Taktik 5: Pokere immer, wenn der Erwartungswert des Pokerspiels positiv ist 292
Trading-Taktik 6: Da wir als Trader immer ein Risiko eingehen müssen, sollten wir es eingehen, so früh es geht 297
Trading-Taktik 7: Sorgfältige Planung bringt Vorteile in unsicheren Situationen 298
Trading-Taktik 8: Wer im Vorteil ist, darf diesen nicht wieder hergeben 298
Trading-Taktik 9: Stelle deine Gewinne niemals gestaffelt glatt 299
Trading-Taktik 10: Leg Trading-Pausen ein 299

▸ Danksagung ◂

Mein Dank gilt meiner geliebten Frau Christina, die nicht nur in stundenlanger Arbeit dieses Werk Korrektur gelesen hat, sondern auch viel Verständnis für den hohen Zeitaufwand hat, den mein Beruf erfordert.

Ebenfalls danken will ich meinen Eltern, in deren Erziehung Werte wie Freiheit und Gerechtigkeit einen hohen Stellenwert hatten. Nicht zuletzt deshalb bin ich ein Trader geworden.

Dank gebührt auch meinem Freund Karsten, der mir mit seiner hilfreichen täglichen Unterstützung meiner Trading-Tätigkeit unter anderem den Freiraum geschaffen hat, dieses Buch zu schreiben.

▸ Vorwort ◂

Die Suche nach dem Schlüssel zur finanziellen Freiheit durch Trading – Investmenterfolg und Spitzen-Performance – führt die meisten Menschen auf eine lange, teure und häufig unendliche Odyssee. Dutzende von Trading-Strategien werden erprobt, die unterschiedlichsten Indikatoren getestet, Gurus befragt, Analysen gewälzt – und natürlich unterbleibt auf dieser Irrfahrt nicht die Suche nach dem Heiligen Gral, »der« Methode, »dem« Handelssystem, das einem sichere und dauerhafte Gewinne verspricht.

Nur eine geringe Anzahl von Tradern verwirklicht ihr Ziel, eine kontinuierliche Spitzen-Performance zu erwirtschaften. Viele scheiden unterwegs aus. Sei es, dass ihnen die Mittel ausgehen, sei es, dass sie die Lust verlieren oder den Glauben, dass es jemals möglich sei, dieses Ziel zu erreichen. Studien zeigen, dass nur etwa fünf Prozent aller Futures-Trader dauerhaft erfolgreich sind.

Woran liegt es, dass es nur so wenige Gewinner bei diesem Spiel der Spiele gibt? Ist Trading-Erfolg etwa eine Frage des Talents? Ist vielleicht auch nur Glück im Spiel, wenn jemand Jahr für Jahr Millionen an den Kapitalmärkten dieser Welt mit Trading verdient? Oder sollte es tatsächlich so sein, dass diese Auserwählten ein geheimes Handelssystem entdeckt haben, das sie zu Super-Tradern macht?

Nichts dergleichen – weder Talent noch Glück noch das Handelssystem –, so wissen erfahrene Trader und Investoren, ist der Schlüssel zur finanziellen Freiheit, zur Spitzen-Performance.

Einzig und allein ausschlaggebend für den Erfolg eines Traders ist die unbezahlbare Fähigkeit zur INTERNEN KONTROLLE und zur Risikokontrolle.

Interne Kontrolle ist gleichbedeutend mit Zustandskontrolle, auch Disziplin genannt. Dies ist der Schlüssel zu unendlichen Gewinnen. Disziplin ist nicht die Fähigkeit, Regeln zu befolgen. Disziplin bedeutet mehr.

Disziplin ist die Fähigkeit, sich jederzeit in eine optimale produktive Stimmung für die gerade zu bewältigende Aufgabe zu versetzen. Ein Beispiel: Jeder von uns kennt die Straßenverkehrsregeln, aber häufig verstoßen wir gegen sie. Warum? Weil wir gerade müde, unkonzentriert, wütend, aggressiv, nervös oder in einer anderen unproduktiven Stimmung sind. Genauso ist es beim Trading: Wir wissen sehr genau, welche Regeln uns zum Erfolg führen. Aber häufig sind wir nicht in der Lage beziehungsweise Stimmung, diese Regeln zu befolgen. Wir sind ängstlich, gierig, ungeduldig, nervös und dadurch nicht in der optimalen Verfassung für die vor uns liegende Aufgabe. Ein ängstlicher Trader wird zum Beispiel beim Traden zu schnell seine Gewinne mitnehmen.

Wer in der Lage ist, sich jederzeit in eine beliebige Stimmung zu versetzen, dem ist es möglich, jederzeit optimale Voraussetzungen für die gerade zu bewältigende Aufgabe zu schaffen. Nur in der richtigen Stimmung werden wir auch den bestmöglichen Output bei der Lösung einer Aufgabe erzielen.

Stellen Sie sich vor, Sie müssten eine Rede vor wichtigen Leuten halten. Wann könnten Sie diese Rede besser halten: in einer nervösen Stimmung oder in einem selbstbewussten Zustand? Die Antwort liegt auf der Hand.

Es gibt für jede zu bewältigende Aufgabe produktive und unproduktive Stimmungen. Die Kunst ist es, sich jeweils vor Bewältigung der Aufgabe in einen optimalen produktiven Zustand zu versetzen. Beim Trading gibt es in den unterschiedlichen Phasen verschiedene Aufgaben zu bewältigen. In diesem Buch werde ich Ihnen zeigen, welche Aufgaben Sie beim Trading bewältigen müssen und wie Sie sich für jede Sekunde des Tradens in eine optimale produktive Stimmung versetzen können.

Bisher gingen viele Trader davon aus, dass Stimmungen nicht ihrer Kontrolle unterliegen, ihre Stimmung also extern bestimmt oder zufällig ist. In den folgenden Kapiteln werden Sie erfahren, dass genau das Gegenteil der Fall ist: Wir selbst sind es, die unsere Stimmungen kontrollieren.

Ein Trader ist beispielsweise schlecht gelaunt und aggressiv, weil er den sechsten Verlust in Folge hinnehmen musste. Dass er nach so vielen Rückschlägen nicht gerade in positiver Stimmung ist, wird man ihm nicht verübeln. Aber jedem ist klar, dass das Trading-Ergebnis unter einem aggressiven Zustand erheblich leiden wird. Statt aggressiv und übel gelaunt zu sein, könnte der Trader sich auch in einen zuversichtlichen, entspannten Zustand bringen. Die Auswirkungen auf sein Trading-Verhalten und -Ergebnis wären gewaltig.

Der aggressive Trader wird dazu neigen, sich ständig mit dem Markt anzulegen. Er wird sein Risiko erhöhen, und nur Gewinne können ihn in seiner Wut besänftigen. Wer hingegen zuversichtlich ist, der wird auch weiterhin nach seinen Trading-Regeln handeln können.

Um zu verstehen, wie wir unsere Stimmungen und unseren Zustand kontrollieren können, werde ich zuerst darüber sprechen, wie Stimmungen zustande kommen. Immer wieder treffe ich in meinen Seminaren auf Leute, die sich zunächst fragen, was das Ganze mit Traden zu tun hat.

Ich werde Ihnen zeigen, dass es beim Traden unterschiedliche Aufgaben zu lösen gibt. Sie müssen eine Trading-Idee (Low-Risk-Idee) entwickeln, Sie müssen eine geistige Probe absolvieren, Sie müssen Ihren Trade beobachten und vieles mehr.

Jede dieser Aufgaben erfordert eine unterschiedliche Stimmung. Je besser Sie sich in einen von Ihnen selbst bestimmten Zustand versetzen können, umso besser wird das Ergebnis der zu lösenden Aufgabe sein. Lösen Sie alle Aufgaben im optimalen Zustand, dann erreichen Sie Ihr Ziel ganz einfach: exzellentes Trading.

Menschen scheitern beim Traden, weil sie sehr viel Wert auf externe Kontrolle legen. Bei externer Kontrolle handelt es sich um Problemstellungen wie die Frage, wann man am besten eine Position eröffnet oder welches das beste Trading-System oder die beste Analysemethode ist.

Ich werde Ihnen in diesem Buch zeigen, dass eine externe Kontrolle uns beim Traden nicht weiterhilft. Externe Kontrolle ist zum größten Teil Illusion und kann sogar beim Traden hinderlich sein.

Einen Punkt allerdings gibt es, den wir extern kontrollieren können und müssen. Dieser Punkt, um den kein Trader herumkommt, ist die Risikokontrolle. Neben der internen Kontrolle ist sie der einzige Faktor, der Sie zu einem erfolgreichen Trader macht. Trading lässt sich am besten mit dem Wort »Risikokontrolle« umschreiben. Wenn ich gefragt werde, was ich in meinem Beruf mache, antworte ich meistens, dass ich Risiko manage.

Um Risiko kontrollieren zu können, müssen wir wissen, welche Möglichkeiten und Instrumente uns dafür zur Verfügung stehen. Dabei handelt es sich nicht nur um Stops, sondern zum Beispiel auch um Money-Management-Funktionen. Money-Management ist ein ausschlaggebender Faktor beim Trading. Money-Management heißt nicht: Wo setze ich meinen Stop?, sondern: Wie viel Geld riskiere ich mit dieser Position, also wie groß ist die Position?

Sie können trotz einer erfolgreichen Strategie Ihr Konto ruinieren, wenn Sie kein oder ein falsches Money-Management verwenden. Auf meinen Seminaren lasse ich die Teilnehmer in einer Simulation mit einem vorgegebenen Trading-System traden. Einstieg in eine Position und Ausstieg werden dabei vom System bestimmt. Der Trader hat lediglich zu entscheiden, wie viel Geld er der Position zuordnen will. Kauft er 100 Aktien, 1.000 Aktien oder irgendeine andere Anzahl? Nach einigen Simulationen vergleichen wir die Kontostände. Jeder Teilnehmer hat einen anderen Kontostand. Einige haben ihr Konto halbiert, andere verdoppelt, obwohl alle die gleiche Trading-Strategie angewendet haben. Lediglich durch das Money-Management haben sich die Ansätze unterschieden.

Es gibt typische menschliche Verhaltensweisen, die dazu führen, dass wir unser Risiko vergrößern, wenn wir verlieren. Menschen sind von Natur aus risikofreudig in Bezug auf Verluste und risikoavers in Bezug auf Gewinne. Getreu dem Motto »Lieber den Spatz in der Hand als die Taube auf dem Dach« sind wir zu knauserig, wenn es um Gewinne geht. Allerdings heißt es auch: »Die Hoffnung stirbt zuletzt«, sodass wir häufig zu großzügig sind, wenn wir Verluste hinnehmen müssen. Welche menschlichen Instinkte diese Verhaltensweisen begünstigen und wie man sich dagegen wehren kann, erkläre ich in diesem Buch.

Wenn es um erfolgreiches Traden geht, müssen wir uns immer wieder vergegenwärtigen, dass die menschliche Natur und die ihrer Instinkte uns häufig nicht beim Traden unterstützen, sondern uns behindern. Zusammengefasst geht es in diesem Buch also um zwei Dinge: um Selbstkontrolle und um Risikokontrolle.

Selbstkontrolle ist die Beherrschung der richtigen Kommunikation mit seinem eigenen Unterbewusstsein, die Fähigkeit zu wissen, was man will, wie man es erreichen kann, und sich in den dafür optimalen Zustand zu versetzen. Auf den ersten Blick werden Sie denken: Das ist keine leichte Aufgabe. Aber es ist eine Aufgabe, die vor Ihnen schon viele erfolgreiche Trader gemeistert haben. Dieses Buch wird Ihnen dabei helfen, Trading-Exzellenz zu erreichen.

Risikokontrolle ist die Fähigkeit, Money-Management-Strategien zu entwickeln und Low-Risk-Ideen umzusetzen, die es Ihnen ermöglichen, Tag für Tag, Monat für Monat und Jahr für Jahr eine Outperformance zu erwirtschaften und mehrstellige Renditen zu verdienen. In diesem Buch zeige ich Ihnen meine Strategien, die nicht nur mir, sondern auch vielen anderen Investmentprofis und Super-Tradern zum absoluten Trading-Erfolg verholfen haben. Sie werden lernen, was eine Idee mit niedrigem Risiko auszeichnet und wie Sie selbst Low-Risk-Ideen entwickeln können.

Birger Schäfermeier

► Kapitel 1 ◄

Was ein Trader wirklich will und wie er es erreicht. Finden Sie den Zweck heraus, der hinter Ihren Zielen steht, und werden Sie sich darüber klar, was Sie wirklich wollen.

► Finden Sie heraus, was Sie wollen

Bunker Hunt, ein texanischer Ölmillionär, wurde einmal gefragt, wie man zu Erfolg gelangt.

Er sagte, darauf gebe es eine einfache Antwort: »Erstens muss man sich darüber klar werden, was man will, zweitens entschließt man sich, den Preis zu zahlen, um es zu verwirklichen, und dann bezahlt man den Preis. So einfach ist es, Erfolg zu haben.«

Die meisten Menschen sind erfolglos, weil sie schon den ersten Schritt zum Erfolg verpassen: Sie wissen einfach nicht, was sie wollen. Dasselbe gilt für viele Trader. Auf die Frage »Was willst du beim Traden erreichen?« erhalte ich immer wieder die Antwort: »Was schon. Viel, viel Geld verdienen.« Meistens sage ich demjenigen dann, er solle sich vorstellen, er bekäme von mir jetzt sehr viel Geld, sagen wir eine Million Euro, allerdings nur unter der Bedingung, dass er sie vollständig wieder ausgibt. Dafür hat er eine Minute Zeit, alle Dinge auf eine Liste zu schreiben, die er sich kaufen würde. Die einzige Regel dabei ist: Er darf das Geld nicht investieren und auch keine Immobilie dafür erwerben, er muss es also vollkommen verkonsumieren. Ich überreiche ihm einen Zettel und einen Stift, und begierig fangen die meisten an zu schreiben: ein Luxusauto, Armani-Anzüge, eine goldene Uhr, teure elektronische Geräte, eine Luxusreise und so weiter. Kaum jemand schafft es, die Million auszugeben. Nach den ersten drei oder vier Wünschen kommt der Schreibfluss ins Stocken. Was kann ich noch brauchen, was will ich, und wozu?

Schnell stellt der Trader fest, dass »viel Geld« ein sehr unspezifisches Ziel ist, das ihn nicht weiterbringt, weil er nicht weiß, was er mit dem Geld machen will. Um erfolgreich zu sein, müssen Sie sich aber darüber klar werden, was Sie wirklich wollen. Geld ist zwar ein Produkt, das beim Traden generiert wird, aber es ist nicht Ihr wirkliches Ziel.

Deshalb stelle ich dem Trader eine weitere Frage. Er soll sich vorstellen, er hätte so viel Geld, wie er sich wünscht. Was würde er damit tun? Würde er sich ein Haus damit kaufen oder doch einen Sportwagen? Wenn er ein Haus erwerben will, warum gerade ein Haus? Etwa, damit er nie wieder Miete zahlen muss? Was beunruhigt ihn daran, Miete zu zahlen? Fühlt er sich sicherer, wenn er ein abbezahltes Haus besitzt? Wenn er sich einen Sportwagen kaufen will, frage ich ihn, wieso es gerade ein Sportwagen sein muss und kein Oldtimer. Etwa weil es Spaß macht, schnell zu fahren, oder weil es ihm ein junges, erfolgreiches Image gibt?

Ich versuche herauszufinden, was der Trader wirklich will. Das sind nämlich keine Güter, sondern Werte wie Sicherheit, Anerkennung, Spaß, Unabhängigkeit und Freiheit. Diese Werte bestimmen unser Handeln. Niemand will einen Sportwagen, weil er sich damit von A nach B bewegen kann. Vielmehr steht hinter diesem Wunsch die Sehnsucht nach einem Gefühl. Dieses Gefühl zu erfahren und zu erreichen, das ist sein Ziel. Hinter jedem Ziel steht ein Zweck, den es herauszufinden gilt.

Wenn Sie nicht genau wissen, was Sie wollen, dann wird es Ihnen auch unmöglich sein, Ihr Ziel zu erreichen. Oder würden Sie sich auf eine Reise ohne Ziel begeben? Die Wahrscheinlichkeit, dass Sie, ohne es zu kennen, an dem Ziel landen, das Sie erreichen wollten, ist sehr gering. Es wäre ein glücklicher Zufall. Wir traden aber nicht, um auf einen glücklichen Zufall zu hoffen, sondern um ein ganz bestimmtes Ziel zu erreichen. Häufig ist uns dies aber nicht klar.

Schon als kleiner Junge hatte ich das Ziel, mit spätestens 30 Millionär zu sein. Ich erreichte dieses Ziel schon viel früher: Mit 22 Jahren, noch während meines Studiums, hatte ich meine erste Million verdient. Allerdings hatte ich keinen blassen Schimmer, warum ich Millionär sein wollte, und erst recht wusste ich nicht, was ich mit dem Geld machen wollte. So ließ ich das Geld auf dem Konto stehen und handelte weiter. Ich war zwar Millionär, aber das glückliche Gefühl, mein Ziel erreicht zu haben, dauerte nur wenige Tage. Danach war ich irgendwie unzufrieden, obwohl ich doch so viel Geld auf dem Konto hatte.

Diese Unzufriedenheit verstärkte sich von Tag zu Tag, und ich wusste damals nicht, wieso. Ich war nun Millionär, und mein vermeintliches Ziel war erreicht. Weil das Geld aber weiter auf meinem Trading-Konto war und ich mir wirklich gar nichts gönnte (wozu auch: Ich wollte das Geld des Geldes wegen und hatte keine Ahnung, wozu ich es verwenden wollte, welches Gefühl ich fühlen wollte), hatte das Geld schon nach wenigen Tagen keine Bedeutung mehr für mich. Es war nur noch eine Zahl.

Ich lebte in meiner Studentenwohngemeinschaft in einem kleinen Zimmer mit einem Kohleofen und einem unbeheizten Bad. Die Million war nur eine Zahl auf meinem Konto. Das Geld produzierte kein Gefühl in mir und wurde deshalb für mich bedeutungslos. Ich wusste es nicht zu schätzen, denn was konnte mir diese Million noch geben? Im Unterbewusstsein strebte ich, wie jeder Mensch, bestimmte Werte an. Unter anderem waren für mich Spaß und Aufregung ein Gefühl, das ich mir sehnlichst wünschte. Wenn Sie sehr diszipliniert handeln, dann sind

Spaß und Aufregung das Letzte, was Sie spüren. Genauso war es, als ich mir mühselig die erste Million verdiente. Ich wollte aber Spaß.

Nun, wie produziert man am besten Spaß und Aufregung mit einer Million, wenn einem diese Sehnsucht nicht bewusst ist und das Unterbewusstsein das Kommando übernimmt? Ganz einfach: Sie rufen als 22-Jähriger Ihren Banker an und kaufen eine kurzfristige DAX-Option für einen Betrag, der das zehnfache Jahresgehalt dieses Manns ist. Jeder Punkt Veränderung am Markt bedeutet nun mehrere 10.000 Mark. Ihr Konto beginnt eine Achterbahnfahrt. In wenigen Minuten verdienen oder verlieren Sie Beträge in der Größenordung des Preises von Luxussportwagen.

Ich hatte nun meinen Spaß und die gewünschte Aufregung. Gut für mein Konto war das allerdings nicht. Innerhalb von nur drei Monaten war die komplette Million verzockt, und ich war wieder dort, wo ich angefangen hatte: bei null!

Erst viel später habe ich gelernt, warum ich das hart verdiente Geld so schnell wieder verloren habe. Ich habe mein Ziel nicht gekannt, ich war mir nicht darüber klar, was ich wirklich wollte. Erst als mir dies bewusst wurde, war ich auch in der Lage, kontinuierlich Geld zu verdienen und erwirtschaftete Gewinne im Sinne meiner Ziele einzusetzen.

Sie können sicher sein, dass Sie als Trader niemals dauerhaft erfolgreich sein werden, wenn Sie nicht wirklich wissen, wozu Sie traden, welches Ziel Sie verfolgen und warum Sie dieses Ziel unbedingt erreichen wollen. Das Wissen um Ihr Ziel ist eine entscheidende Information, um Ihre Reise nicht zu einer Odyssee werden zu lassen.

► Fragen Sie sich, welche Werte Sie in Ihrem Leben anstreben

Traden wird einen großen Teil Ihres Lebens bestimmen. Nur wenn Sie Ihr Wertkonzept in Ihrer Berufung als Trader wiederfinden, werden Sie sich in einem Zustand befinden, in dem Sie dauerhaft eine Spitzen-Performance erreichen können.

Als Trader müssen Sie sich klar werden, welches Gefühl und welche Werte Sie anstreben. Das ist bei jedem Menschen unterschiedlich und ändert sich im Laufe des Lebens. Als ich Anfang 20 war, haben mich Werte wie Sicherheit nicht interessiert. Was ich wollte, waren Spaß, Anerkennung und Aufregung. Zehn Jahre später – ich hatte meine Familie gegründet – war Sicherheit für mich ein bedeutendes Gefühl, das ich spüren wollte, um zufrieden zu sein. Sie können sich vorstellen, dass Sie vollkommen unterschiedliche Verhaltensweisen an den Tag legen, wenn Sie nach Sicherheit streben oder nach Anerkennung und Aufregung. Derjenige, der Sicherheit als oberstes Ziel anstrebt, wird sich ein Haus kaufen, derjenige, der nach Anerkennung und Aufregung strebt, den Sportwagen vorziehen.

Natürlich streben wir immer mehrere Werte an. Es gibt jedoch einen Wert, der unser Handeln dominiert, einen Wert, den wir – müssten wir uns entscheiden – allen anderen vorziehen würden. Sie können das ganz leicht herausfinden, indem Sie alle Werte, die für Sie wichtig sind, untereinander auf eine Liste schreiben. Im nächsten Schritt suchen Sie nach Prioritäten unter den Werten, die Sie sich für Ihr Leben wünschen. Das machen Sie, indem Sie zwei Werte von Ihrer Liste unter dem Aspekt, welcher der wichtigere für Sie ist, miteinander vergleichen. Sie stellen sich dabei am besten vor, Sie könnten in Ihrem Leben nur einen dieser Werte erreichen. Auf welchen würden Sie dann zugunsten des anderen verzichten?

Auf Ihrer Liste könnten etwa die Werte Harmonie, Erfolg, Gesundheit, Ehrlichkeit und Sicherheit stehen. Fragen Sie sich nun, was wichtiger für Sie ist: Harmonie oder Erfolg? Nehmen wir an, die Antwort ist Erfolg, dann vergleichen Sie anschließend Erfolg mit Gesundheit. Ist Gesundheit wichtiger, stellen Sie diesem Wert die Ehrlichkeit gegenüber. Ist Gesundheit wichtiger für Sie als Ehrlichkeit und auch Sicherheit, haben Sie den Wert gefunden, der an der Spitze Ihrer Werteskala steht.

Um die weitere Reihenfolge herauszufinden, gehen Sie nun mit den verbleibenden Werten erneut wie oben beschrieben vor.

Sobald Sie Ihre Werteskala aufgestellt haben, sollten Sie sich für jeden Wert die Frage stellen, woran Sie erkennen können, dass Sie diesen Wert erreicht haben. Wie sähe Ihr Leben aus, wenn es vollkommen im Einklang mit dem gewünschten Wert stehen würde? Wie müsste Ihr Umfeld beschaffen sein? Wie vollzieht sich der Ablauf eines so genannten perfekten Tags?

Diese Übung ist sehr zeitaufwändig und kann mehrere Tage dauern, aber sie hilft Ihnen, Ihr persönliches Ziel zu erkennen. Und das ist notwendig, um es überhaupt erreichen zu können. Sie erinnern sich an den texanischen Ölmillionär: »Finden Sie zuerst heraus, was Sie wollen.«

Erst wenn Sie Ihr persönliches Ziel kennen, können Sie auch einen Plan aufstellen, wie Trading Ihnen helfen kann, dieses Ziel zu erreichen. Dabei könnten Sie auch zu dem Ergebnis kommen, dass Traden Ihnen keine große Hilfe bei der Erreichung Ihrer Ziele sein kann. In diesem Fall sollten Sie sich genauestens überlegen, ob Sie tatsächlich fortfahren wollen, Ihr Geld, Ihre Zeit und Ihre Nerven tagtäglich an den Märkten zu riskieren, wenn Ihr Wohlbefinden sich dadurch nicht steigern lässt. Dann ist Traden nicht Ihre Berufung.

Um erfolgreich traden zu können, müssen Sie wissen, was Sie wollen. Wenn Sie Ihr Ziel kennen, fällt es Ihnen leichter, dieses Ziel zu erreichen. Ihr Gehirn, das Bewusstsein und das Unterbewusstsein, weiß jetzt, was Sie wollen. Aus der Psychologie ist bekannt, dass wir mit Hilfe unseres Gehirns fast alles erreichen können, was wir wollen. Aber erst wenn wir erkennen, was wir wollen, können wir die notwendigen Schritte unternehmen, um es auch zu erreichen. Erfolgreich zu traden ist für jeden von uns eine große Herausforderung, die wir nur erfolgreich lösen können, wenn wir wissen, warum wir handeln, welche Ziele wir damit verfolgen. Das eigene Ziel zu kennen ist eines der wichtigsten Dinge, die man herausfinden muss, um erfolgreich zu sein. Weil die meisten Trader sich diese Frage aber nie ausführlich gestellt haben, sind sie erfolglos oder allenfalls durchschnittlich – aber nie exzellent. Ein Super-Trader weiß, welche Ziele er mit seinem Traden verwirklichen will. Weil er das weiß, ist Trading seine Berufung.

► Konditionieren Sie sich auf Erfolg!

Nur wer sich für gute Leistungen direkt belohnt, ist in der Lage, diese Leistungen zu wiederholen

Nur wenn Sie bereit sind, das beim Traden verdiente Geld im Sinne Ihrer persönlichen Ziele einzusetzen, können Sie dauerhaft erfolgreich sein. Was nützt Ihnen das Geld auf Ihrem Trading-Konto, wenn Sie es nicht für Ihre Ziele einsetzen? Es ist wichtig, sich selbst fortwährend zu belohnen, damit Ihr Gehirn weiß, warum es die ganze Mühe auf sich nimmt.

Wir kennen diesen Anreiz aus der Psychologie unter dem Stichwort »Konditionierung«.

Wenn Spaß zu Ihren bevorzugten Werten gehört, das Ziel Spaß also ganz oben auf Ihrer Liste steht, dann sollten Sie sich nach einem erfolgreichen Trade Spaß gönnen. Ziehen Sie einen Teil Ihrer Gewinne vom Trading-Konto ab und erleben Sie einen tollen Tag, an dem Sie sich alles gönnen, was Ihnen Spaß macht. Verprassen Sie einen Teil der Gewinne. Sie werden merken, dass Sie das Geld schneller und einfacher wieder verdienen, weil Sie durch die Belohnung lernen, dass Sie mit Trading Ihre Ziele erreichen können. Ihr Gehirn braucht ein Feedback, dass es alles richtig gemacht hat.

Nachdem ich meine erste Million wieder verloren hatte, schwor ich mir, beim zweiten Mal nicht denselben Fehler zu machen. Ich erkannte, was ich eigentlich wollte, nämlich Spaß. Also ging ich von Zeit zu Zeit hin, zog einen größeren Betrag von meinem Konto ab, obwohl ich noch längst nicht wieder eine Million erreicht hatte, und gab das Geld innerhalb eines Tags aus. Ich flog zum Beispiel für einen Tag nach Sylt, mietete mir eine Luxus-Suite und genoss den Tag.

Das Erlebte bestärkte mich in der Überzeugung, dass ich beim Traden das Richtige tue. Meistens hatte ich das Geld, das ich für meinen Spaß ausgab, schon in wenigen Tagen wieder verdient. Ich entwickelte eine ganz andere Einstellung zum Geld und zum Traden, und ich lernte, dass »die eigenen Ziele verwirklichen« nicht heißt, sein Leben lang auf ein Ziel hinzuarbeiten, sondern sein Leben zu genießen, und das bedeutet, einen Teil seiner Ziele sofort zu verwirklichen.

Indem Sie Ihre Ziele schon während des Tradings umsetzen, konditionieren Sie Ihr Gehirn auf Erfolg. Konditionierung ist nichts anderes als Aktion und Belohnung. Nach diesem einfachen Prinzip funktioniert unser Gehirn. Sobald es einmal gelernt hat, wie es sich seine Belohnung verschaffen kann, die Konditionierung also erfolgt ist, kann es sich immer wieder durch Aktion zur Belohnung verhelfen.

Lernen Sie deshalb, Ihr Gehirn auf Erfolg zu programmieren. Nur so können Sie dauerhaft erfolgreich sein. Sonst geht es Ihnen wie vielen Tradern, die einmal viel Geld verdient haben, es dann aber wieder verloren haben und nie wieder in der Lage waren, erneut viel Geld zu verdienen. Star-Trader verdienen kontinuierlich Geld, weil sie sich selber auf Erfolg konditioniert haben.

Praktisch bedeutet das: Auch wenn Sie von der eigenen Segelyacht träumen und deshalb immer mehr Geld auf dem Konto anhäufen, ist es besser, zwischenzeitlich mal Geld abzuziehen und sich zum Beispiel für eine Woche eine Yacht zu chartern. Sie belohnen sich dadurch selber und konditionieren Ihr Gehirn.

Die meisten Trader denken: Warum soll ich Geld von meinem Trading-Konto abziehen? Je weniger Geld ich auf meinen Konto habe, desto höher muss meine Rendite sein, um mein Ziel zu erreichen.

Das ist zwar mathematisch richtig, aber psychologisch falsch. Es ist ein wichtiges Element erfolgreichen Tradens, sich bereits bei kleinen Erfolgen zu belohnen. Meine eigene Erfahrung und die vieler Trader haben gezeigt, dass ständige Belohnung schneller zum Ziel führt.

Nehmen Sie sich also fest vor, Ihr Gehirn auf Erfolg zu konditionieren. Dazu müssen Sie wissen, was Sie wollen, und Zwischenziele festlegen, die schnell erreichbar sind. Immer wenn Sie ein Zwischenziel erreicht haben, belohnen Sie sich selbst. Achten Sie darauf, dass die Zwischenziele nicht zu schwer zu erreichen sind. Belohnen Sie sich ruhig schon nach dem ersten erfolgreichen Tag oder nach der ersten erfolgreichen Woche.

► Formulieren Sie Ihre Ziele richtig!

Wichtige Regeln, die Sie beachten sollten, wenn Sie Ihre Ziele formulieren

Wenn Sie Ihre Ziele und Zwischenziele festlegen, sollten Sie ein paar Regeln beachten. So ist es wichtig, Ihre persönlichen Ziele immer schriftlich zu formulieren. Dadurch müssen Sie präziser in Ihrer Sprache sein, und Sie legen genauer fest, was Sie wirklich wollen. Nur wenn wir ein klar definiertes Ziel haben, fällt es unserem Bewusstsein leichter, Korrekturen vorzunehmen, wenn wir uns von unserem Ziel wegbewegen.

Notieren Sie sich bei jedem Ziel, warum Sie es erreichen wollen. Der Zweck jedes Ziels ist meistens ein Wert wie Spaß, Anerkennung oder Sicherheit.

Ziel	**Zweck**	**Warum**
40% jährlich verdienen	Sportwagen kaufen	Prestige und Anerkennung

Formulieren Sie Ihre Ziele niemals statisch, sondern dynamisch. Wenn Sie Ihr Ziel statisch formulieren, bauen Sie eine Sperre in Ihrem Kopf ein. Was ist, wenn Sie eine Million verdient haben?

Es ist sehr wichtig, dass alle Ziele, die Sie sich setzen, messbar sind. Nur so können Sie auch wissen, ob Sie das Ziel erreicht haben oder wie weit Sie noch davon entfernt sind – welche Anstrengungen Sie noch unternehmen müssen, um Ihr Ziel zu erreichen. Wenn Ihr Ziel sich darauf beschränkt, viel Geld zu verdienen, ist das nicht gerade präzise und erst recht nicht messbar. Für den einen sind 20 Euro viel Geld, für den anderen 10.0000.000 Euro. Das kann zu enormen Problemen führen, weil Sie nie wissen, ob Sie genug Geld verdient haben, um sich zu belohnen.

Am besten formulieren Sie beim Traden ein Renditeziel, wie zum Beispiel monatlich durchschnittlich fünf Prozent Kapitalzuwachs. Dieses Ziel ist messbar, dynamisch und präzise.

Eine Grundregel bei der Zielsetzung besagt auch, dass Sie Ihr Ziel immer positiv formulieren. In Ihrem Zielkatalog sollten sich also keine negativen Sätze finden wie »Geld verlieren« oder »Niedrige Verluste machen«. Formulieren Sie besser »Kapitalerhalt« statt »Kein Geld verlieren« oder »Geringe Schwankungen in der Performance-Kurve« statt »Niedrige Verluste«.

Sagen Sie einfach, was Sie erreichen wollen, statt auszusprechen, was Sie vermeiden wollen. Es fällt uns Menschen leichter, positive Dinge zu erreichen, als negative zu vermeiden. Wenn Sie Ihre Ziele also positiv formulieren, hilft Ihnen das, Ihre Ziele leichter zu erreichen.

Die letzte Regel klingt auf den ersten Blick vielleicht ein wenig merkwürdig. Es geht darum, sicherzustellen, dass Ihre Ziele für Ihr persönliches Umfeld wünschenswert und vorteilhaft sind. Jedes Ziel hat nämlich unterschiedliche Auswirkungen auf Ihr Leben, die in manchen Bereichen zu Verschlechterungen führen können. Stellen Sie sich vor, Sie verdienen in nur einem Jahr zwei Millionen Euro. Wie reagiert Ihr

Umfeld darauf, Ihr Partner, Ihre Eltern und Freunde? Vielen Menschen ist nicht bewusst, dass ihre Umgebung nicht unbedingt positiv reagiert, wenn sie ihr Ziel erreichen. Vielleicht können Sie mit dem Erfolg umgehen, Ihr Partner aber nicht. Er beginnt, sich teure Sachen zu kaufen, das Geld zum Fenster rauszuwerfen, Spaß zu haben. Sie wollten aber das Geld verdienen, weil Sie Sicherheit für Ihre Zukunft wünschen. Sie wollen nicht in ein Luxusappartement ziehen, sondern lieber zwei Mietwohnungen als Renditeobjekte kaufen. Es kommt zu ständigen Streitereien, Sie verlieren Ihren Partner und mit ihm vielleicht Ihr Kind, für das der Partner das Sorgerecht erhält. War es das, was Sie wollten?

Natürlich ist dies ein sehr überspitztes Beispiel, aber es soll Ihnen verdeutlichen, dass Ihre Ziele, auch wenn sie Ihren Werten entsprechen, nicht immer auch positiv für Ihr Umfeld sein müssen. Um dauerhaft erfolgreich zu sein, stellen Sie deshalb unbedingt sicher, dass Ihre Ziele positiv und vorteilhaft für Ihre persönliche Situation sind.

▸ Kapitel 2 ◂

Zwei Basics: Vor Ihrem Weg zum Master-Trader müssen Sie diese beiden Dinge akzeptieren!

▶ Übernehmen Sie 100 Prozent Verantwortung

Wenn Sie Ihren Zielkatalog aufgestellt haben, sind Sie ein großes Stück weiter als das Gros der Investoren und Trader, die noch nicht einmal wissen, was sie genau wollen. Aber um ein Ziel zu erreichen, gehört natürlich mehr dazu, als es zu kennen. Sie müssen Verantwortung für Ihre Ziele übernehmen können.

Sicherlich kennen auch Sie Menschen, die nur deshalb ihre Ziele nicht erreichen, weil andere sie daran hindern. Sie finden tausend Gründe, die alle nicht in ihrer Person liegen, warum sie keinen Erfolg haben oder haben konnten. Ein solcher Mensch wird niemals erfolgreich sein.

Erfolg und insbesondere Trading-Erfolg setzt voraus, dass Sie für alles, was Ihnen widerfährt, 100 Prozent Verantwortung übernehmen. Auf meinen Seminaren frage ich die Teilnehmer immer, welche Dinge wohl unentbehrlich für erfolgreiche Trader sind. Im darauf folgenden Brainstorming fallen Schlagwörter wie Erfahrung, Kapital, Trading-System, Disziplin, Know-how, gute Software, Market-Knowledge, Risikomanagement und Ähnliches. Danach gehe ich jeden einzelnen Punkt durch und frage, welche der genannten Dinge wir zu 100 Prozent beeinflussen können. Schnell stellen wir fest, dass alles von uns beeinflusst werden kann. Weil dies so ist, sind wir zu 100 Prozent für unseren Trading-Erfolg verantwortlich – auch wenn wir einen Totalverlust erlitten haben, weil unsere Software schlecht funktioniert hat. Wir hätten ja eine andere Software oder eine Backup-Software auswählen können.

Ich mache dem Trader klar, dass er in dem Moment, in dem er Verantwortung für einen Misserfolg nicht in seiner Person und seinem Handeln sucht, Gefahr läuft, diesen Misserfolg zu wiederholen. Denn wenn Sie glauben, nur Opfer unglücklicher Umstände gewesen zu sein, werden Sie nicht geneigt sein, in Zukunft Veränderungen vorzunehmen. Deshalb kann Ihnen das gleiche Missgeschick erneut widerfahren.

Sie müssen sich also entscheiden: Wollen Sie in Ihrem Leben Opfer oder Akteur sein? Als Opfer haben Sie keine Macht, etwas zu bewegen, Veränderungen herbeizuführen. Was Sie erreichen, war Glück oder Pech, lag aber nicht in Ihrer Macht. Gehen Sie mit dieser Einstellung ins Spielcasino, aber nicht an den Markt. Erfolgreiche Trader sind Akteure. Sie bestimmen, was sie erreichen wollen, und sind dafür verantwortlich. Wenn sie etwas nicht erreichen, nehmen sie die notwendigen Veränderungen vor, um ihr Ziel doch noch zu erreichen.

Wenn Sie 100 Prozent Verantwortung für alles übernehmen, werden Sie im Falle eines Misserfolgs die Frage stellen: Was muss ich ändern, damit mir das nie wieder passiert? Was habe ich falsch gemacht? Sie stellen sich diese Frage nur, weil Sie glauben, dass Sie mitverantwortlich für diesen Misserfolg sind.

Es gibt ein schönes Beispiel aus der Kriminalstatistik. Menschen, die einem Kapitalanlagebetrug zum Opfer gefallen sind, so sollte man meinen, passiert das nie wieder im Leben. Das ist aber leider falsch. Die Kriminalstatistik zeigt, dass gerade diejenigen, die einmal Opfer eines Anlagebetrugs wurden, häufiger in ihrem Leben noch einmal Opfer derselben Straftat werden. Natürlich stellt sich hier die Frage, wie so etwas passieren kann.

Die Antwort ist einfach: weil diese Menschen sich als Opfer sehen. Natürlich sind sie im juristischen und auch moralischen Sinne Opfer, aber diese Einstellung hilft den Betroffenen nicht, sondern führt dazu, dass sie ein zweites Mal Opfer werden. Hätten sie sich nicht als Opfer gesehen, sondern 100 Prozent Verantwortung für das übernommen, was ihnen widerfahren ist, wäre ihnen sicher nicht noch einmal das Gleiche passiert. Sie hätten sich die Frage gestellt: Was habe ich falsch gemacht, nicht: Was haben andere falsch gemacht? Höchstwahrscheinlich wären sie zu der Erkenntnis gelangt, dass sie zu leichtsinnig gehandelt haben, zu treuselig oder gierig waren, dass sie die Person besser hätten überprüfen sollen, die ihnen das Angebot gemacht hat. Stattdessen haben sie sich nur als Opfer gesehen.

Sie müssen sich die Frage stellen, ob Sie in Ihrem Leben Opfer oder Akteur sein wollen. Als erfolgreicher Trader ist die beste These, die Sie für sich aufstellen können, dass Sie für alles 100-prozentig verantwortlich sind. Ich weiß, dass dies eine sehr harte Aussage ist. Natürlich gibt es Dinge, die wir als unglückliche Umstände bezeichnen würden. Aber nur wenn wir mit der Überzeugung ins Leben gehen, dass alles, was uns passiert, zu 100 Prozent in unserer Verantwortung liegt, sind wir auch geneigt, Veränderungen vorzunehmen. Ansonsten wird uns unser Ego sagen, dass ja nicht wir an dem Misserfolg schuld sind, sondern Mister X, der uns gesagt hat, wir sollten die Position Y kaufen.

Tausende von Kleinanlegern denken derzeit in Deutschland, dass es nicht ihre eigene Schuld war, ihr Geld an der Börse verloren zu haben. Schuld war ihre Bank oder ihr Broker oder der Vorstand der Gesellschaft, deren Anteile sie gekauft haben. All diese Anleger werden auch in Zukunft verlieren, weil ihr Konzept nicht zulässt, dass sie Veränderungen in ihrer Strategie vornehmen könnten.

Natürlich ist der Vorstand einer Gesellschaft schuld, wenn er die Bilanzen fälscht oder falsche Prognosen publiziert, aber der Anleger hat auch Schuld. Warum hat er kein Risikokonzept, das ihn nach den ersten zehn Prozent Wertverlust aus der Aktie ausgestoppt hätte? Stattdessen sitzt er immer noch auf seinen wertlosen Aktien und sucht vor irgendwelchen Gerichten nach Entschädigung. Der erfolgreiche Investor hingegen sucht die Schuld bei sich und stellt fest, dass er zum Beispiel bei der Risikokontrolle versagt hat. In Zukunft wird er mit einem Stop arbeiten.

Sobald wir auch nur ein Prozent Verantwortung für einen Misserfolg bei anderen suchen, wird unser Ego uns dazu bringen zu glauben, dass genau dieses eine Prozent auch für den Misserfolg verantwortlich war – und nicht wir, die wir 99 Prozent Verantwortung tragen. Deshalb ist die Grundvoraussetzung für erfolgreiche Trader, dass sie bereit sind, für alles 100 Prozent Verantwortung zu übernehmen.

Wenn Sie sich einmal dazu entschlossen haben, werden Sie sich in Zukunft bei Misserfolgen die Frage stellen: Was muss ich beim nächsten Mal ändern, um nicht erneut einen Misserfolg zu erzielen? Wie muss ich mein Traden gestalten, um erfolgreich zu sein?

► Konzentrieren Sie sich auf die Dinge, die Sie wirklich kontrollieren können

Jeder Mensch hat grundsätzlich den Wunsch, Kontrolle über seine Umgebung auszuüben. Wer davon überzeugt ist, Kontrolle über sich selbst und über die Situation zu haben, kann sein Leben selbst in die Hand nehmen und es aktiv gestalten. Fehlen solche Überzeugungen, fühlen wir uns dem Alltag und den beruflichen Anforderungen hilflos ausgeliefert und entwickeln eine fatalistische Lebenssicht. Der Wunsch nach Kontrolle ist ein gesellschaftlich bedingtes Bedürfnis des Menschen, etwas aktiv zu bewirken und selbstbestimmt handeln zu können.

Dieser Wunsch wirkt auch beim Trading. Der Trader möchte möglichst alles kontrollieren. Auch wenn uns intuitiv klar ist, dass wir den Markt nicht beeinflussen können, glauben doch gerade viele Trading-Anfänger, eine Methode finden zu können, um künftige Marktbewegungen vorherzusagen. Dieser Kontrollwunsch spiegelt sich auch in der Überzeugung wider, dass es möglich sei, das Ergebnis einer einzelnen Transaktion voraussagen zu können.

Dabei ist es unmöglich zu wissen, ob die nächste Transaktion ein Gewinner oder ein Verlierer ist. Es gibt tausend unwichtige Dinge, auf die wir unsere Aufmerksamkeit lenken können und in denen wir ein Instrument finden, um unseren Wunsch nach Kontrolle zu befriedigen. Sinnvoll ist die Kontrolle beim Traden aber nur in zwei Dingen:

Selbstkontrolle und Risikokontrolle sind die einzigen Punkte, auf die wir uns konzentrieren sollen und müssen. Diese beiden Dinge können wir wirklich kontrollieren.

► Kapitel 3 ◄

Entwerfen Sie einen Plan, der funktioniert! Jeder Anfänger weiß, dass er einen Plan braucht, doch Master-Trader entwickeln nicht irgendeinen Plan, sondern einen Plan, der auf ihre Persönlichkeit zugeschnitten ist.

► Aufgaben eines Geschäfts- und Trading-Plans

Sobald Sie wissen, was Sie wollen, und Ihre Ziele kennen, müssen Sie einen Plan entwickeln, wie Sie diese Ziele erreichen können. Jede Reise hat einen Ursprung, jeder Plan einen Ausgangspunkt. Der Ausgangspunkt ist der Status quo, der Punkt, an dem Sie sich derzeit befinden. Welche Ressourcen stehen Ihnen zur Verfügung, was benötigen Sie alles, um Ihr Ziel zu erreichen?

Um geeignete Maßnahmen zu finden, Ihr Ziel zu erreichen, muss Ihnen unbedingt klar sein, wie Ihr Status quo aussieht. Je nach Ausgangspunkt sind nämlich unterschiedliche Maßnahmen zu ergreifen, um Ihre Ziele zu erreichen.

Je detaillierter Ihr Plan ist, umso hilfreicher wird er für Ihr Trading sein. Das wirklich Aufregende bei der Erstellung eines Plans besteht darin, die Punkte herauszufinden, über die man sich noch keine Gedanken gemacht hat. Denn viele Fallstricke auf dem Weg zum Erfolg werden dem Trader bei der Erstellung eines Plans im Vorfeld deutlich und lassen sich somit aus dem Weg räumen.

So entdeckte zum Beispiel ein Freund von mir, der Aktien und Derivate handelt, dass er – obwohl er im Trading erfolgreich war – wegen steuerlicher Regelungen Gefahr lief, de facto Geld zu verlieren oder sogar bankrott zu gehen. Dieser Trader handelte nämlich Aktien und Futures, die in Deutschland steuerlich unterschiedlich behandelt werden. Gewinne aus Aktien sind nur mit dem halben Steuersatz zu versteuern, während Gewinne aus Futures mit dem ganzen Steuersatz versteuert werden.

Solange er mit Aktien und Futures Gewinne einfährt, hat er kein Problem, aber sobald er im Futures-Bereich gewinnt und im Aktienbereich verliert, läuft er durch diese steuerlichen Regeln Gefahr, sein Konto in den Ruin zu fahren. Gewinnt er nämlich Geld beim Future-Traden (sagen wir 1.000.000 Euro), und verliert er beim Aktienhandel (beispielsweise 800.000 Euro), hätte er das Jahr vor Steuern mit einem Gewinn von 200.000 Euro abgeschlossen. Da er aber von dem vollen Future-Gewinn nur 50% des Aktienverlusts (400.000 Euro) abziehen kann, muss er 600.000 Euro mit einem Steuersatz von 50% versteuern. Damit beträgt die Steuerschuld 300.000 Euro. Weil er aber netto nur 200.000 Euro verdiente, hat er nach Steuern sogar 100.000 Euro verloren.

Seien Sie sicher, dass es nicht nur steuerliche Fallstricke gibt, sondern auch emotionale, soziale, pekuniäre und viele andere. Ziel eines Plans ist es, möglichst alle Aspekte, die einen unterstützen und behindern, aufzuführen und zu beleuchten.

Bei der Erstellung eines Plans offenbaren sich unweigerlich Lücken, die gefüllt werden müssen, tauchen Fragen auf, an die Sie bisher noch nicht gedacht haben, die aber geklärt werden müssen.

So fehlt bei vielen Tradern die Antwort auf die Frage, was sie unternehmen, wenn sie ausgestoppt werden und der Markt dann doch in »ihre« Richtung läuft. Welche Regeln haben Sie für ein Re-Entry? Oder was machen Sie, wenn in Ihrem Leben plötzlich eine starke emotionale Belastung auftaucht – wenn Sie zum Beispiel von einer Krankheit erfahren, Ihre Eltern verunglücken oder Ihre Frau sich scheiden lassen will?

Ich hatte einen Kunden, der als Trader in sechs Stunden sein gesamtes Kapital verlor, weil er morgens, nachdem seine Positionen eröffnet waren, erfuhr, dass sein Bruder mit dem Auto verunglückt war. Natürlich fuhr er sofort in die Klinik, vergaß aber seine Positionen und seine offenen Limits. Der Markt lief den ganzen Tag gegen ihn, und natürlich verschwendete der Trader nicht eine Minute an den Markt – was man ihm auch nicht verübeln kann. Da er aber keine Regel für einen solchen Notfall hatte, verlor er sein ganzes Kapital.

Wenn Sie mit dem Traden starten, sind Sie sicher und gewiss, dass Sie gewinnen werden. Aber was, wenn nicht? Wo hören Sie auf zu traden: bei einem Verlust von 20 Prozent oder von 50 Prozent, von 80 Prozent oder nie? Wann nehmen Sie Änderungen in Ihrer Strategie vor? Ich kenne viele Trader, die jahrelang erfolglos sind, weil sie immer wieder, aber in unregelmäßigen Abständen, ihre Strategie ändern. Sie starten voller Optimismus mit einem neuen Handelssystem, und in der ersten Drawdown-Phase beginnen sie Änderungen an dem System vorzunehmen.

Diesen Tradern war nie klar, wie groß der typische Drawdown in diesem System ist, wie lang normalerweise Verlustphasen andauern. Wenn Sie einen Trading-Plan entwickeln, machen Sie sich über all diese Fragen Gedanken. Sie müssen wissen, zu welchem Drawdown Ihr Handelssystem normalerweise führt und was Sie unternehmen, wenn die Grenzen der Normalität überschritten werden. Stellen Sie sich vor, Sie leben von Ihrem Trading, wissen aber, dass Verlustphasen von drei bis vier Monaten ganz normal für Ihren Trading-Stil sind. Wie stellen Sie sicher, dass Sie in dieser Zeit genügend Liquidität für Ihren Lebensunterhalt zur Verfügung haben? Wie können Sie emotional mit so einer Durststrecke umgehen?

Sie sehen an diesen Fragen, dass Ihnen ein Plan vor allem hilft, viele Gesichtspunkte zu berücksichtigen, bevor Sie mit dem Traden starten. Dies ist eine wertvolle Hilfe.

Vergleichen Sie den Plan, den Sie entwickeln, mit einem Business-Plan für ein Unternehmen. Jedes erfolgreiche Unternehmen hat einen Business-Plan, in dem ausführlich beschrieben wird, wie welche Ziele mit welchen Mitteln und Ressourcen erreicht werden sollen.

Mit einem Plan verfolgen Sie mehrere Ziele:

Zunächst einmal dient ein Plan als operative Hilfe. Er zeigt Ihnen jederzeit, welche Schritte in welcher Reihenfolge zu unternehmen sind, damit Ihr Geschäft erfolgreich verläuft. Das klingt so simpel, dass man denken könnte, die Entwicklung eines Plans sei reine Zeitverschwendung – schließlich weiß man doch, was zu tun ist, wozu Dinge schriftlich festhalten, die wir tagtäglich durchführen?

Der Plan soll Ihnen vor allem helfen, den Überblick zu behalten. Traden ist ein Job, der alle Ressourcen in uns beansprucht. Meist sind wir durch unsere Trading-Aktivität so nah am Markt, dass wir den Blick für das große Ganze verlieren. Kleine Verluste, die im Plan mit einkalkuliert sind, irritieren uns im täglichen Geschäft, beanspruchen uns emotional stärker, als nötig ist. Wir lassen uns womöglich zu einer Dummheit hinreißen. Dabei ist es unbedingt erforderlich, auch in schwierigen Situationen den Überblick zu behalten und die richtigen Entscheidungen für das eigene Business zu treffen.

Herausragende Trader haben die Fähigkeit, einen Schritt zurückzutreten, die Dinge in der richtigen Perspektive zu sehen, jederzeit zu wissen, an welchem Punkt in ihrem Plan sie sich befinden, und was nun der nächste Schritt ist. Nur so erreichen sie einen optimalen emotionalen

Zustand und sind in der richtigen Stimmung für die gerade zu bewältigende Aufgabe. Dazu mehr im Kapitel 5 »Zustände und Stimmungen«.

Überlegen Sie gründlich: Wenn Sie einen Plan entwerfen, haben Sie Zeit und Ruhe und befinden sich in einem optimalen emotionalen Zustand, um Alternativen abzuwägen und die besten Schritte zum Erreichen Ihres Ziels festzulegen. Ein Plan hilft Ihnen, für jede Situation optimale Entscheidungsalternativen aufzuzeigen.

Im hektischen Day-to-Day-Geschäft fehlt Ihnen diese Ruhe, und Sie werden schnell den Blick für das Wesentliche verlieren. Haben Sie dann keinen Plan, der Ihnen Vorschläge für das weitere Vorgehen mitgibt, laufen Sie Gefahr, vom Strudel der Ereignisse in eine Richtung mitgerissen zu werden, die Sie von Ihrem Ziel wegführt, statt Sie näher heranzuführen.

In Ihrem Plan haben Sie zum Beispiel tägliche Verlustlimite festgelegt, ebenso Maßnahmen, die zu treffen sind, wenn diese Limits erreicht werden. Ich habe Trader erlebt, die an einem Tag ihr komplettes Konto verloren haben, weil sie niemals festgelegt hatten, wie sie sich im Falle eines Verlusts von fünf Prozent, zehn Prozent oder 50 Prozent zu verhalten haben. Ich dagegen trade zum Beispiel nur noch mit einem Kontrakt, wenn ich eine bestimmte Summe an einem Tag verloren habe, und stelle bei einer weiteren Grenze mein Trading komplett ein.

Mit einem Plan werden Sie zudem in der Lage sein, Entscheidungen schneller zu treffen.

Stellen Sie sich vor, Sie sind in einem Gebäude, das Ihnen völlig unbekannt ist, und es bricht ein Feuer aus. Was machen Sie? Wie verlassen Sie am schnellsten das Gebäude? Der Weg, auf dem Sie ins Gebäude gelangt sind, ist bereits versperrt. Hätten Sie sich vorher einen Plan von dem Gebäude einprägen können, wüssten Sie den geeigneten Fluchtweg, denn alles, was Ihr Gehirn bereits im Voraus durchdacht hat, kann es in Sekundenschnelle wieder abrufen.

Menschen mit Plänen können also schnellere Entscheidungen treffen. Jede Sekunde kann Tausende von Euros für Sie bedeuten. Trader, die am 11. September long waren, mussten schnell handeln. Jede Sekunde, die sie zögerten, kostete sie Dutzende von DAX-Punkten und damit viel Geld. Trader, die einen Plan hatten, wussten, was zu tun war. Einfach nur mit einem Stop Loss zu arbeiten reichte hier nicht aus. Wenn Sie keinen Plan für Katastrophen haben, waren Sie am 11. September orientierungslos. Trader, die im S&P long waren, wurden nämlich nicht unbedingt ausgestoppt, sondern hatten noch fünf Minuten Zeit, ihre Position zu schließen, bevor der Markt für vier Tage geschlossen war und dann 100 Punkte tiefer aufmachte.

Ein einfacher Plan, der vorsieht, dass bei außergewöhnlichen Ereignissen alle gefährdeten Positionen sofort glattgestellt werden, hätte vielen Tradern enorme Verluste erspart. Ein Plan beinhaltet also alle Aspekte des Trading-Geschäfts. Je ausführlicher Ihr Plan, umso erfolgreicher wird auch Ihr Trading verlaufen.

► So stellen Sie einen umfassenden Plan auf

Wie sieht nun so ein Business-Plan aus, und welche Punkte umfasst er? Natürlich können Sie diesen Plan völlig frei nach Ihren individuellen Bedürfnissen entwickeln. Dennoch gibt es einige wesentliche Punkte, die in jedem Business-Plan enthalten sind und die im Folgenden behandelt werden.

Stellen Sie einen Bezug zu Ihrer Mission her

Wichtig für Ihren Business-Plan ist, dass Sie direkt zu Beginn einen Bezug zu Ihrer Mission herstellen. Ihre Mission sind die wesentlichen Werte und Ziele, die Sie in Ihrem Leben anstreben. Ohne diese Mission fehlt Ihnen die wesentliche Verknüpfung zwischen Ihrem Trading und Ihrem Leben und damit die innere Motivation, die Ressourcen beim Trading einzusetzen, die es Ihnen ermöglichen, erfolgreich zu sein.

Definieren Sie deshalb in Ihrem Business-Plan zuerst, wie Sie durch Traden Ihre Mission erfüllen werden.

Natürlich darf neben der Beschreibung Ihrer Mission das Ziel, Geld zu verdienen, nicht fehlen. Schließlich ist Geld das Bindeglied zwischen Trading und Ihren Zielen. Mit dem Geld, das Sie beim Traden erwirtschaften, können Sie nach und nach die meisten Ihrer Ziele erreichen. Sollten Sie tatsächlich zu den Menschen gehören, denen Geld nichts bedeutet, da Sie Ihre Ziele auch ohne Geld erreichen können, sollten Sie sich nach einem Hobby umsehen, das besser für Sie geeignet ist als Traden.

Geben Sie einen Überblick über Ihren Trading-Stil und Ihre Historie

Sie können diesen Punkt knapp halten, aber er soll Ihnen Auskunft geben, wie weit Ihre »Ausbildung« als Trader vorangeschritten ist. An diesem Punkt müssen Sie entscheiden, ob noch weitere Investitionen in Ihre Ausbildung vorzunehmen sind.

Diese Investitionen können finanzieller Natur sein, wie zum Beispiel Seminare und Bücher, oder aber auch zeitlicher Art. Sie benötigen vielleicht noch Zeit, um weitere Trading-Systeme zu testen und zu bewerten.

Die kritischste Frage, die Sie an diesem Punkt beantworten müssen, heißt: Haben Sie Ihr Lehrgeld an den Märkten bereits bezahlt, oder sind Sie gewillt, noch mehr Lehrgeld zu bezahlen? Sie müssen diese Frage klären, weil Sie ansonsten in Zukunft sehr schnell geneigt sind, Trading-Verluste als Lehrgeld zu beschönigen. Sie glauben gar nicht, wie viele Trader ihre ständigen Verluste als Lehrgeld verniedlichen. Das geht so lange, bis sie eines Tags ruiniert aus dem Spiel der Spiele ausscheiden. Sie aber wollen Geld verdienen, also muss Ihnen wie jedem Unternehmer klar sein, wie viel Geld Sie maximal in Ihre Ausbildung investieren wollen.

Darüber hinausgehende Trading-Verluste können Sie dann nicht mehr auf das Konto Lehrgeld verbuchen.

Je nachdem, zu welchem Ergebnis Sie an dieser Stelle kommen, müssen Sie eventuell weitere Maßnahmen zur Vervollständigung Ihrer Ausbildung in den Trading-Plan aufnehmen. Wenn Sie feststellen, dass Ihre Ausbildung vollendet ist, gibt es keine Ausrede mehr, warum Sie nicht kontinuierlich Geld verdienen sollten – es sei denn, Sie sind Trendfolger, und die Märkte bewegen sich seitwärts. Genau deshalb ist es wichtig, in Ihrem Business-Plan einen Überblick über Ihren Trading-Stil zu geben. Sind Sie ein Trendfolger, Scalper, Daytrader, Langfristinvestor oder ein anderer Trading-Typ? Für jeden Trading-Stil gibt es ideale Märkte. Wie in jedem anderen Geschäft müssen Sie wissen, wie der Markt für Ihren Trading-Stil optimalerweise beschaffen sein sollte. Nur dann können Sie auch die richtigen Märkte und Produkte zum Handeln auswählen.

Nehmen Sie Stellung zu den Produkten und Märkten, die Sie handeln wollen

An dieser Stelle sollten Sie die Produkte und Märkte unter folgenden Gesichtspunkten beleuchten: Liquidität, Hebel und Erfahrung, Kommissionsbelastung sowie Börsenregeln.

Viele Trader machen den Fehler, sich nicht bewusst für einen Markt zu entscheiden. Sie überlassen die Wahl, welchen Markt sie handeln, eher dem Zufall. So ziehen manche den DAX dem Euro Stoxx vor, weil der DAX bekannter ist – obwohl sie bei ihrer Kontogröße besser daran täten, den kleineren und liquideren Stoxx zu traden. Eine solche Zufallswahl beeinträchtigt dann ihre Trading-Möglichkeiten. So weist der Euro Stoxx eine deutlich geringe Slippage auf als der DAX.

Ist der Markt liquide genug für Ihre Trading-Strategie? Mit welcher Slippage müssen Sie kämpfen? Hier ergeben sich je nach Trading-Strategie unterschiedliche Fragen. Manchmal kann es von Vorteil sein, trotz fünffacher Kommissionsbelastung fünf kleine e-mini S&P zu handeln statt eines großen S&P. Sind die Produkte, die Sie handeln wollen, also adäquat für Ihr Konto?

Wenn Ihnen zum Beispiel nur 15.000 Euro für den Handel zur Verfügung stehen, dann kann es sein, dass der DAX nicht der richtige Markt für Sie ist, obwohl Sie eine funktionierende Trading-Strategie für diesen Markt entwickelt haben. Wenn Ihre Risk-Management-Regel Ihnen etwa vorschreibt, maximal drei Prozent Risiko pro Trade – in diesem Fall 450 Euro – auf sich zu nehmen, ist Ihr Handelskapital für den DAX einfach zu gering. 450 Euro entsprechen noch nicht einmal 20 DAX-Punkten, sodass Sie mit einem sehr engen Stop arbeiten müssten.

Für die verschiedenen Märkte gelten unterschiedliche Börsenregeln. Sie müssen diese Regeln kennen und wissen, welche Vorteile oder Nachteile jede Regel für Sie persönlich mit sich bringt. Der DAX ist zum Beispiel im Jahr 2001 an einem Tag einmal in drei Minuten um mehr als 1.000 Punkte gefallen und dann wieder gestiegen. Ein Großteil der Transaktionen wurde annulliert, allerdings nicht alle. So kam es, dass viele Trader unglücklich eingestoppt oder ausgestoppt wurden. Im S&P hingegen gibt es eine so genannte Limit-Down-Regelung, bei der der Handel ausgesetzt wird, wenn zu starke Bewegungen in einem kurzem Zeitraum stattfinden.

Warum glauben Sie, dass die von Ihnen ausgewählten Produkte und Märkte ideal zum Erreichen Ihrer Business-Ziele sind? Welche Vorteile bieten diese Märkte und Produkte gegenüber anderen? Welche Nachteile ergeben sich, und wie lassen sich diese Nachteile eventuell beheben?

Führen Sie auf, wie Sie Ihr Trading organisieren und welche Ausstattung Sie dafür benötigen

Der wichtigste Punkt bei der Geschäftsausstattung ist sicherlich das Kapital. Viele Trader unterschätzen ihren Geldbedarf. Wie viel Geld benötigen Sie zum Beispiel jedes Jahr zum Leben, wie viel Geld zusätzlich (für Internetanschluss oder Büro), um Ihr Trading-Geschäft zu unterhalten? Nehmen wir an, Sie starten mit 100.000 Euro Kapital und benötigen zum Leben 40.000 Euro pro Jahr, dazu noch einmal 10.000 Euro für Ihr Trading. Sie müssen also 50 Prozent jährlich verdienen, um im Geschäft zu bleiben. Was machen Sie, wenn Sie schon am Anfang des Jahrs ein Drawdown von 25.000 Euro haben? Sie müssten dann 100 Prozent verdienen, um weitermachen zu können. Eine solche Situation ist nicht ungewöhnlich, dürfte den Durchschnitts-Trader aber unter erheblichen Druck setzen.

Händler, die einen Trading-Plan haben, sind jedoch auf solche und ähnliche Situationen vorbereitet.

Wie wollen Sie Ihr Trading-Geschäft führen? Die größten Kosten, die jeder erfolgreicher Trader hat, sind Steuern. Ihre Steuerlast hängt aber vor allem von Ihrer Organisationsform ab. Deshalb ist die Wahl der Organisationsform eine wichtige Frage, die vor Beginn des Tradens beantwortet werden sollte.

Gründen Sie eine Trading-Firma als Kapital- oder Personengesellschaft, oder handeln Sie als Privatperson? In diesem Zusammenhang muss überlegt werden, in welchem Land Sie Ihre Trading-Firma gründen und wie Sie die Gelder steuergünstig, aber legal wieder in Ihr Heimatland führen können.

Es würde den Rahmen dieses Buchs sprengen, zu dieser Frage ausführlich Stellung zu nehmen, aber Sie erkennen, wie wichtig es ist, sich mit diesen Problemen beizeiten zu beschäftigen.

Welche Ausstattung benötigen Sie für Ihr Trading? Reicht ein PC mit Internetanschluss, brauchen Sie eine Standleitung, welche Trading-Software ist optimal für Sie, welche Broker und wie viele Broker verwenden Sie?

Die meisten erfolgreichen Trader haben mindestens zwei Broker, um eine Ausweichmöglichkeit zu besitzen.

Können Sie zum Beispiel Ihre Orders auch telefonisch schnell und unkompliziert aufgeben? Verfügen Sie über Backup-Systeme?

Sie sollten sich auch hier über Ihre Ausstattung genauestens Gedanken machen, damit Sie wissen, welche Kosten Sie mit Ihrem Trading wieder verdienen müssen.

Wie gestalten Sie Ihr Zeitmanagement? Bedenken Sie, dass viele Märkte über acht Stunden am Tag geöffnet sind. Niemandem ist es möglich, über einen solchen Zeitraum hoch konzentriert zu bleiben. Wann machen Sie also Pausen, wie lange traden Sie?

Vergleichen Sie sich mit Wettbewerbern

An dieser Stelle sollte eine Ausführung über Ihre Wettbewerber am Markt folgen. Denn Sie sind nicht allein, sondern stehen mit allen anderen Marktteilnehmern in einem harten Wettbewerb. Gerade im Future-Bereich ist der Wettbewerb mit anderen Marktteilnehmern ein herausstechendes Element, weil ein Future-Geschäft bekanntlich ein Nullsummenspiel ist. Was der eine gewinnt, verliert ein anderer. Somit entscheiden nicht nur Ihre eigenen Fähigkeiten über Ihren Erfolg, sondern auch Ihre Fähigkeiten im Vergleich zu anderen. Wenn Sie gut sind, die anderen aber, aus welchen Gründen auch immer, besser, werden Sie ein Verlierer sein.

Aber auch im nicht derivativen Bereich brauchen Sie einen Vorteil gegenüber anderen Marktteilnehmern, um langfristig erfolgreich zu sein. Wenn Sie keinen spezifischen Vorteil gegenüber den anderen Tradern haben, stellt sich die Frage, wie Sie den Kampf um Performance gewinnen wollen. Ihr Vorteil kann zum Beispiel eine langjährige Erfahrung sein oder die Fähigkeit, Entscheidungen schnell zu treffen. Was auch immer Ihr Vorteil sein mag: Nur wenn Sie diesen auch spezifizieren können und sich seiner bewusst sind, vermeiden Sie, dass Trading für Sie zum Glücksspiel wird.

Formulieren Sie Ihre Stärken

Sie selbst sind also ein Teil des Wettbewerbs; deshalb darf eine objektive Selbstbetrachtung in einem Business-Plan nicht fehlen.

Stellen Sie sich vor, Sie müssten sich um einen Job als Trader bewerben oder jemanden überzeugen, sich an Ihrem Trading-Geschäft zu beteiligen. Sie würden natürlich versuchen, sich von der besten Seite zu zeigen, und ausführen, was Sie bereits in der Vergangenheit gemacht haben, um sich als erfolgreicher Trader zu präsentieren.

Genau das sollten Sie auch in Ihrem Business-Plan tun, um Ihr Selbstvertrauen zu stärken. Bedenken Sie, dass Sie diesen Business-Plan nicht für die Ablage schreiben, sondern als operative Hilfe. Gerade in Zeiten, in denen Ihr Trading nicht gut läuft und Sie eine Aufmunterung brauchen, ist das Lesen dieses Teils des Business-Plans sehr gut geeignet, Ihnen neue Kraft und Motivation zu geben.

Äußern Sie sich zu Ihren Schwächen

Ein häufiger Grund für Verluste, besonders für große Verluste, ist die maßlose Selbstüberschätzung vieler Trader. Kein noch so erfolgreicher Trader hat nicht auch Schwächen. Nur wer seine Schwächen kennt, kann die Fallstricke, die sich aus ihnen ergeben, erkennen und umgehen. Deshalb sollten Sie diesem Teil des Business-Plans besondere Aufmerksamkeit schenken.

Neigen Sie zu Ungeduld? Das kann genauso schädlich sein wie zu langes Zögern. Sind Sie zu optimistisch, zu pessimistisch? Welche Ihrer Charaktereigenschaften könnten Sie bei Ihrem Trading behindern oder schaden? Finden Sie es heraus, um sich davor zu schützen.

Es gibt nichts Überzeugenderes als einen Business-Plan, in dem die Schwächen der Firma – beziehungsweise in unserem Fall des Traders – ehrlich und vollständig aufgeführt sind und der Ersteller des Plans bereits Möglichkeiten aufgeführt hat, wie er trotz seiner Schwächen erfolgreich sein kann. Deshalb finden Sie Wege, um Probleme, die sich aus Ihren Schwächen beim Trading ergeben, zu lösen.

Eine meiner größten Schwächen ist zum Beispiel, dass ich ein sehr ungeduldiger Trader bin. Meine Ungeduld lässt mich häufig zu schnell eine Position eingehen oder aber zu große Positionen aufbauen. Ich möchte meine Ziele sehr schnell erreichen. Ich weiß, dass ich diese Schwäche am besten mit Hilfe meines Trading-Plans überwinden kann. In diesem habe ich einen Money-Management-Algorithmus festgelegt, der unabhängig von meiner Gefühlslage automatisch die Positionsgröße bestimmt. Für alle meine Positionen, auch für meine diskrektionären Entscheidungen, lege ich anhand des Risikos und der Kontogröße automatisch meine optimale Positionsgröße fest. Solange ich mich an diese Regel halte, kann ich mein Konto nicht aus Ungeduld übertraden.

Was ist aber, wenn ich wegen meiner Stimmung nicht in der Lage bin, Regeln zu folgen?

Damit ich mich immer an meine Regeln halten kann, habe ich gelernt, mich jederzeit in einen Zustand – in eine Stimmung – meiner Wahl versetzen zu können. Immer wenn ich ein Gefühl der Ungeduld verspüre, benutze ich meine erlernte Fähigkeit, mich selbst zu kontrollieren, und bringe mich in einen ruhigen, gelassenen Zustand. Dafür ändere ich einfach meine Körperhaltung und die interne Repräsentation.

Ich verfüge also über effektive Waffen, mit denen ich meine Ungeduld, von der auch ich mich nicht frei machen kann, bekämpfen kann. Ich kann meine Schwäche durch mein Disziplinverständnis überwinden (Disziplin bedeutet, in der Lage zu sein, diejenige Stimmung / Emotion herbeiführen zu können, die für die Aufgabe, die ich gerade bewältigen muss, die produktivste ist.) Über diese innere Kontrolle werden Sie später noch mehr erfahren.

Der Trading-Plan

Der Trading-Plan ist ein Teil des allgemeinen Geschäftsplans. Mit dem Geschäftsplan haben Sie Ihr Trading organisiert, es in Ihr Leben dadurch eingebunden, dass Sie es mit Ihrer Mission verknüpft haben. Neben vielen generellen Überlegungen – warum Sie traden, was Sie traden, was Sie qualifiziert und was Sie behindert – müssen Sie in einem Geschäftsplan natürlich auch detaillierte Aussagen über Ihr Trading machen. Diesen Part übernimmt der Trading-Plan. Hier regeln Sie alle Fragen rund um Ihre Trading-Strategie. Außerdem erstellen Sie einen Ablaufplan für alle Schritte des Tradens.

Jede Strategie basiert auf einer Philosophie

Jeder erfolgreichen Strategie liegt eine Philosophie über die Märkte zugrunde – also stark generalisierte Glaubenssätze über die Funktionsweisen von Märkten und Thesen, die die Auswahl der Strategie rechtfertigen.

Sie können zum Beispiel glauben, wie es häufig Wirtschaftswissenschaftler tun, dass die Märkte sich nur zufällig bewegen. Das heißt, jede Veränderung der Preise ist letztendlich nur das Ergebnis von zufälligen Ereignissen. Mit einer solchen These dürften Sie Schwierigkeiten bekommen, Trendfolgestrategien zu entwickeln. Trends lassen sich schwerlich mit Zufallsbewegungen vereinbaren.

Nehmen wir an, Sie vertreten die These, dass alle Informationen bereits in die Preisbildung eingeflossen sind. In diesem Fall wird es Ihnen schwer fallen, ein Anhänger der Fundamentalanalyse zu werden – Ihre Sichtweise würde ja besagen, dass alle bekannten fundamentalen Informationen bereits im Markt in einem fairen Preis verarbeitet sind. Die technische Analyse jedoch würde für Sie hoch interessant sein, weil die Preise Ihnen alle Informationen geben, die Sie benötigen.

Sie könnten auch davon ausgehen, dass die Märkte sich in bestimmten Strukturen bewegen und diese Strukturen Muster ausbilden, die immer wieder vorkommen. Wenn Sie daran glauben, dann ist die technische Analyse ein hervorragendes Instrument, auf die Sie Ihre Trading-Strategie aufbauen können.

Ihre Philosophie über die Märkte ist der Grundstein Ihrer Trading-Strategie; deshalb müssen Sie sich über Ihre Glaubenssätze im Hinblick auf Märkte und die Preisbildung im Klaren sein. Auf dieser Überzeugung baut alles auf. Sie bestimmt alle nachfolgenden Schritte, Ihre Grenzen und Ihre Möglichkeiten.

Wie ein Angler, der den optimalen Köder nach seinem Glauben über das Lieblingsfutter seiner Beute aussucht, so muss der Trader seine Strategie so auswählen, dass sie zu seiner Philosophie über den Markt passt.

Viele Anfänger scheitern, weil ihnen eine Philosophie zur Funktionsweise und Preisbildung an den Märkten fehlt. Sie probieren einfach irgendeine Strategie aus, von der sie glauben, dass sie erfolgreich sein könnte. Jede Strategie weist Phasen auf, in denen sie einen »Durchhänger« hat, so genannte Drawdowns. Wenn der Anleger nicht von seiner Philosophie überzeugt ist, wird er automatisch in den Zeiten verunsichert sein, in denen seine Strategie zu vorübergehenden Verlusten führt.

Stellen Sie sich vor, Sie segeln im Jahr 1492 mit Kolumbus und treten eine Reise nach »Indien« an. Sie fahren hinaus ins offene Meer, weil Kolumbus übcrzcugt ist, dass dic Wclt cinc Kugcl ist und Sic nicht irgendwann von der Scheibe fallen, sondern nur einen neuen, kürzeren Seeweg nach Indien entdecken. Von großem Einfluss waren dabei die Berechnungen des italienischen Astronomen Toscanelli, nach denen die Erde um ein Viertel kleiner sei als bisher angenommen und größtenteils aus Land bestehe; dementsprechend sollten auch die Entfernung zwischen Europa und Asien und damit der geplante neue Seeweg deutlich kürzer sein. Das versprach natürlich Vorteile für den Handel.

Kolumbus' Philosophie lautet demnach: »Die Welt ist eine Kugel«. Seine Strategie ist: »Wenn die Welt eine Kugel ist, kann ich auch mit einer Atlantik-Überquerung Indien erreichen.«

Ihre Reise startet am 3. August 1492 in Palos de la Frontera, Spanien. Sie segeln den ganzen August und den ganzen September auf dem offenen Meer und müssten den ursprünglichen Berechnungen zufolge eigentlich schon längst in Indien sein. Kolumbus ist überzeugt, dass die Welt eine Kugel ist, und zweifelt nicht daran, dass das Ziel früher oder später erreicht wird. Sie hingegen haben sich beim Aufbruch zu Ihrer Reise keine Gedanken zu irgendeinem Glaubenssatz über die Gestalt der Erde gemacht. Sie sind ein Kaufmann und wollten mit Kolumbus segeln, um Ihre Geschäfte durch kürzere Transportwege kostengünstiger abwickeln zu können.

Wie werden Sie sich nach zwei Monaten auf hoher See fühlen? Sicher nicht so gut wie im Hafen in Spanien, als Sie, besessen vom Gedanken, Geld zu sparen und damit die Gewinnspanne für Ihre Indien-Geschäfte zu erhöhen, leichtfertig Kolumbus bei seiner Reise begleiten wollten. Sie werden verängstigt und unsicher sein, Sie werden Kolumbus Vorwürfe machen, dass er Sie auf diese Odyssee mitgenommen hat. Wenn Sie könnten, würden Sie die Reise direkt abbrechen und keine weiteren Risiken auf sich nehmen.

Ihre Strategie, um mehr Geld zu verdienen, war, die Transportkosten zu senken, sich Handelsvorteile durch einen kürzeren Seeweg nach Indien zu verschaffen. Eine durchaus schlüssige Strategie. Eine Philosophie hatten Sie aber nicht. Sie haben einfach Kolumbus vertraut, der als anerkannter Seefahrer, unterstützt von der königlichen Autorität, für seine Kompetenz bekannt war.

Und nun scheint Ihre schlaue Strategie, Kosten zu sparen, nicht zu funktionieren. Wenn Sie könnten, würden Sie nun sicher Ihre Strategie – Kosten sparen – wechseln und eine andere wählen. Vielleicht denken Sie auch daran, dass die Erde möglicherweise doch keine Kugel ist. In diesem Moment wissen Sie, dass Sie verloren haben. Sie werden sterben, weil der Proviant für den langen Rückweg nicht mehr reicht oder Sie einfach mit dem Schiff von der Erdscheibe kippen werden.

Glücklicherweise müssen Sie als Trader nicht sterben, wenn Ihre Strategie nicht funktioniert. Sie verlieren nur Geld. Als Trader können Sie jederzeit Ihre Strategie verwerfen und eine neue Strategie ausprobieren. Wenn Sie aber keine Philosophie über die Märkte haben, werden Sie nie das Vertrauen in eine Strategie entwickeln können, das nötig ist, um diese Strategie auch in Verlustphasen durchzuhalten und sie zu perfektionieren.

Hätte Kolumbus keine Philosophie gehabt, wäre er vielleicht auch auf die offene See hinausgefahren – aber immer nur so weit, dass er noch genug Proviant für die Rückkehr gehabt hätte. Er hätte die verschiedensten Seewege (Strategien) ausprobiert, aber Amerika hätte er so nicht entdeckt. Er hätte immer mitten auf dem Atlantik umkehren müssen. Doch er hatte den festen Glaubenssatz, dass die Erde eine Kugel sei, und dieser Glaubenssatz ermöglichte es ihm auch in schwierigen Phasen, seine Strategie durchzuziehen.

Erfolgreiche Trader haben eine klare Philosophie über Märkte und Preisbildung, und nur dies ermöglicht es ihnen, ihren Strategien dauerhaft zu folgen. Ohne eine Philosophie werden Sie Ihre Strategie beim ersten größeren Drawdown verwerfen und nach einer neuen suchen.

Vielleicht fragen Sie sich nun, was falsch daran ist, eine Strategie, die aktuell zu keinem Profit führt, gegen eine neue auszutauschen. Immerhin ist es doch Ihr Ziel, Geld zu verdienen!

Wenn Sie jedes Mal, wenn Sie mit einer Strategie in die Verlustzone geraten, eine neue suchen, ist das die Garantie, ein dauerhafter Verlierer am Markt zu sein.

Nehmen wir an, Sie starten mit 100.000 Euro und gewinnen zwei Monate lang Geld, das Sie dann aber im dritten Monat komplett wieder verlieren. Im vierten Monat ist Ihr Konto sogar per saldo 3.000 Euro im Minus, und Sie entscheiden, dass die Strategie nicht taugt.

Mit den verbleibenden 97.000 Euro probieren Sie nun eine neue Strategie aus, die Sie abermals nach einiger Zeit in die Verlustzone führt. Die Verluste verunsichern Sie, und Sie entscheiden sich für einen weiteren Wechsel in der Vorgehensweise. Mit Ihrem, sagen wir, nun auf 92.000 Euro geschmälerten Konto folgen Sie der dritten Strategie, die nach anfänglichen Gewinnen Ihr Konto bis auf 85.000 Euro drückt.

Ihnen ist klar, dass bei diesen Verlusten eine neue Idee her muss, und Sie entscheiden sich für ein weiteres Handelssystem, das Ihnen direkt einen weiteren Verlust von 7.000 Euro beschert. Die einzige Möglichkeit, dieser Verlustspirale zu entkommen, ist, eine Strategie zu finden, die niemals einen größeren Drawdown aufweist und stetig nach oben führt. Eine solche Strategie zu finden ist leider sehr unwahrscheinlich. Vielmehr ist es typisch, dass auch jede erfolgreiche Strategie zeitweise Drawdowns aufweist. Wenn Sie Ihre Vorgehensweise in dieser Phase jedes Mal wechseln, stellen Sie sicher, dass Sie kontinuierlich verlieren.

Sie brauchen also als erfolgreicher Trader nur eine Strategie, die von Ihren Glaubenssätzen und Ihrer Philosophie unterstützt wird. Solange diese Strategie einen positiven Erwartungswert hat, sollten Sie sie nicht wechseln, sondern perfektionieren.

Klären Sie also, was Ihre Philosophie ist, und entscheiden Sie sich dann für eine Strategie, die dazu passt.

Entscheiden Sie sich für eine Technik

Fest mit der Philosophie verknüpft ist die Technik – die Wahl Ihrer Trading-Strategie. Charttechniker glauben, dass es immer wiederkehrende Muster im Markt gibt. Deshalb sind sie auf der Suche nach bestimmten Mustern, wie zum Beispiel Schulter-Kopf-Schulter-Formationen, Dreiecken oder Doppel-Tops im Chart.

Elliott-Wellen-Techniker sind überzeugt, dass allen Marktbewegungen und Trends eine bestimmte Organisationsstruktur zugrunde liegt. Ihre Technik besteht deshalb darin, den Markt in einzelne Fragmente zu zerlegen und daraus eine Kursprognose abzuleiten.

Fundamentale Analysten gehen davon aus, dass die Preisbildung kurzfristig nicht effizient am Markt erfolgt, der Markt langfristig aber um seinen fairen Wert schwankt. Ihre Strategie besteht deshalb darin, anhand verschiedener Variablen Unterbewertungen auszumachen und diese Aktien dann zu kaufen.

Andere fundamentale Analysten glauben, dass neue Nachrichten Märkte beeinflussen. Sie werden sich deshalb bei ihrer Strategie auf die Interpretation von Nachrichten konzentrieren.

Natürlich gibt es auch Trader, die verschiedene Techniken in ihre Strategie integrieren. So kaufen sie zum Beispiel nur dann, wenn die fundamentalen Daten eine Unterbewertung vermuten lassen und charttechnisch ein bestimmtes Muster vorliegt.

Entwickeln Sie eine Einstiegsstrategie

In diesem Teil Ihres Trading-Plans legen Sie alle Bedingungen fest, die gegeben sein müssen, damit Sie eine Position eröffnen.

Die Auswahl einer Einstiegsstrategie ist für die wenigsten Trader ein Problem. In der Literatur finden Sie Tausende von Hilfestellungen, die Ihnen funktionierende Einstiegsstrategien vorschlagen. Diese können beispielsweise auf der technischen oder fundamentalen Analyse beruhen. Es gibt Strategien, die Signale aufgrund von Indikatoren generieren oder ungewöhnliche Einstiegsbedingungen wie eine bestimmte Stern- und Planetenkonstellation beinhalten.

Es existieren aber auch Strategien, bei denen die exakten Parameter der Einstiegsbedingungen dem Trader verborgen bleiben. Sie können unklar sein, weil sie von einem neuronalen Netz, in einer Black Box, vom

Computer vorgegeben werden. Einstiege können zyklisch oder antizyklisch erfolgen oder durch »magische Zahlen«, wie Fibonacci oder Gannzyklen, bestimmt werden.

Nicht zuletzt kann eine Einstiegsstrategie auf einer Kombination von fundamentalen, technischen und weiteren Bedingungen beruhen. Der Phantasie für Einstiegsbedingungen sind keine Grenzen gesetzt, und meine Aufzählung ist sicher nicht vollständig. Es gibt keine Regel, die die Auswahl und Konstellation der Parameter begrenzt.

Für wie sinnvoll Sie eine bestimmte Strategie halten, müssen Sie letztendlich selbst entscheiden. Ich bin jedoch der Überzeugung, dass die Einstiegsstrategie nur einen geringen Einfluss auf das Trading-Ergebnis hat, obwohl sie allgemein eine solch große Beachtung findet.

Das starke Interesse an der Einstiegsstrategie lässt sich vor allem psychologisch begründen. Der Grund dafür ist derselbe, aus dem Menschen beim Lotto ihre Zahlen lieber selber auswählen und auf dem Lottoschein ihre Kreuzchen machen, statt einfach ein Los mit einer bestimmten Zahl zu ziehen: Die Auswahl von Parametern für den Einstieg verstärkt das Gefühl, tatsächlich Kontrolle darüber zu haben, ob die einzelne Transaktion ein Erfolg oder Misserfolg wird. Dies ist aber eine Illusion. Das Ergebnis, ob wir mit einer bestimmten Transaktion gewinnen oder verlieren, hängt vom Markt ab und nicht von unserer Entscheidung – genauso wie beim Lotto, wo sich die Gewinnwahrscheinlichkeit auch nicht dadurch verbessert, dass der Spieler die Zahlen persönlich ausgesucht hat.

Dennoch glauben viele Menschen, dass sie ihrem Glück auf die Sprünge helfen können, indem sie ihre Lieblingszahlen, Geburtsdaten, Hochzeitstage oder Ähnliches auf dem Lottoschein ankreuzen. Statistisch gesehen ist die Wahrscheinlichkeit, dass eine ganz bestimmte, vorher ausgewählte Zahlenkombination bei der Lotterie gezogen wird, immer gleich.

Einstiegssignale geben uns das Gefühl einer Kontrolle über den Markt, weil sich der Markt in dem Moment, in dem wir uns wegen eines Signals entscheiden, eine Position zu eröffnen, exakt so verhält, wie wir es von ihm erwarten.

Um dies besser zu verstehen, stellen Sie sich vor, Sie wären in einem Händlerteam und müssten immer die Position eines anderen Traders übernehmen, nachdem dieser den Einstieg ausgewählt hat. Sie wissen allerdings nicht, wann dieser Händler eingestiegen ist. Ihr Gewinn und Verlust bestimmt sich nur durch die Marktveränderungen ab dem Zeitpunkt, an dem Sie die Position übernehmen. Sie wissen nicht, ob die Position vorher im Gewinn oder Verlust war, und bereits angelaufene Gewinne oder Verluste werden nicht Ihrem Konto gutgeschrieben. Es gibt keine Transaktionskosten.

Bevor Sie nun weiterlesen, halten Sie kurz inne und entscheiden Sie, ob Sie unter diesen Umständen erfolgreich handeln könnten oder ob Sie erfolgreicher wären, wenn Sie die Position auch selbst eröffnen dürften. Außerdem fragen Sie sich, wann Sie sich sicherer und wohler fühlen: wenn Sie selber Einstieg und Ausstieg bestimmen oder wenn Sie, wie oben beschrieben, eine bestehende Position weiterhandeln müssten.

Die meisten Menschen, mich eingeschlossen, ziehen es klar vor, ihre Position von Anfang an zu betreuen, also auch den Einstieg selbst zu bestimmen. Dabei gibt es keinen Unterschied zu dem Modell, bei dem Sie eine Position übernehmen müssten, denn Sie könnten diese, wenn sie Ihnen nicht gefällt, sofort und ohne Kosten, also Verlust, glattstellen.

Trotzdem: Wir glauben, unseren Erfolg beeinflussen zu können, wenn wir auch bestimmen, wann wir in den Markt einsteigen. Wir erliegen damit der Illusion, Kontrolle zu haben.

Dennoch können wir nicht auf eine Einstiegsstrategie verzichten. Denn ohne eine klar definierte Einstiegsstrategie ist das Ergebnis unseres Tradens zufällig und damit nicht reproduzierbar. Wir können nicht erwarten, dass wir Trading-Ergebnisse, die wir in der Vergangenheit durch Zufallsentscheidungen erzielt haben, mit einem gewissen Grad an Verlässlichkeit wiederholen können.

Ein weiteres Argument dafür, sich auf eine Einstiegsstrategie festzulegen, ist, dass wir uns ohne klare Vorgaben schnell von unseren Gefühlen leiten lassen, wenn wir eine Position eröffnen wollen. Dies birgt die Gefahr, dass wir eine Position eingehen, nur weil wir ein bestimmtes Gefühl befriedigen wollen, nicht aber, weil es die Marktverhältnisse anbieten. Unser Handeln ist dann bestimmt von Gier, Angst, dem Wunsch nach Ablenkung und Aufregung, Ungeduld oder vielen weiteren Emotionen.

Es ist nicht unüblich, dass ein Trader beobachtet, wie der Markt stark zu steigen beginnt, und er aus Angst, etwas zu verpassen, einfach schnell ein paar Aktien oder Kontrakte kauft. Ein solcher Kauf ist nicht strategisch motiviert, sondern resultiert aus dem Gefühl der Gier.

Basieren Handelsentscheidungen jedoch auf einer Strategie, gibt es spezifische Bedingungen, die erfüllt sein müssen, damit der Trader seine Position aufbaut. Diese Bedingungen gilt es in Ihrem Trading-Plan festzulegen und zu beschreiben. Ziel ist es, mit den Einstiegssignalen eine »Low-Risk-Idee« zu entwickeln – eine Idee, bei der die Chance in einem angemessenen Verhältnis zum Risiko steht.

Was ein angemessenes Verhältnis ist, hängt von Ihrer Trefferquote ab. Die Trefferquote gibt an, wie viel Prozent all Ihrer Transaktionen mit Erfolg schließen. Im Kapitel 7 »Marktanalyse und ihre Bedeutung« über die Low-Risk-Idee finden Sie mehr zu dieser Thematik.

Sie müssen also spezifische Bedingungen festlegen, die erfüllt sein müssen, damit die Chance in einem angemessenen Verhältnis zum Risiko steht, sowie Parameter bestimmen, die eine Aussage über den

Zeitpunkt des Einstiegs treffen. Dies ist die Aufgabe Ihrer Einstiegsstrategie.

Es gibt zwei Typen von Investoren: diskretionäre Trader und systematische Trader. Beide benötigen eine Einstiegsstrategie.

Der systematische Trader folgt einem eindeutig definierten Handelssystem. Alle seine Entry-Entscheidungen werden durch die Parameter des Systems bestimmt. Das Handelssystem generiert für ihn automatisch sein Einstiegssignal – zum Beispiel dadurch, dass bestimmte Indikatoren Grenzwerte erreichen. Prinzipiell kann er seine Handelsentscheidungen wegen der eindeutig definierten Parameter auch einem Computer überlassen, denn einen Spielraum, ob er dem vom System generierten Einstiegssignal folgt oder nicht, gibt es für ihn nicht.

Der diskretionäre Trader dagegen entscheidet von Fall zu Fall. Seinen Entscheidungen liegt damit ein gewisser subjektiver Spielraum zugrunde. Ob er in eine Position einsteigt, hängt nicht nur von bestimmten Parametern ab, sondern auch noch von ihm selbst. Dennoch entscheiden auch diskretionäre Trader nicht willkürlich. Vielmehr vergleichen sie ständig aktuelle Marktsituationen und Parameterkonstellationen mit ihnen bekannten Mustern aus der Vergangenheit. Sie machen sich also ihre Erfahrung zunutze.

Diskretionäre Entscheidungsstrategien kommen meist dann zum Einsatz, wenn Wirtschaftsdaten und Nachrichten oder Chartmuster interpretiert werden müssen. Bei der Interpretationsleistung spielen häufig so viele Faktoren eine Rolle, dass ein systematisches Handelssystem zu starr und unflexibel wäre, um alle Daten angemessen zu gewichten und zu verarbeiten. Der Einsatz von neuronalen Netzen für die Signalgebung im Trading ist nichts anderes als der Versuch, diskretionäre Entscheidungen eines Menschen durch eine vereinfachte künstliche Nachbildung der Funktionsweise unseres Gehirns von einem Computer treffen zu lassen. Ähnlich wie der Mensch aus Erfahrung lernt, soll auch der Computer alle Daten, die er als Input erhält, optimal gewichten.

Es mag dahingestellt sein, inwieweit ein Computer es mit der Erfahrung eines Traders aufnehmen kann. Im Gegensatz zu einem Schachcomputer muss ein neuronales Netz nicht nur die Positionen der 32 Spielfiguren auf dem Spielfeld als Daten-Input erhalten, sondern eine vielfach höhere Anzahl von Variablen aufnehmen und gewichten.

An den eben beschriebenen Unterschieden sehen Sie schon, dass nicht jeder Trader sich dafür eignet, diskretionäre Entscheidungen zu treffen. Vielmehr setzt dies ein hohes Maß an Erfahrung voraus.

Hinzu kommt, dass ein diskretionärer Händler sich stärker disziplinieren muss als ein systematischer. Er muss bei jeder Handelsentscheidung sicher sein, dass sie durch Marktbewegungen und nicht durch seine Stimmungslage motiviert ist.

Dennoch haben beide Arten von Tradern gemeinsam, dass es einen Datenkranz zur Entscheidungsfindung gibt, den sie bewusst bestimmen können. Das können Indikatoren, Chartmuster oder Nachrichten sein. In Ihrem Trading-Plan sollten Sie genau festhalten, welche Werte die von Ihnen ausgewählten Parameter aufweisen müssen, damit Sie eine Transaktion eingehen.

Ein systematischer Händler, dessen Handelsentscheidungen zum Beispiel auf gleitenden Durchschnitten basieren, notiert in seinem Trading-Plan, welche gleitenden Durchschnitte er betrachtet und wann er eine Position im Markt eröffnet – so könnte er eine Long-Position eröffnen, wenn der 38-Tage-Durchschnitt den 50-Tage-Durchschnitt von unten nach oben schneidet.

Ein diskretionärer Trader, der Kaufentscheidungen aufgrund von Elliott-Wellen trifft, schreibt zum Beispiel in seinen Trading-Plan, dass er immer eine Position eingeht, wenn er annimmt, dass eine Korrekturwelle 2 oder 4 abgeschlossen ist.

Außerdem müssen Sie bei Ihrer Einstiegsstrategie bestimmen, auf welcher Zeiteinheit Sie Ihre Handelsentscheidungen treffen: Benutzen Sie einen Minuten-, einen Fünf-Minuten- oder einen Stundenchart, oder betrachten Sie Ihre Einstiegsparameter nur auf Tagesschlusskursbasis?

Seien Sie bei der Beschreibung, welche Variablen Sie zur Entscheidungsfindung heranziehen, so genau wie möglich. Beziehen Sie alles ein, was Ihnen zur Entscheidungsfindung dient. Ich habe Ihnen im Anschluss an dieses Kapitel meinen eigenen Trading-Plan als Muster beigefügt.

Entwickeln Sie eine Low-Risk-Idee

Die Entwicklung einer Low-Risk-Idee ist der zweite Teil der Einstiegsstrategie. Nachdem Sie ein System oder eine Methode festgelegt haben, die Ihnen sagt, wann Sie eine Position aufbauen sollten, müssen Sie noch überprüfen, ob dieses Signal auch den Anforderungen an eine Low-Risk-Idee entspricht.

Das Hauptkriterium der Low-Risk-Idee besteht darin, dass die Chance in einem angemessenen Verhältnis zum Risiko steht.

Dazu müssen Sie als Erstes Ihr geplantes Risiko kennen. Deshalb ist der erste Schritt bei der Entwicklung einer Low-Risk-Idee, eine »Linie im Sand« festzulegen, also einen Punkt zu finden, an dem Sie sich entscheiden, Ihren Trade auch mit Verlust abzubrechen.

Dieser Punkt kann durch die von Ihnen verwendete Markttechnik determiniert werden oder aber auch durch Ihre Exit-Strategie. In jedem Fall brauchen Sie aber einen Preis, bei dem Sie unter allen Umständen die Transaktion beenden würden. Dieser Preis ist Ihr so genannter Initial Stop oder, zu Deutsch, Anfangs-Stop.

Die Differenz zwischen Ihrem Einstieg und dem Punkt, an dem Sie Ihre »Linie im Sand« festgelegt haben, ist Ihr geplantes Risiko.

Ob dieses Risiko angemessen ist, hängt von zwei weiteren Faktoren ab:

Erstens müssen Sie prüfen, ob das von Ihnen geplante Risiko mit Ihren Money-Management-Regeln vereinbar ist. Diese Frage beschäftigt sich also damit, ob das Risiko im Verhältnis zu Ihrer Kontogröße angemessen ist. Professionelle Trader wissen, dass es nicht nur darauf ankommt, eine Strategie mit einem positiven Erwartungswert zu finden, sondern dass das Risiko pro Transaktion so gewählt sein muss, dass der positive Erwartungswert einer Strategie auch real erreicht werden kann, ohne vorher kurzfristig bankrott zu gehen. Dies wäre denkbar, wenn der Trader einen zu hohen Anteil seines Kontos pro Transaktion riskiert. So würden Sie Ihr Konto bereits halbieren, wenn Sie pro Transaktion ein Zehntel Ihres Kontos riskieren und nur sechsmal hintereinander verlieren.

Ihre Money-Management-Regeln sind damit Regeln, die aussagen, wie viel Prozent Ihres Kontos Sie pro Transaktion maximal riskieren können. Sie sind ein wichtiger Teil der Einstiegsstrategie, da Transaktionen, bei denen das geplante Risiko (Differenz zwischen Einstieg und Stop) zu groß ist, automatisch dazu führen, dass Sie die Transaktion nicht durchführen.

Das bedeutet, dass Sie durchaus auch einige Signale, die Ihr Trading-System hervorbringt, nicht wahrnehmen werden, weil Ihre Money-Management-Regeln derartige Risiken ausschließen.

Der zweite Faktor, der bei der Risikoplanung eine Rolle spielt, bezieht sich nicht auf die Kontogröße, sondern auf die Chance, die sich dem Trader bietet.

Die meisten erfolgreichen Trader sind nur bereit, Risiken einzugehen, bei denen sie ein Vielfaches ihres Risikos verdienen können. Die Angemessenheit des Risikos muss also auch in Bezug zu der sich bietenden Chance betrachtet werden. Dies ist der zweite wichtige Schritt bei der Entwicklung einer Low-Risk-Idee.

Zunächst muss eine Aussage über die sich bietende Chance getroffen werden. Diese Aufgabe ist nicht ganz einfach, weil Sie dabei objektiv und realistisch beurteilen müssen, wie viel Geld Sie mit der geplanten Transaktion verdienen können.

Sie müssen eine Zielzone festlegen, die Sie als Minimumziel für das generierte Signal betrachten. Ihren möglichen Gewinn vergleichen Sie dann mit dem geplanten Risiko, indem Sie diesen ins Verhältnis zum geplanten Risiko setzen. Sie erhalten dann eine Zahl, die Ihr Risikovielfaches, auch Risk Multiple genannt, angibt.

Nur wenn das Risikovielfache den von Ihnen in Ihrem Trading-Plan festgelegten Minimalwert für Ihr Chance-Risiko-Verhältnis überschreitet, ist die Transaktion nach Ihrem Trading-Plan auch zulässig.

Zusammengefasst gibt es also zwei Bedingungen, die bei der Beurteilung, ob ein Risiko angemessen ist, herangezogen werden. Zum einen muss Ihr Trading-Plan eine Regel zum Money-Management aufweisen, zum anderen müssen Sie angeben, das Wievielfache des Risikos Sie mindestens pro Transaktion verdienen wollen. Stellt sich heraus, dass eine Transaktion bereits Ihren Money-Management-Regeln zufolge nicht zulässig ist, erübrigt sich die Frage, ob das Risiko in Bezug auf die Chance angemessen ist.

Beschreiben Sie exakt den Transaktionsablauf

Wenn Ihr Handelssystem ein Signal generiert hat, müssen Sie dieses am Markt umsetzen. Wichtig ist, dass Ihr Trading-Plan alle Details und Schritte zur Umsetzung des Signals beschreibt.

Das klingt zunächst einmal nach einer Menge überflüssiger Arbeit, weil Sie als Trader eigentlich alles wissen, was es zu bedenken gibt, wenn Sie eine Transaktion eingehen. Außerdem gehört die Ordereingabe zur Routine eines Händlers und sollte keine Probleme bereiten.

Doch Trading ist ein Unternehmen. Stellen Sie sich vor, Sie sind ein Unternehmensberater. Wenn Sie Arbeitsabläufe in einem Betrieb optimieren wollen, zerlegen Sie zuerst alle Prozesse in viele kleine Arbeitsschritte. Danach überprüfen Sie, ob es Möglichkeiten gibt, durch eine Veränderung der Arbeitsschritte bessere Unternehmensergebnisse zu erzielen.

Genau diese Funktion soll auch Ihre Beschreibung des Transaktionsablaufs im Trading-Plan erfüllen.

Beginnen Sie die Beschreibung an dem Punkt, an dem Ihr Trading-System das Signal generiert hat und Sie das Risiko der Transaktion als angemessen empfinden.

Die Frage, die Sie sich zuerst stellen sollten, ist, ob Sie direkt nach Signalgenerierung zum aktuellen Marktpreis »market« kaufen, oder ob Sie Prozeduren in Ihren Arbeitsablauf eingeführt haben, die es Ihnen ermöglichen sollen, einen optimalen Einkaufspreis zu erzielen.

Solche Prozeduren können zum Beispiel das Heranziehen des Orderbuchs zur optimalen Bestimmung des Einstiegsmoments sein, oder die Verwendung von Minuten- oder Tickcharts während des Lauerns auf den günstigsten Zeitpunkt zum Einstieg.

Beschreiben Sie in Ihrem Trading-Plan auch den Moment der Aktion und wie Sie gedenken, Ihre Positionen zu überwachen. Ich habe während meines Tradings einige große Verluste hinnehmen müssen, die daraus entstanden sind, dass ich meine Positionen nur ungenügend oder nachlässig überwacht habe. Es gibt nichts Ärgerlicheres, als am Ende des Tags zu entdecken, dass man vergessen hat, ein Limit oder einen Stop zu canceln und diese Order nun mit einem großen Verlust ausgeführt in den Büchern steht.

In welchen Zeitintervallen prüfen Sie Ihre Transaktionen und Ihre Ausführungen? Einmal am Tag, stündlich oder nur nach der Orderaufgabe?

Wie sieht Ihre Exit-Strategie aus?

Dieser Punkt ist vielleicht der wichtigste in Ihrem Trading-Plan. Die wenigsten Trader haben klare Regeln über den Zeitpunkt und die Art und Weise des Ausstiegs aus einer Position – sei es aus einem Gewinn oder einem Verlust. Häufig wird einfach ausgestiegen, wenn der Trader meint, genug gewonnen zu haben, oder er Angst bekommt, wieder etwas vom Gewinn abgeben zu müssen.

Ausstiegsentscheidungen werden häufig von Gefühlen geleitet. Ohne klare Regeln für den Ausstieg können wir uns nicht davon frei machen, durch Gefühle aus unseren Positionen gebracht zu werden. Dass dies meist nicht zu optimalen Ergebnissen führt, versteht sich von selbst.

Deshalb ist es wichtig, die Regeln für den Ausstieg im Trading-Plan so deutlich und scharf umrissen zu beschreiben, dass jemand anderer für uns den Ausstieg aus einer Position wählen könnte. Nur so lässt sich sicherstellen, dass wir reproduzierbare Ergebnisse erwirtschaften und uns nicht von Gefühlen leiten lassen.

Nichts beeinflusst unsere Gefühle beim Traden so sehr wie die Angst zu verlieren. Man könnte von einem natürlichen Instinkt sprechen. Wir Menschen haben gelernt, dass es lohnenswert sein kann, Risiken in Kauf zu nehmen. Als vor Jahrtausenden unsere Urahnen durch die Wälder streiften und sich aufmachten, ein Mammut zu jagen, mussten sie bewusst ein Risiko eingehen und ihre Angst, das Leben zu verlieren, kurzfristig überwinden. Sie wurden für das eingegangene Risiko meist belohnt.

Auch beim Traden müssen wir kurzfristig Risiken eingehen. Ganz bewusst müssen wir unsere Angst, Geld zu verlieren, im Moment der Investition überwinden, und wir hoffen auf eine Belohnung in Form von Gewinnen.

Droht nun die Gefahr, dass uns unsere Belohnung wieder weggenommen wird, weil der Markt sich scheinbar gegen uns wendet, bekommen wir sehr schnell Angst, dass die Mühen vergeblich waren und wir unsere Belohnung ganz verlieren können. Wir beenden deshalb die Spekulation meistens schnell mit einem kleinen Gewinn. So verständlich dieses Verhalten auch ist: Es behindert uns dabei, ein erfolgreicher Trader zu werden. Als Trader müssen wir Regeln finden, die es uns erlauben, Gewinne laufen zu lassen. Subjektive Empfindungen, dass wir für dieses Risiko oder jene Transaktion genug verdient hätten, helfen uns nicht weiter.

Objektive Ausstiegsregeln sind also ein wesentlicher Bestandteil Ihres Trading-Plans.

Wie gestalten Sie die tägliche und periodische Nachbereitung Ihres Tradings?

Ein wesentliches Hilfsmittel bei der täglichen und periodischen Nachbereitung sollte Ihr Trading-Tagebuch sein. Ich kann jedem Trader nur empfehlen, ein Trading-Tagebuch zu führen.

In Ihrem Trading-Plan sollten Sie deshalb festlegen, wie Sie Ihr Trading-Tagebuch gestalten – in welchen Abständen und wann Sie Eintragungen vornehmen. Wenn Ihr Trading Ihnen dazu Zeit lässt, sollten Sie unmittelbar nach jeder Transaktion alle wichtigen Daten über Ihr Geschäft in das Tagebuch aufnehmen.

Ansonsten sollte Ihr Trading-Plan genau vorsehen, wann Sie diese notwendige Aufgabe erledigen. Haben Sie sich dafür zum Beispiel eine Stunde am Abend nach Marktschluss reserviert, oder werden diese Eintragungen während des Tradings in umsatzschwachen Perioden wie dem Mittagsmarkt erledigt?

Legen Sie unbedingt eine feste Zeit für Ihre Eintragungen ins Trading-Tagebuch fest. Denn wenn Sie das nicht tun, wird es Ihnen wie bei vielen Dingen im Leben gehen, die man sich zwar vornimmt, aber für die man keinen Termin festlegt. Man schiebt sie so lange auf, bis es zu spät ist. Es gibt eben immer etwas Wichtigeres. Ein Trading-Tagebuch nützt

Ihnen aber nur etwas, wenn die Eintragungen regelmäßig und vollständig erfolgen.

Auch eine periodische Auswertung der ins Trading-Tagebuch eingetragenen Daten ist wichtig. Vermerken Sie deshalb in Ihrem Trading-Plan auch Termine und Intervalle für eine solche regelmäßige Bearbeitung.

Die periodische Nachbereitung Ihres Tradings bringt oft wertvolle Hinweise zur Verbesserung der Trading-Strategie.

▶ Beispiel eines Business- und Trading-Plans

Überblick

Dieser Business-Plan dient als operative Hilfe für mein elektronisches Daytrading-Geschäft. Ich bin alleiniger Profiteur meines Trading-Geschäfts, habe aber einen Assistenten für das so genannte Day-to-Day-Geschäft. Als gut ausgebildeter Trader bin ich sicher, dass mein Daytrading-Geschäft profitabel ist. Ich habe nicht nur ein fundiertes Praxiswissen (mehr als 15 Jahre) über die Märkte, in denen ich mich bewege, sondern auch die notwendigen mentalen Fähigkeiten für dieses Geschäft. Beides zusammen stellt meinen spezifischen Vorteil gegenüber vielen anderen Marktteilnehmern dar.

Es sind keine weiteren Investitionen in das Geschäft erforderlich, und das Daytrading-Geschäft wird von Beginn an zu einem positiven Cashflow führen.

Geschäftsbeschreibung

Mission

Um ein ausgeglichenes, glückliches und zufriedenes Leben zu führen, versuche ich, in größtmöglichem Einklang mit meinem Wertekonzept zu leben. Freiheit, Gerechtigkeit, Erfolg sind neben Gesundheit, Lebensfreude und Sicherheit die wichtigsten Werte. Traden ist ein Geschäft, in dem sich viele dieser Werte wiederfinden und das dieses

Wertekonzept unterstützt. Ich bin frei in meinen Entscheidungen, bestimme selber, was ich wann und wie tue. Ich habe keine Kunden in dem Geschäft, sodass ich auf niemanden Rücksicht nehmen muss, wenn ich mir frei nehme oder im Laufe des Tags entscheide, dass ich für heute genug getradet habe. Niemand kann meine Leistung subjektiv beurteilen, sodass mein Erfolg allein von mir selbst abhängig ist. Durch das Profit Loss Statement erkenne ich objektiv, ob ich gut oder schlecht in meinem Business bin. Es gibt keine ungerechten Entscheidungen oder Bewertungen der Leistung beim Traden.

Mein Geschäft ist Daytrading. Diese Aktivität bringt substantielle Gewinne und einen Cashflow für mich hervor. Deshalb führt Traden mich auch in eine finanzielle Unabhängigkeit. Gewinne helfen mir, meine Ziele sukzessiv zu erreichen. Diese Ziele sind eng verbunden mit meinem Wertekonzept.

Überblick und Geschichte

Ich habe einen umfassenden Trading-Background, der sowohl auf meinen langjährigen Studien der Märkte (seit meinem 14. Lebensjahr) als auch auf meinem psychologischen Wissen über das Verhalten anderer Marktteilnehmer und meiner eigenen Psychologie beruht. Zusätzlich brachte mein Studium der Volkswirtschafts- und der Betriebswirtschaftslehre weitere theoretische Grundlagen, die mein Traden unterstützen. Ich habe diverse Investmentseminare besucht und führe ein Trading-Tagebuch, das mir hilft, mich ständig weiterzuentwickeln und zu verbessern.

Produkte und Leistungen

Die Leistungen, von denen ich beim Traden profitiere, sind bereits unter dem Stichwort »Mission« klar gefasst. Aber auch andere profitieren von meinem Traden, denn als Daytrader stelle ich einen essentiellen Service bereit, indem ich Liquidität für die Märkte generiere. So trage ich zum Funktionieren und zur optimalen Preisfindung an den Weltmärkten bei.

Ich trade schwerpunktmäßig den DAX-Future und Bund-Future sowie den e-mini S&P; ab und zu gehe ich auch Positionen im Euro Stoxx ein. Alle von mir gehandelten Märkte sind elektronische Börsen, sodass ich eine schnelle und faire Orderausführung erwarten kann.

Geschäftsablauf

1) Ich arbeite von zu Hause aus und habe zusätzlich ein externes Büro. Beide Arbeitsplätze sind optimal ausgestattet. Als wichtigste Elemente sind hier mehrere Computer mit Backup-Computern, Flatscreens und eine sichere Internetverbindung zu nennen sowie eine zweite unabhängige Leitung für Notfälle. Im Büro verfüge ich zusätzlich noch über Standleitungen zu den nächsten ISPs.

2) Mein Daytrading basiert auf Momentum-Trading-Strategien und ist trendorientiert. Genaue Aussagen zum Trading finden sich im Trading-Plan.

3) Zeitmanagement: Ich trade morgens den DAX in der Eröffnung ab 9.00 Uhr bis etwa 11.00 Uhr, um danach ins Büro zu fahren. Dort handle ich je nach Markt und mentaler Verfassung bis 22.15 Uhr. Zwischen 17.30 und 19.00 Uhr mache ich eine Pause. Generell trade ich fünf Tage die Woche außer an Feiertagen. Die Marktvorbereitung (geistige Probe und Entwicklung von Low-Risk-Ideen) und Nachbereitung (Trading-Tagebuch und Review) werden auf der Fahrt ins Büro und beim Sport erledigt. Schriftliche Dokumentationen erfolgen während der Trading-Zeit.

4) Notfallplan: Es gibt einen Notfallplan für technische Ausfälle wie Telefon/Internet und auch einen für unerwartete Stresssituationen, die auftreten können. Bei technischen Ausfällen steht mir immer eine Backup-Leitung wie zum Beispiel über Handy zur Verfügung. Treten unerwartete Situationen auf, etwa ein Unglück in der Familie oder große Errors, wird das Traden sofort eingestellt und erst wieder aufgenommen, wenn der Stressor beseitigt ist.

5) Organisation: Trading-Entscheidungen treffe ich allein (siehe Trading-Plan). Das so genannte Record Keeping und Überwachen von Orders übernimmt aber ein Mitarbeiter, sodass ich meine Konzentration voll auf das Traden fokussieren kann.

Wettbewerber

Neben den institutionellen Tradern gibt es rund fünf Prozent Retailkunden an den Futures-Börsen. Nur ein geringer Anteil von ihnen (etwa 15 Prozent) sind erfolgreich. Als Daytrader mit meinem Erfahrungshorizont habe ich keine Nachteile gegenüber den Mitbewerbern. Ich verfüge über einen schnellen und sicheren Zugang zu den Börsen und trade keine Pit- beziehungsweise Parkettbörsen. Mit meinem Ninja Trader habe ich die gleichen Zugangsmöglichkeiten zu den elektronischen Börsen wie institutionelle Händler.

Viele meiner Wettbewerber verfügen zwar über ein größeres Budget, dies ist aber im Daytrading kein Vorteil. In vielen Märkten ist es bei dieser Art zu handeln schwierig, größere Summen schnell zu platzieren oder abzuziehen, ohne den Markt selbst zu beeinflussen.

1) Meine Stärken sind ein fundamentales Wissen über die Funktionsweise der Märkte, die ich trade, und die Bereitschaft, schnelle Entscheidungen zu treffen und diese Entscheidungen auch durch- und umzusetzen. Ich bin flexibel und neige deshalb nicht zum Generalisieren. Das heißt nicht, dass ich keine Grundsätze habe, aber ich weiß, wann es besser ist, einen Standpunkt aufzugeben. Ich bin organisiert, sodass ich nicht nur einen Plan entwickeln kann, sondern ihn auch mit der notwendigen Flexibilität verfolge. Ich habe gelernt, dass meine Emotionen ausschließlich von mir kontrolliert werden. Die Macht, meine Gefühle zu kontrollieren und innerhalb kürzester Zeit einen produktiven Zustand für die zu bewältigende Aufgabe zu schaffen, ist mein größter Vorteil gegenüber anderen Marktteilnehmern.

2) Meine Schwäche ist meine Ungeduld und, damit verbunden, eine zu starke Zielorientierung. Diese Kombination führt mich schnell in den

Zustand des »Haben-Wollens« (Ich will den Gewinn xy). Die Polarität des »Habens« – nämlich bei Verlusten »Nicht zu haben« – fördert nicht-produktive Emotionen. Ich kann diese Schwäche durch mein Disziplinverständnis überwinden (noch einmal: Disziplin bedeutet, in der Lage zu sein, diejenige Stimmung/Emotion herbeizuführen, die für die Aufgabe, die ich gerade bewältige, die produktivste ist), habe aber bisher noch kein Konzept gefunden, diese Schwäche generell zu beseitigen.

Finanzielle Informationen

1) Trading-Budget

Ich habe folgende Fixkosten

Büromiete
Data Feed
Handelsplattform
Internetleitung
Telefon
…

Außerdem plane ich eine Erhöhung des Budgets für

Seminare
Computerprogramme
Tagungen
…

2) Cash Flow Statement

Nettoeinkommen
Ausgaben (siehe Budget)
Net Cash Flow

3) Profit & Loss Statement

4) Bilanz

► Mein Trading-Plan (auszugsweise)

Meine Philosophie

An den Kapitalmärkten gibt es viele unterschiedliche Teilnehmer. Ich glaube, dass von massenpsychologischen Verhaltensmustern dieser Teilnehmer der größte Einfluss auf die Märkte ausgeht. Diese Verhaltensmuster führen am Markt immer wieder zu ähnlichen Strukturen. Es gibt also eine Ordnung am Markt. Alle verfügbaren Informationen sind bereits in der Preisbildung berücksichtigt.

Weil psychologische Phänomene immer wieder die gleichen Verhaltensmuster bei den Marktteilnehmern hervorbringen, entstehen auch immer wieder gleiche Strukturen am Markt. Meine Aufgabe ist es, diese Strukturen zu identifizieren und daraus eine Kursbewegung abzuleiten.

Grundlage aller meiner Trading-Entscheidungen bildet die Elliott-Wellen-Theorie, deren Kernaussage ist, dass sich der Markt in bestimmten Strukturen bewegt. Diese Theorie unterscheidet hauptsächlich Impuls- und Korrekturbewegungen. Sie geht von einer natürlichen Ordnung der Bewegungen aus.

Ich trade sowohl Korrekturwellen als auch Impulswellen, wobei ich meist einen prozyklischen Ansatz verfolge.

Meine Technik

Ich beobachte die Märkte auf Candlestick-Charts und versuche, Elliott-Wellen-Muster zu identifizieren. Die Zeiteinstellungen auf den Charts variieren, allerdings verwende ich als Daytrader hauptsächlich Fünf-Minuten-Charts, beachte dabei aber auch den 60-Minuten- und Tageschart. Ich versuche mit dem Trend zu traden, dafür bestimme ich den Trend auf dem 60-Minuten-Chart wie folgt:

Höher liegende Hochs und höher liegende Tiefs:Aufwärtstrend
Tiefer liegende Tiefs und tiefer liegende Hochs:Abwärtstrend

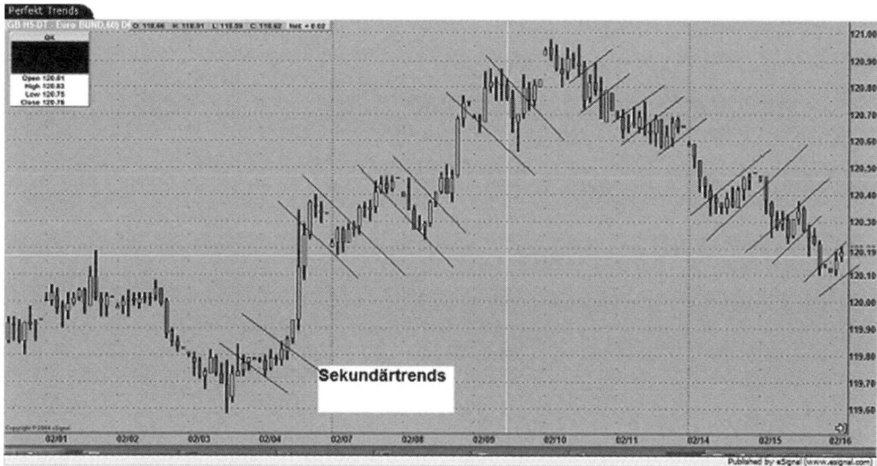

Jeder Primärtrend auf dem 60-Minuten-Chart wird durch mehrere antizyklische Bewegungen, so genannte Sekundärtrends, unterbrochen. Ich versuche, innerhalb dieser gegen den Haupttrend gerichteten Sekundärbewegungen mit dem Trend zu spekulieren. Sobald eine Sekundärbewegung zum Ende kommt, da sie auf einer Support-Zone aufsetzt oder eine vollständige Korrekturstruktur nach den Elliott-Wellen vorliegt, baue ich meine Position auf. Folgende Schritte durchlaufe ich bei meinem Einstieg:

Der Einstieg

Die Investmententscheidungen werden diskretionär aufgrund von technischer Analyse und Marktnachrichten getroffen. Das wichtigste Prinzip ist, nur Chance-Risiko-Verhältnisse von größer 1,5 zu traden, das heißt eine Position wird nur eingegangen, wenn die Chance (Differenz zwischen Kursziel und Kauf) 1,5-mal so groß ist wie das Risiko (Differenz zwischen Kauf und Stop). Dieser Ansatz geht davon aus, dass langfristig unter Verwendung eines Stop-Kurses eine Trefferquote von weniger als 50 Prozent ausreicht, um eine positive Performance zu erwirtschaften. Erwirtschaftet der Investmentmanager im Durchschnitt pro Gewinnrate doppelt so viel wie bei einem Verlust-Trade, ist er bereits bei einer Trefferquote von 0,33 Prozent break-even. Das bedeutet: Selbst wenn nur ein Drittel aller Transaktionen erfolgreich ist, treten trotzdem keine Verluste auf, da bei einem Gewinn doppelt so viel erwirtschaftet wird, wie bei einem Verlust verloren wird. Folgende Schritte führe ich beim Einstieg durch:

- Glauben beziehungsweise Einstellung über die präferierte Zählung gewinnen
- Punkt festsetzen, an dem diese Zählung nicht mehr haltbar wäre
- Ziel festsetzen, das aus dieser Zählung resultiert
- Risk Multiple ausrechnen
- Alternativzählung betrachten, festlegen, welche den gleichen Trend haben, auch hier »Linie im Sand« festlegen

Bevor die Position aufgebaut wird, lauere ich auf den besten Einstieg. Die Positionsgröße bestimmt ein spezieller Money-Management-Algorithmus (siehe dazu später in Kapitel 12).

Lauern

- Markt beobachten, bis er in die Zielzone läuft
- Abstauberlimit platzieren
- Zeiteinheit herunterbrechen, zum Beispiel auf eine Minute (von vorher Fünf-Minuten-Chart) und Zählung durchführen
- Kauf bei vollständiger Struktur
- Auffälligkeiten Orderbuch
- Ausbrechen
- Abstauberlimit

Es folgt dann die Phase, in der ich in den Markt einsteige.

Aktion

Bei Market Orders genau die Liquidität betrachten!

- Order checken
- Order abschicken
- Fill checken
- Stop platzieren
- Stop checken

Exit

Sobald der Einstieg durchgeführt wurde, bestimmen nun meine Exit-Regeln, wie ich aus der Position wieder herauskomme. Dafür muss ich den Trade überwachen. Die Hauptaufgaben bei der Überwachung sind:

- Stop adjustieren
- Trade abbrechen

a) Es werden zwei Techniken für Stops benutzt:

Nr. 1: der Zeitstop: Ist eine Position nicht nach dem maximal Vierfachen der gewählten Zeiteinheit im Plus (bei Fünf-Minuten-Chart 20 Minuten), beginne ich die Position auszuscalen. Außerdem wird die Position zum Ende des Tags geschlossen.

Nr. 2: Der Stop wird an relativen Hochs/Tiefs nachgezogen. Wird die Zielzone des Trades erreicht, wird ein aggressiver Stop verwendet oder limitiert, je nach Marktphase/-zeit und Strategie. (Der Exit wird ausführlich in Kapitel 9 beschrieben.)

b) Ein Trade wird umgehend abgebrochen, wenn

- ein Error auftritt
- das Trading-Umfeld sich bedeutend verändert hat

Wiedereinstieg

Ein möglicher Re-Entry erfolgt nur, wenn sich erneut ein gutes Chance-Risiko-Verhältnis bildet.

Mentale Voraussetzungen

Kein Trading, wenn Stressoren vorliegen oder Zeitdruck besteht. Gefühl muss unabhängig vom Trading-Erfolg bleiben. Externe Kontrolle der Gefühle durch Disziplin.

▸ Kapitel 4 ◂

Glaubenssysteme! Glaubenssätze sind Überzeugungen, die unser Verhalten steuern. Produktive Überzeugungen eröffnen Master-Tradern erheblich mehr Potenzial.

▶ Wie funktioniert unser Gehirn?

Während Sie diese Zeilen lesen, was glauben Sie, wie viele Informationen auf Sie einströmen?

Denken Sie kurz nach.

Es sind Tausende, wenn nicht Millionen von Informationen. Die Farbe des Papiers, das Gewicht des Buchs, das Sie in der Hand halten, die Sätze, Buchstaben, Wörter, die Helligkeit in Ihrer Umgebung, wer sich gerade bei Ihnen im Raum befindet – und so weiter und so fort. Unsere Umgebung enthält Tausende von Informationen, doch nur wenn wir uns auf diese konzentrieren, nehmen wir sie auch bewusst war.

Studien zeigen, dass Menschen nur ein bis zwei Prozent der visuellen Informationen auch tatsächlich wahrnehmen. Welche Mechanismen sind es nun aber, die steuern, welche Informationen wir bewusst wahrnehmen und welche wir weglassen? Die Klärung dieser Frage wird uns helfen, uns und unsere Trading-Fehler besser zu verstehen.

Drei Mechanismen verwendet unser Gehirn, um die zur Verfügung stehenden Informationen zu verarbeiten.

Informationen werden weggelassen

Die meisten Informationen dringen erst gar nicht bis zu unserem Bewusstsein durch. Alle Informationen, die auf uns einströmen, werden gefiltert, bevor wir sie bewusst wahrnehmen. Nur ein Bruchteil davon dringt zu uns vor, der Rest wird weggelassen. Mit diesem Mechanismus reduzieren wir unsere Umgebung auf so wenige Informationen, dass wir uns in ihr zurechtfinden können.

Wenn Sie glauben, der Markt befindet sich in einer bärischen Phase, werden Sie hauptsächlich Informationen aufnehmen, die Ihre Überzeugung unterstützen. Werden dann zum Beispiel Wirtschaftsdaten veröffentlicht, die Ihrer Meinung zuwiderlaufen – etwa ein hoher Anstieg der neu geschaffenen Stellen am Arbeitsmarkt –, besteht die Gefahr, dass Sie diese Information bei Ihrer Meinungsbildung auslassen und die Zahlen als einmaligen Ausreißer wahrnehmen.

Der Prozess des Weglassens hilft zwar dem Gehirn, die Informationsflut zu verarbeiten, beraubt uns aber auch möglicher Handlungsalternativen, da wir neue Entwicklungen häufig zu spät erkennen. Sie werden höchstwahrscheinlich eine Menge Kaufsignale nicht beachten, wenn Sie der Überzeugung sind, der Markt befindet sich in einer bärischen Phase. Möglicherweise nehmen Sie sogar die Kaufsignale nicht wahr, weil sie unbewusst weggefiltert werden.

Informationen werden generalisiert

Ein weiterer Mechanismus, der dafür sorgt, dass die auf uns einströmenden Informationen leicht zu verarbeiten sind, ist der Prozess des Generalisierens. Damit ist eine Verallgemeinerung der Informationen gemeint, die wir wahrnehmen. Informationen werden für die leichtere Aufnahme in unser Bewusstsein vereinfacht.

Eine solche Verallgemeinerung nehmen Sie zum Beispiel vor, wenn Sie überzeugt sind, dass Short-Spekulationen gefährlicher sind als Long-Trades, weil diesen ein unendliches Risiko innewohnt. Schließlich kann ein Wert höchstens wertlos werden, also auf null fallen – bei einer Long-Spekulation können sich Werte dagegen verdoppeln, verdreifachen oder verzehnfachen.

Diese Generalisierung »Short-Spekulationen sind gefährlicher als Long-Trades« wird dafür sorgen, dass Sie vielfach Short-Möglichkeiten als zu riskant empfinden und die Long-Seite bevorzugen.

Informationen werden verzerrt

Der dritte Mechanismus, der die Informationsverarbeitung mitbestimmt, ist der Prozess, Informationen so zu verzerren, dass sie in uns bekannte Muster passen. Es ist einfacher, eine Information in unser persönliches Denkmuster hineinzupressen, als sich damit detailliert auseinander zu setzen – vielleicht sogar mit der Folge, dass wir akzeptierte Meinungen oder Denkschemata ändern oder anpassen müssen. Es ist leichter, eine Information an ein Denkmuster anzupassen, als ein Denkmuster zu ändern, um neue Informationen einzuarbeiten. Denn meist sind Denkmuster verbunden mit anderen Denkmustern (siehe dazu auch die folgenden Abschnitte über Glaubenssätze).

Beim Trading verzerren Sie zum Beispiel immer dann Informationen, wenn Wirtschaftsdaten veröffentlicht werden, die Sie anders interpretieren als der Markt. Sie glauben beispielsweise, dass der Aktienmarkt in einem Bullmarket ist. Nach einer Zinssenkung steigt der Markt aber kaum an, sondern fällt sogar nach einiger Zeit. Die Zinssenkung ist für Sie ein positives Zeichen, obwohl sie eigentlich die schlechte wirtschaftliche Lage widerspiegelt: Die Notenbank will die lahmende Konjunktur ankurbeln. Ob das gelingt, wissen Sie nicht, Sie verzerren bloß die Information, indem Sie diese Zinssenkung positiv interpretieren.

Der Prozess des Weglassens hilft uns, unsere Generalisierungen beizubehalten.

► Glaubenssätze bestimmen unser Verhalten

Drei Mechanismen sorgen also dafür, dass Informationen gefiltert, verzerrt und generalisiert werden. Aber nach welchem Kriterium werden die Informationen gefiltert? Wie entscheidet unser Gehirn, ob es die Information weglassen soll, ob wir sie verzerren werden oder möglicherweise verallgemeinern?

Glaubenssätze sind dafür verantwortlich, welche Informationen unser Gehirn erhält und in welcher Form. Glaubenssätze sind Überzeugungen. Sie werden gebildet durch unsere Umgebung, Wissen, Erfahrung, Referenzerlebnisse und unsere Vorstellungskraft.

Glaubenssätze entstehen aus dem Gefühl der Gewissheit, das wir über einen bestimmten Sachverhalt haben. Mit dieser Gewissheit verinnerlichen wir eine Überzeugung, und der Prozess der selektiven Wahrnehmung beginnt.

Wir tragen Tausende von Überzeugungen mit uns herum, Glaubenssätze über unsere Umgebung, über unser Verhalten, unsere Kapazität, über unsere Werte, unsere Identität und Spiritualität.

Unsere Überzeugungen sind hierarchisch geordnet, wie eine Pyramide. Sie bedingen sich gegenseitig und bauen aufeinander auf. Eine Überzeugung auf einer höheren Ebene muss durch eine Überzeugung auf einer unteren Ebene gestützt werden. Ganz unten, an der Basis der Pyramide, stehen Glaubenssätze über unsere Spiritualität. Glauben wir an einen Gott? Ist die Welt gut oder böse? Fragen der Spiritualität bestimmen alle anderen Glaubenssätze.

Die nächste Ebene bilden Überzeugungen über unsere Identität. Sind wir Gewinner oder Verlierer, sind wir klug oder dumm? Je nachdem, wie wir uns selbst einschätzen, werden wir auch handeln.

Glaubenssätze über Werte bestimmen ebenfalls unser Verhalten. Wenn wir zum Beispiel glauben, dass Geld den Charakter verdirbt und nur Schlechtes bringt, werden wir auf der Verhaltensebene niemals spekulieren und immer Aktien für eine unsolide Geldanlage halten.

Eine weitere Ebene der Glaubenssätze ist die über unsere Kapazität. Wenn wir glauben, dass wir schwimmen können, springen wir ins Wasser. Glauben wir es nicht, dann werden wir uns hüten, ohne Schwimmhilfe ins Wasser zu gehen. Wenn wir glauben, ein spekulativer Investor zu sein, werden wir auch Futures traden, sonst nicht. Die Glaubenssätze über unser Verhalten sind also schon durch alle unteren Ebenen angelegt. Ebenso die schwächsten Glaubenssätze über unsere Umgebung – dass wir zum Beispiel der Meinung sind, Candlesticks seien eine bessere Chartdarstellung als Barcharts. Oder Coca-Cola schmecke besser als Pepsi.

Glaubenssätze über unsere Umgebung lassen sich leicht austauschen. Sie sind nicht tief verwurzelt, müssen aber durch alle anderen Ebenen unterstützt werden. Wenn ich glaube, ich bin ein konservativer Investor, werde ich nur schwer zu der Überzeugung gelangen, dass Futures besser sind als Aktien. Die meisten Trading Bücher und -Seminare versuchen, bei den Tradern die Glaubenssätze auf der Ebene der Umgebung zu ändern, weil das relativ leicht ist. System A ist besser als System B – das kann der Referent in fünf Stunden leicht dem Publikum klar machen. Er wird aber kaum innerhalb eines Seminars die Glaubenssätze über die Identität oder Spiritualität der Teilnehmer ändern können (es sei denn, er unterzieht die Teilnehmer einer Gehirnwäsche). Wirkliche Veränderungen im Verhalten der Trader sind schon schwieriger zu vermitteln.

Wenn es uns gelingt, einen Glaubenssatz auf einer unteren Ebene der Pyramide zu verändern, hat das Konsequenzen für alle übergeordneten Ebenen. Wenn ich als Nicht-Vegetarier mein Wertekonzept ändere und nun überzeugt bin, dass Tiere genauso wertvoll sind wie Menschen, bedeutet das für die Kapazitätsebene, dass ich kein Fleisch mehr essen kann, für die Verhaltensebene, dass ich meinen Speiseplan umstelle, und für die Ebene der Umgebung, dass ein Sojaburger besser schmeckt als ein Hamburger.

Unsere Glaubenssätze sind wie eine Dosenpyramide im Supermarkt aufgebaut. Ziehen wir ganz unten eine Dose heraus, fallen alle Dosen weiter oben ebenfalls herunter.

▶ Es gibt keine Realität – nur eine interne Repräsentation der Welt

Glaubenssätze sind sehr stark, sie können unser Verhalten bis zur Selbstaufgabe beeinflussen. Wenn wir glauben, dass 72 Jungfrauen im Himmel auf uns warten, wenn wir uns im so genannten Heiligen Krieg mit einer Bombe in einer Menschenmasse in die Luft sprengen, vernichtet dieser Glaubenssatz unsere eigene Existenz (und die einiger unschuldiger anderer).

Glaubenssätze steuern unser Verhalten und unsere Wahrnehmung. Unsere Überzeugungen bilden ein internes Modell der Welt. Eine objektive Realität gibt es nicht, denn jeder Mensch hat andere Überzeugungen und nimmt deshalb die Welt auch anders wahr. Bandler und Grindler, die Begründer der NLP (Neurolinguistische Programmierung), formulieren dies so: »Eine Vielzahl von Menschen hat in der Geschichte erkannt, dass es einen riesigen Unterschied zwischen der Welt und unserem Erleben gibt.«

Dieser Prozess begleitet uns auch beim Traden. Es gibt keine Realität, es gibt nur unsere persönliche Vorstellung vom Markt. Je nachdem, wie wir diesen Markt wahrnehmen, werden wir handeln.

Durch Generalisieren, Weglassen und Verzerren wird unsere persönliche Realität aufgebaut und entwickelt. Diese Realität ist wie eine Karte, sie bestimmt unser Verhalten. Sie gibt uns Möglichkeiten. Je stärker Sie generalisieren, weglassen oder Informationen verzerren, desto weniger Möglichkeiten werden sich Ihnen bieten. Deshalb ist es wichtig, darauf zu achten, dass Sie sich eine komplexe Realität schaffen. Denn nur dann haben Sie auch eine Vielzahl von Auswahlmöglichkeiten.

Eine Überzeugung, ein Glaubenssatz, unterscheidet sich deutlich von einer Vorstellung. Sie haben eine Reihe von Vorstellungen, an die Sie aber noch nicht recht glauben. Viele von Ihnen können sich vielleicht vorstellen, ein Master-Trader zu sein, aber sind davon noch nicht überzeugt. Nur wenn Sie wirklich Gewissheit spüren, wenn Sie diesen Satz zu sich sagen, dann sind Sie davon überzeugt.

Vorstellungen lassen sich natürlich in Überzeugungen verwandeln, wenn Sie zum Beispiel Referenzerlebnisse hatten, bei denen Sie exzellent getradet haben. Möglicherweise können Sie auf einen tollen Track Record zurückblicken, und Sie haben bereits mehrere Trading-Krisen überwunden. Je mehr Referenzerlebnisse Sie hinzuziehen können, desto solider wird der Unterbau Ihrer Überzeugung. Diese Referenzerlebnisse veranlassen Sie zu glauben. Je mehr Referenzerlebnisse Sie haben, desto größer wird die Gewissheit, und der Glaubenssatz verfestigt sich.

Interne Repräsentation

Jeder Mensch erlebt seine eigene Realität

Die interne Repräsentation ist wie ein Computerprogramm, das unser Verhalten bestimmt

Menschen treffen ihre beste Auswahl unter den ihnen zur Verfügung stehenden Möglichkeiten

Wir können zu allem und jedem Überzeugungen gewinnen, wenn wir auf genügend Referenzerlebnisse zurückgreifen oder uns etwas sehr intensiv vorstellen können. Meist haben wir sowohl positive als auch negative Referenzerlebnisse zu einem Thema. Wohl kein Trader wird nicht auch mal Trading-Fehler gemacht oder Verlustphasen durchlebt haben, die seinen Glaubenssatz eigentlich nicht stützen.

Aber bestimmt können Sie auch positive Erlebnisse vorweisen. Die Frage ist nun, welche dieser Erinnerungen für Sie zählen und Ihnen als Referenzerlebnisse dienen.

Das Interessante ist, dass es weniger auf das tatsächlich Erlebte ankommt als darauf, welche Anschauung uns wirklich Kraft gibt und uns weiterhilft. Auf welche Referenzerlebnisse wollen Sie sich konzentrieren: auf die guten oder die schlechten? Es ist Ihre Entscheidung. Wenn Sie sich auf Ihre schlechten Erlebnisse konzentrieren, haben Sie meist Angst. Eine Überzeugung will Sie vor weiteren schlechten Erfahrungen schützen. Finden Sie heraus, welche Überzeugung Sie schützen will.

► Wie Überzeugungen unser Handeln beeinflussen

Stellen Sie sich zwei Trader mit demselben Background vor. Beide handeln Aktien und haben bisher Erfolg gehabt. Nun entscheiden sie sich, ein wenig spekulativer zu werden, und wollen ihre erste Option kaufen. Nehmen wir an, jeder kauft zehn Telekom-Calls mit Strike 15 Verfall Juni. Direkt nach dem Investment entwickelt sich der Kurs der Aktie nach unten, und die Option verliert an Wert. Hinzu kommt der Zeitwertverlust. Im Juni des Jahrs steht die Telekom-Aktie zwar bei 15 Euro, aber die Option ist wertlos, da sie nicht über ihrem Basispreis notiert.

Nach diesem Referenzerlebnis mit Optionen ist Trader A frustriert. Er hat das Ziel gehabt, Geld mit Optionen zu verdienen, aber dieses Ziel deutlich verfehlt. Doch schon nach einigem Nachdenken sieht er auch das Positive in seinem ersten Trade: Er betrachtet ihn als Erfahrungsschatz, als Signal, das ihm zeigt, dass er noch viel lernen muss, wenn er mit Optionen erfolgreich handeln will. Er ist deshalb weiter der Überzeugung, dass er Geld mit Optionen verdienen kann.

Trader B hingegen ist mehr als frustriert, er ist enttäuscht. Auch er hat sein Ziel verfehlt. Er macht sich Vorwürfe, dass er mit Optionen gehandelt hat, glaubt, er sei unvorsichtig gewesen, und Optionen seien nichts für ihn. Seine dauerhaft negative Betrachtungsweise dieses Referenzerlebnisses führt zu der Überzeugung, dass er mit Optionen kein Geld verdienen kann. Er verabschiedet sich von seinem Ziel, Geld mit Optionen zu verdienen, und lebt fortan mit der Überzeugung, dass Optionen nur etwas für Zocker sind.

Beide Trader haben das gleiche Erlebnis gehabt, doch wegen ihrer unterschiedlichen Glaubenssätze andere Konsequenzen daraus gezogen. Investmenterfolg resultiert daraus, wie wir die Ereignisse für uns wahrnehmen; Investmenterfolg resultiert nicht aus den Ereignissen selber. Es zählen also nicht die Referenzerlebnisse an sich, sondern wie wir diese Referenzerlebnisse intern repräsentieren, welches interne Modell wir aus ihnen entwickeln.

Unsere beiden Investoren haben eine unterschiedliche Realität entwickelt, weil sie den Verlust in Optionen unterschiedlich wahrgenommen und für sich interpretiert haben. In der Realität von Investor B wird es in Zukunft keine Optionen mehr geben, er hält Optionen für unbrauchbar, und in seiner Realität kann man damit kein Geld verdienen. Investor A dagegen hat eine komplexere Realität. Er weiß nun, dass Options-Trading anders ist als Aktien-Trading und er noch einiges lernen muss, wenn er Optionen handeln will. Er wird aber für die Zukunft das Options-Trading nicht ausschließen.

Überzeugungen beim Traden

Wie sie uns blockieren

Trading-Erfolg bedeutet, komplexe interne Modelle und adäquate produktive Glaubenssätze zu haben, die einen beim Traden unterstützen. Verfügen wir nicht über adäquate interne Repräsentationen von Ereignissen, werden wir auch nicht erfolgreich traden können.

Viele Trader wiederholen immer wieder ihre Fehler, weil es ihnen an einer geeigneten Repräsentation des Ereignisses fehlt, das den Fehler bedingt. So gibt es zum Beispiel eine Menge Menschen, die ständig versuchen, Gründe zu finden, eine Schieflage zu rechtfertigen. Die Konsequenz daraus sind sehr große Verluste.

Warum? Weil das interne Modell des Traders versucht, die Position zu rechtfertigen, indem es Gründe sucht, warum diese Position doch richtig ist. Solch ein internes Modell ist nicht adäquat, weil es ein Verhalten produziert, das gegen die goldene Trading-Regel – Verluste klein halten – permanent verstößt. Es ist auch nicht produktiv, weil es keine weiteren Möglichkeiten schafft, aus der Verlustfalle herauszufinden.

Wenn Sie glauben, es gebe eine Methode, mit der sich Marktbewegungen vorhersagen lassen, dann werden Sie eine Menge Zeit und Ressourcen aufwenden, diese Methode zu finden. Diese Ressourcen stehen Ihnen für andere Aufgaben beim Traden dann nicht mehr zur Verfügung.

Dieser Glaubenssatz wird Sie einschränken, weil Sie kaum geneigt sein werden, nach anderen Methoden Ausschau zu halten, um am Markt Geld zu verdienen, als nach Methoden, die eine Preisbewegung vorhersagen.

Wenn Sie glauben, dass beim Traden prinzipiell mehr Geld auf der Long-Seite zu verdienen ist, werden Sie niemals in der Lage sein, flexibel zu traden, weil Ihr internes Modell jedes Short-Signal im Vergleich zu Long-Signalen schlechter bewertet. Dieser Glaubenssatz wird Sie einer Menge guter Short-Möglichkeiten berauben. Viele Trading-Strategien, die sehr erfolgreich sind, werden für Sie nicht in Frage kommen. Wer glaubt, Futures seien riskant, wird sich nur sehr schwer für dieses Anlageinstrument begeistern können.

Es ist offensichtlich, wie die aufgeführten Glaubenssätze Realitäten schaffen, die den Trader behindern. Viele Überzeugungen, die wir in uns tragen, schränken unsere Möglichkeiten ein. Finden Sie heraus, welche Überzeugungen Sie behindern, und entwickeln Sie adäquate Glaubenssätze, die Ihnen eine Realität schaffen, die Sie nicht begrenzt. Es gibt keine falschen Glaubenssätze. Jede Überzeugung, die Sie verinnerlicht haben, hat bisher einen Zweck für Sie erfüllt.

Der Trader zum Beispiel, der sagt: Ich trade nie wieder Optionen, beraubt sich zwar der Möglichkeit, dieses Instrument in Zukunft noch zu benutzen. Aber sein Glaubenssatz schützt ihn auch, ein weiteres Mal sein Geld mit Optionen zu verlieren.

Wenn der Trader aber seinen Glaubenssatz ersetzt – zum Beispiel in der Form: »Wenn ich Optionen traden will, dann muss ich sehr gut vorbereitet sein und in jedem Fall einen Stop benutzen« –, dann ist diese Überzeugung hilfreich und produktiv.

Wie Glaubenssätze uns unterstützen

Wenn Sie Glaubenssätze finden wollen, die Sie unterstützen, müssen Sie sich klar werden, dass die meisten Einschränkungen aus einer Generalisierung erfolgen. »Optionen sind Teufelswerkzeug« ist eine klare Verallgemeinerung. Wer diese Generalisierungen hinterfragt, wird komplexere Überzeugungen gewinnen, die dann hilfreich für die Entwicklung einer Trading-Strategie sein werden.

Häufig merken wir gar nicht, wie stark wir zum Generalisieren neigen. Wenn Sie zum Beispiel der Überzeugung sind, man solle immer seine Verluste begrenzen, dann ist die daraus resultierende Einschränkung erst gar nicht erkennbar. Sollten Sie wirklich immer die Verluste begrenzen? Gibt es nicht auch Investmentmöglichkeiten, bei denen ein Stop nicht sinnvoll oder sogar nicht möglich ist?

Wie sieht es zum Beispiel aus mit einer Option, die weit aus dem Geld ist? Normalerweise notiert eine solche Option nur bei wenigen Cents. Sie können maximal Ihren Kaufpreis verlieren, aber ein Vielfaches gewinnen. Wenn Sie bei diesen Optionen immer einen Stop verwenden wollen, dann können Sie diese Option nicht kaufen, denn aufgrund der geringen Preisspanne würden Sie garantiert ständig ausgestoppt werden. Oder die vorbörsliche Beteiligung an Firmen – hier können Sie Ihren Verlust nicht begrenzen.

Alle Überzeugungen, die Sie hier in meinem Buch finden, sind ebenfalls Generalisierungen. Ich habe diese und nicht andere gewählt, weil ich glaube, dass sie mich persönlich beim Traden unterstützen.

Wenn ich zum Beispiel sage: Das Ergebnis des einzelnen Trades ist zufällig, so unterstützt mich dieser Glaubenssatz. Wenn ich weiß, dass ich sowieso nicht beeinflussen kann, ob der Trade ein Gewinner oder ein Verlierer ist, dann werde ich mir über den Einstieg nicht so viele Gedanken machen. Deshalb kann ich schneller entscheiden. Diese Entscheidungsstärke ist ein Vorteil gegenüber anderen Tradern!

Außerdem werde ich nicht enttäuscht oder deprimiert sein, wenn ich einen Verlust mache. Denn das einzelne Ergebnis ist ja zufällig. Unter dieser Voraussetzung habe ich nur Einfluss auf die Höhe des Gewinns oder Verlusts und werde darauf meine Ressourcen konzentrieren.

Sie sehen, dieser Glaubenssatz unterstützt mich. Er ist produktiv und nicht begrenzend.

Ich habe auch Glaubenssätze, die mich einschränken. Eine meiner Trading-Regeln lautet etwa, dass ich nur Chance-Risiko-Trades eingehe, bei denen ich das 1,5fache meines Risikos gewinnen kann. Es gibt viele Trading-Gelegenheiten, die ich nicht wahrnehmen kann, weil ich mir diese Regel auferlegt habe. Weil ich mir dieser Beschränkung aber bewusst bin, stellt sie für mich kein Problem dar. Ich weiß, warum ich sie eingehe und welche Auswirkungen sie auf meine interne Realität hat.

Jeder Mensch hat Tausende von Überzeugungen. Was bedeutet der Markt für Sie, was bedeuten Gewinne, Verluste, eine Reihe von Verlusten für Sie? Was glauben Sie von sich selbst, von Trading und Spekulieren? Alle diese Überzeugungen können uns unterstützen oder behindern, je nachdem, wie wir sie formuliert haben.

Viele Trader sind der Überzeugung, Verluste seien schlecht. Dieser Glaube hat häufig sehr negative Auswirkungen auf den Trader, denn ist es überhaupt möglich, Verluste zu vermeiden? Sicher nicht, Verluste werden auftreten. Der Trader wird glauben, er hat etwas schlecht gemacht, wenn Verluste entstanden sind.

Dieser Gedanke schwächt aber das Selbstbewusstsein. Es besteht die Gefahr, dass der Trader in diesem Zustand zu zweifeln beginnt und sich so der Fähigkeit beraubt, gute Entscheidungen zu treffen.

Wer glaubt, dass Verluste schlecht sind, wird Schwierigkeiten haben, die Verluste zu realisieren. Er wird hoffen, doch noch das Schlechte vermeiden zu können.

Wie sieht es aus, wenn der Trader stattdessen den Glaubenssatz annimmt, dass Verluste der Preis für die nächste Chance sind? Diese Überzeugung unterstützt ihn. Er wird nämlich dafür Sorge tragen, dass er die nächste Chance niemals zu teuer erkauft. Also wird er zusehen, dass seine Verluste klein bleiben. Sein Selbstwertgefühl wird nicht betroffen sein, wenn er verliert, denn es gibt keine Verbindung zwischen der Überzeugung und dem Selbstwertgefühl.

Häufig bewerten Trader Ereignisse in Kategorien wie »gut« oder »schlecht« und koppeln diese an Gefühle. Ein Beispiel dafür ist der Glaubenssatz »Gewinne motivieren mich«. Diese Überzeugung trägt jedoch eine Polarität in sich. Denn sie impliziert, dass Verluste den Trader demotivieren. Eine solche Demotivierung kann aber dazu führen, dass der Trader in eine Verlustspirale gerät.

► So finden Sie Glaubenssätze, die Sie unterstützen

Der erste Schritt, hilfreiche Glaubenssätze zu finden, ist, sich überhaupt über seine Glaubenssätze klar zu werden. Nehmen Sie sich deshalb ein langes Wochenende Zeit und versuchen Sie, möglichst viele Ihrer Überzeugungen herauszufinden. Fragen Sie sich dabei immer: Was bedeuten bestimmte Ereignisse oder Situationen für mich persönlich?

Wenn Sie zum Beispiel über das Thema Verluste nachdenken, ist es einfach zu schreiben: Verluste gehören zum Geschäft. Aber ist das wirklich Ihre Überzeugung, oder haben Sie nur einen Lehrsatz aus irgendeinem Buch übernommen? Je ehrlicher und genauer Sie sich bemühen, Ihre Glaubenssätze herauszufinden, desto hilfreicher werden die Hinweise sein, die Sie durch diese Lektion erhalten.

Formulieren Sie in jedem Fall Ihre Glaubenssätze schriftlich, weil Ihnen das hilft, präziser zu sein. Nachdem Sie Ihre Liste mit Glaubenssätzen erstellt haben, überprüfen Sie jeden Glaubenssatz: Wie beschränkt Sie diese Überzeugung, welchen Zweck erfüllte sie bisher, welchen Zweck könnte eine andere und möglicherweise bessere Formulierung erfüllen?

Gibt es Polaritäten in Ihren Glaubenssätzen? Polaritäten sind meist gefährlich, weil sie mittelbar wirken und der negative Effekt dadurch häufig übersehen wird. Sie treten immer dann auf, wenn Sie einen bestimmten Zustand an ein Ereignis koppeln – zum Beispiel »Gewinne motivieren mich«. Denn im Umkehrschluss bedeutet dies, dass »keine Gewinne« uns demotivieren.

Außerdem fragen Sie sich, ob der Glaubenssatz produktiv ist. Wenn er nämlich zu sachlich formuliert ist, wird er wenig produktiv für Sie sein.

Viele Trader antworten auf die Frage: »Was bedeutet der Markt für Sie?« damit, dass am Markt Angebot und Nachfrage zusammentreffen. Diese Überzeugung ist zwar richtig, aber sie motiviert den Trader wohl kaum. Sie ist nicht produktiv. Oder würden Sie sich morgens motiviert fühlen, sich mit dem Markt auseinander zu setzen, wo bekanntlich Angebot und Nachfrage aufeinander treffen?

Mein Glaubenssatz über den Markt ist, dass er die Quelle meiner Chancen ist. Diese Formulierung ist motivierend, da eine Quelle positiv besetzt ist und ich dort Chancen finden werde.

Eine gute Methode, hilfreiche Überzeugungen zu finden, besteht darin, zunächst einmal bei erfolgreichen Tradern »abzuschauen«. Lesen Sie zum Beispiel das Buch »Magier der Märkte«. Es enthält Interviews mit Top-Tradern und ihren Glaubenssätzen, die auch für Sie hilfreich sein können.

Ein Glaubenssatz unterstützt Sie, wenn er nicht zu stark generalisiert, Sie nicht limitiert, sondern Ihre Möglichkeiten erweitert, und Polaritäten vermieden werden. Ein Glaubenssatz ist immer dann produktiv, wenn er Sie beim Traden unterstützt.

Trading-Probleme entstehen aus unproduktiven oder limitierenden Glaubenssätzen

Glaubenssätze sind der Schlüssel, warum viele Trader erfolgreiche Trading-Systeme nicht nutzen können. Wenn Sie eine Überzeugung in sich tragen, die nicht zu dem Trading-System passt, weil Sie zum Beispiel glauben, der Aktienmarkt befindet sich in einem großen Bullenmarkt, das System geht short, werden Sie Schwierigkeiten haben, dem System zu folgen.

Weil jeder Marktteilnehmer Überzeugungen als Filter für seine Investmentinformationen benutzt, ist es geradezu lächerlich anzunehmen, Trader könnten objektiv am Markt agieren. Jeder Trader hat seine eigene Realität und handelt in ihr. Wenn Sie verstehen, wie Sie persönlich mit Hilfe Ihrer Glaubenssätze Informationen filtern, werden Sie Ihre Trading-Ergebnisse automatisch verbessern – besonders, wenn Sie unterscheiden können, welche Glaubenssätze nicht produktiv oder einschränkend sind.

Um das herauszufinden, sollten Sie ein psychologisches Trading-Tagebuch führen und Ihre Überzeugungen bei jedem Trade hinterfragen und notieren. Wenn Sie das Tagebuch dann analysieren, werden Sie schnell herausfinden, welche Glaubenssätze Sie motivieren und welche Sie blockiert haben.

Welche Filter haben Sie verwendet, um den Trade einzugehen, welche Überzeugungen für Ihr Investment, den Markt? Welche Gefühle hatten Sie beim Trade: Fühlen Sie sich schlecht, wenn Sie verlieren, und gut, wenn Sie gewinnen?

Versuchen Sie, diese Überzeugungen durch produktivere zu ersetzen. Das geschieht meist nicht von heute auf morgen, sondern ist ein Prozess, den Sie sich erarbeiten müssen. Je intensiver Sie darüber nachdenken, umso erfolgreicher werden Sie sein.

Schwer wiegende Trading-Probleme entstehen meist durch ein oder zwei hinderliche Glaubenssätze auf der Ebene der Identität oder der Spiritualität. Vor allem, wenn Sie dazu neigen, Verantwortung woanders als bei Ihnen selbst zu suchen, werden Sie immer wieder die gleichen Fehler machen. Sie müssen zu der Überzeugung gelangen, dass Sie persönlich für alles, was Ihnen widerfährt, verantwortlich sind – nicht das Schicksal, nicht andere Menschen, und erst recht nicht der Markt.

Probleme mit dem Selbstwertgefühl treten bei Tradern häufig auf. Leider ist es sehr schwer, selbst eine ehrliche Aussage darüber zu treffen, wie selbstsicher wir sind. Wenn wir aber Verluste persönlich nehmen, ist das ein klares Zeichen, dass wir Probleme mit dem Selbstwertgefühl haben. Wenn wir uns schlecht fühlen, wenn wir verlieren, und gut, wenn wir gewinnen, ist das typisch für Probleme mit dem Ego. Mit diesen Problemen werden wir nicht auf die Stufe des Seins beim Traden gelangen, sondern meist im Status des Tuns oder Habens verweilen.

► Kapitel 5 ◄

Zustände und Stimmungen. Nicht der emotionslose Trader ist erfolgreich! Wir brauchen Emotionen, um Spitzenleistungen zu produzieren. Das Wissen, die unterschiedlichsten Stimmungen – auch Angst – effektiv einsetzen zu können, um unser Trading zu perfektionieren, ist einer der großen Vorteile von Master-Tradern.

► Stimmungen bestimmen unser Verhalten. If you can handle your emotions, you can handle trading

Kennen Sie das Gefühl, dass Ihnen scheinbar alles gelingt? Es gibt solche Phasen beim Trading, in denen alles funktioniert. Mit einer geradezu unheimlichen Leichtigkeit fällen Sie Ihre Trading-Entscheidungen und machen offenbar alles richtig. Sie sind aus Ihren Verlustpositionen schnell heraus, Sie pushen Ihre Gewinnpositionen, und das Geld klingelt nur so in Ihrer Trading-Kasse.

Leider werden Sie bestimmt auch schon Zeiten erlebt haben, in denen nichts funktioniert, was Sie beim Traden auch anfangen. Jede Entscheidung ist ein Kampf mit dem Markt, Sie haben Probleme, den Takt des

Markts zu erkennen, anscheinend machen Sie nur noch Verluste, und wenn Sie mal gewinnen, sind die Gewinne bedeutungslos und klein.

Wie kann das sein? Was hat sich geändert? Sie sind doch immer noch derselbe Trader mit den gleichen Strategien, Taktiken und Erfahrungen. Warum erzielen Sie einmal so niederschmetternde und dann wieder so fabelhafte Ergebnisse?

Der Unterschied liegt im Zustand, auch Stimmung genannt, in dem Sie sich befinden. Es gibt produktive Stimmungen, die Sie unterstützen, und unproduktive Stimmungen, die Sie lähmen.

Bisher haben Sie vielleicht geglaubt, dass es keine Möglichkeit gibt, diese Stimmungen zu kontrollieren, dass Stimmungen etwas Externes sind, was Sie überfällt und dann auch wieder verschwindet. Was wäre aber, wenn wir eine Methode hätten, wie wir uns jederzeit in eine produktive Stimmung bringen könnten? Welche Spitzenleistungen könnten wir dann erbringen?

Warum gelingen uns Aufgaben in einem bestimmten Zustand besser als in einem anderen? Die Antwort ist relativ leicht, denn wir verhalten uns in jeder Stimmung anders. Unser Verhalten ist somit abhängig von der Stimmung, in der wir uns befinden.

Stellen Sie sich vor, Sie befinden sich in einem nervösen Zustand. Wie werden Sie sich verhalten, wenn Sie eine Position eingegangen sind? Sie werden höchstwahrscheinlich um Ihre Gewinne bangen und die Position schnell glattstellen – häufig zu schnell, sodass Ihre Gewinne nur sehr klein sind.

Ganz anders wäre es, wenn Sie sich in diesem Augenblick selbstbewusst fühlten. Sie wären sich sicher, dass Sie mit Ihrer Strategie langfristig gewinnen, auch wenn Sie kurzfristig einige Gewinne abgeben müssten. Deshalb würden Sie Ihre Position durchhalten können, eventuell sogar noch verstärken. Die gleiche Position, das gleiche Marktumfeld, nur eine andere Stimmung und somit auch ein anderes Verhalten.

Es sind also Stimmungen, die unser Verhalten bestimmen. Ohne eine Stimmung würden wir gar nicht erst handeln können. Jeder Handlung geht eine Stimmung voraus. Stimmungen motivieren uns zu handeln. Es gibt Tausende von Stimmungen, für viele haben wir Begriffe, andere können wir vielleicht gar nicht mit Worten beschreiben.

Die meisten Stimmungen entstehen unbewusst. Wir sehen, hören, fühlen etwas und reagieren mit einer bestimmten Stimmung darauf. Menschen, denen es bewusst oder unbewusst gelingt, sich in einen hilfreichen und produktiven Zustand zu versetzen und diesen beständig herzustellen, sind erfolgreicher und erreichen einfacher und früher ihre Ziele.

Wenn Sie als Trader eine Spitzen-Performance erzielen wollen, müssen Sie in der Lage sein, Ihre Stimmungen zu kontrollieren. Dazu müssen Sie wissen, wie Zustände und Stimmungen in Ihrem Gehirn entstehen. Wenn Sie das wissen, können Sie gezielt Einfluss darauf nehmen, in welche Stimmung Sie sich bringen möchten.

▶ Wie entstehen Stimmungen?

Es gibt eine Verbindung zwischen einem Ereignis, unserer internen Repräsentation dieses Ereignisses, der Stimmung, die durch diese interne Repräsentation entsteht, und unserem Verhalten

Wodurch wird der Zustand, in dem wir uns befinden, hervorgerufen, und warum ist an jeden Zustand ein bestimmtes Verhalten gekoppelt? Ein Zustand hat zwei Hauptbestandteile: zum einen unsere interne Repräsentation eines Ereignisses, zum anderen physiologische Vorgänge wie Körperhaltung, biochemische Abläufe, Atmung und Anspannung/Entspannung der Muskeln.

Manche Menschen versuchen, mit Drogen ihre biochemischen Abläufe zu beeinflussen, um in eine andere Stimmung zu kommen. Wenn Sie sich massieren lassen oder ein heißes Bad nehmen, gelangen Sie durch die Entspannung Ihrer Muskeln in einen anderen Zustand. Möglicherweise atmen Sie tief durch, bevor Sie eine Herausforderung bewältigen. Auch dies ist intuitiv ein Versuch, durch die Atmung auf die Stimmung zu wirken. Genauso setzen Sie Ihre Körperhaltung ein, wenn Sie einen bestimmten Zustand herbeiführen wollen.

Mit der »internen Repräsentation«, die unsere Stimmung beeinflusst, ist gemeint, was Sie sich in einer bestimmten Situation vorstellen, was Sie über ein Ereignis denken. Aber auch wie Sie sich etwas vorstellen, bestimmt Ihren Zustand und Ihr Verhalten. Dazu ein Beispiel:

Stellen Sie sich vor, Sie haben einen sehr großen Verlust erlitten. Dieses Ereignis hat, für sich genommen, noch keinen Einfluss auf Ihren Zustand. Sie müssen diesem Ereignis erst eine Bedeutung geben, eine interne Repräsentation. Was bedeutet dieses Ereignis für Sie, was stellen Sie sich vor?

Sie könnten zu sich sagen, dass dieser Verlust Sie von Ihrem Ziel, finanzielle Sicherheit zu erreichen, entfernt hat. Obwohl Sie sich angestrengt haben, haben Sie Ihr Ziel nicht erreicht, und es ist in weite Ferne gerückt. Sie haben ein Resultat hervorgebracht, das Sie auf Ihrem Weg, Ihr Ziel zu verwirklichen, weit zurückgeworfen hat.

Diese Repräsentation wird höchstwahrscheinlich ein Gefühl der Frustration in Ihnen hervorrufen. Sie haben sich angestrengt und doch Ihr Ziel nicht erreicht. Wenn Menschen realisieren, dass sie ihr Ziel verfehlt haben, reagieren sie frustriert.

Ihre Entscheidung, dieses Ereignis intern zu repräsentieren, könnte aber auch völlig anders ausfallen. Sie könnten sich zum Beispiel vor Augen führen, dass ein Verlust nun mal der Preis für die nächste Chance ist.

Diesmal haben Sie sich diese Chance teuer erkauft. Deshalb sollten Sie dem nächsten Geschäft besondere Aufmerksamkeit widmen.

Diese interne Repräsentation rückt nicht den Misserfolg in den Mittelpunkt Ihrer Aufmerksamkeit, sondern versucht, ohne ihn zu beschönigen, dem externen Ereignis »Verlust« eine positive Bedeutung zu geben. Der Zustand, der dieser internen Repräsentation folgt, ist sicher nicht Frustration. Sie gelangen eher in eine vorsichtige Stimmung.

Wie wir ein externes Ereignis intern repräsentieren, ist extrem wichtig, weil unsere Stimmung davon abhängt. Wenn wir lernen, hilfreiche interne Repräsentationen zu finden und diese für alle Ereignisse, die beim Traden auftreten, zu verwenden, können wir uns in einen optimalen Zustand bringen.

Eine wichtige Frage, die wir uns stellen müssen, ist: Was veranlasst den einen Trader, ein Ereignis so, und den anderen Trader, dasselbe Ereignis anders zu repräsentieren?

Es sind wieder unsere Glaubenssysteme, Einstellungen, Werte und Erfahrungen, die dazu führen, dass wir ein Ereignis in einer ganz individuellen internen Weise repräsentieren. Deshalb ist es so wichtig, hilfreiche Glaubenssätze zu finden und sich darüber im Klaren zu sein, welche Überzeugungen uns blockieren. Denn unser Glaubenssystem hat einen erheblichen Einfluss auf die interne Repräsentation, und wenn wir unsere Stimmungen beherrschen wollen, müssen wir unsere interne Repräsentation kontrollieren.

Neben den Glaubenssystemen gibt es aber noch einen weiteren Faktor, der unsere interne Repräsentation beeinflusst. Dieser Faktor ist unsere Physiologie und die Art und Weise, wie wir sie einsetzen: Wie atmen wir, welche Spannung haben unsere Muskeln, wie ist unser Blutzuckerspiegel, welche anderen biochemischen Prozesse wirken gerade in unserem Körper?

Unsere interne Repräsentation und unsere Physiologie bilden eine kybernetische Schleife, das heißt, beide Faktoren beeinflussen sich gegenseitig. Sie nehmen sicher die Welt auf eine andere Weise wahr, wenn Sie sich in einem Zustand voller Energie befinden, als wenn Sie sich müde, abgespannt und gestresst fühlen. Wenn Ihnen alles schwierig vorkommt, fühlen Sie sich auch schwer, die Muskeln sind verkrampft, die Atmung ist flach, und Sie kommen in eine negative Stimmung.

Die Wechselbeziehung zwischen Stimmung und Physiologie ist sehr stark und funktioniert in beide Richtungen. Sicher haben Sie auch schon mal erlebt, dass Sie sich müde und abgeschlafft fühlten und diesen Zustand einfach dadurch überwinden konnten, dass Sie sich viel bewegt haben, zum Beispiel gejoggt sind. Plötzlich war die Müdigkeit verschwunden. Dabei haben Sie nur Ihre Muskeln aktiviert. Wenn Sie ängstlich sind, atmen Sie normalerweise sehr flach. Sobald Sie beginnen, tief durchzuatmen, lindert sich Ihre Angst. Es gibt viele Beispiele, wie sich durch Veränderung der Körperhaltung und Atmung auch eine andere Stimmung herbeiführen lässt.

Stimmungen entstehen also neben der internen Repräsentation auch dadurch, wie wir unsere Köperhaltung einsetzen.

Nachdem wir nun wissen, wie es zu unseren Stimmungen kommt, haben wir auch einen Ansatzpunkt, diese zu verändern. Mit diesem Wissen können wir nun unser Verhalten kontrollieren. Unsere Verhaltensweisen sind sehr eng mit bestimmten Stimmungen verknüpft.

Aber warum reagiert nicht jeder Mensch gleich, wenn er in einem bestimmten Zustand ist? Trader A flucht vielleicht laut und schlägt auf die Tischplatte, wenn er ärgerlich ist. Trader B beginnt, sein Konto zu übertraden, um sich von seinem Ärger abzulenken.

Unser Gehirn hat, ähnlich wie in einem Flussdiagramm, verschiedene, ganz individuelle Verhaltensmuster, die an bestimmte Stimmungen geknüpft sind. Das sind häufig Verhaltensweisen, mit denen unser durch

Referenzerlebnisse und Glaubenssätze geprägtes Gehirn eine mit Schmerz gekoppelte Stimmung zu lindern oder zu beseitigen versucht.

So hat Trader A gelernt, dass er seinem Ärger mit Fluchen und Schlagen Luft machen kann, was ihn wiederum in einen anderen Zustand bringt. Trader B hat gelernt, dass Traden ihn von seinem unschönen Zustand ablenkt.

Je häufiger wir mit einem bestimmten Verhalten auf eine Stimmung reagieren, desto mehr prägt sich das in unserem Gehirn ein. Das Gehirn lernt, indem es bestimmte Neuronen immer wieder benutzt – so lange, bis dieses Verhalten automatisch als Routine auf eine Stimmung folgt. Im Extremfall kennen wir dann nur noch eine Reaktionsweise auf eine bestimmte Emotion.

Am deutlichsten wird das an Menschen, die ein Suchtverhalten aufzeigen, zum Beispiel Alkoholsucht. Nehmen wir an, jemand trinkt in einer stressigen Situation Alkohol. Er merkt, dass er sich entspannt und in einen anderen Zustand kommt. Das Gehirn hat ein Referenzerlebnis, dass der unangenehme Zustand »Gestresst-Sein« sich mit Alkohol beseitigen lässt. Je häufiger nun das Gehirn diese Lernerfahrung macht, umso wahrscheinlicher ist es, dass es in Zukunft in Stresssituationen Alkoholgenuss vorschlägt, um einen unangenehmen Zustand zu beseitigen. Mit jedem geglückten Ablenkungsversuch verfestigen sich die neuronalen Bahnen im Gehirn, bis irgendwann eine Stresssituation automatisch mit dem Griff zur Flasche abgestellt wird.

Ähnlich ist es bei einigen Tradern. Bestimmte schädliche Verhaltensweisen wie Übertraden oder das Eingehen von enormen Risiken lenken den Trader von den als negativ empfundenen Stimmungen ab. Diese Verhaltensweisen werden immer dann vom Gehirn eingesetzt, wenn eine unproduktive Stimmung auftaucht – mit katastrophalen Ergebnissen für das Trading-Konto.

Mit einem psychologischen Trading-Tagebuch, in dem Sie Ihre Stimmungen notieren, werden Sie schnell feststellen, ob und welche Verhaltensweisen an spezifische Stimmungen gekoppelt sind. Da es eine starke Verbindung zwischen Stimmung und Verhalten gibt, ist es sehr wichtig, hinter diesen Zusammenhang zu kommen. Selbstbeobachtung ist dafür unerlässlich.

In der Tabelle sehen Sie, wie ich mich in bestimmten Zuständen am Markt verhalte.

Tabelle: Stimmung und Verhalten

Stimmung	**Verhalten**
Nervös	hin- und hergerissen, zu enge Stops, zu kleine Gewinne, Gefühl, wenig Kontrolle zu haben, Zustand ist assoziiert
Relaxt	Zustand ist disassoziert, mehr Kontrolle, wenige effektive Trades
Ängstlich	Verpasse Chancen, renne dem Markt hinterher und steige zu spät ein, stelle zu schnell glatt und begrenze so Gewinne, habe Schwierigkeiten, überhaupt eine Position zu halten
Sicher	Ich weiß, was ich tue, wie und wann
Übermütig	Gehe große Risiken ein, handle sehr aggressiv, ignoriere Exit-Signale, handle zu viel
Gezielt	Sehr emotionslos, straight, weiß, wann ich den Markt pushen kann

▶ Disziplin

Selbst Anfängern wird nach den ersten schmerzlichen Verlusten bewusst, dass Disziplin einen wesentlichen Faktor für den langfristigen Handelserfolg darstellt. Umso erstaunlicher ist es, dass nur wenige Trader in der Lage sind, diese Erkenntnis in die praktische Arbeit umzusetzen. Schuld daran ist unter anderem ein falsches Verständnis des Begriffs Disziplin.

Allgemein wird angenommen, Disziplin sei die Fähigkeit, Regeln zu folgen. Diese Definition ist aber wenig hilfreich, wenn es ums Trading geht. Sie werden vielleicht am Markt überleben, wenn Sie Ihren Regeln folgen, aber Sie werden niemals zu einem herausragenden Trader, der stetig eine Rendite über Marktniveau erwirtschaftet.

Ein Trader ist nämlich kein Soldat, der in einen Kampf marschiert, Befehle entgegennimmt, ausführt und vielleicht dennoch in der Schlacht fällt. Nein, ein Trader steht hinter den Reihen und lässt sich nicht auf den Kampf mit dem Markt ein. Er ist der General, flexibel in seinen Entscheidungen, immer bereit, sich auf neue Situationen einzustellen. Er macht die Regeln, formiert die Truppen, entwirft eine Strategie und setzt diese um.

Es geht also nicht darum, stur irgendwelchen Regeln zu folgen. Erfolgreich traden heißt, sich optimal in den unterschiedlichsten Situationen zu verhalten. Unser Verhalten wird aber wesentlich durch unsere Stimmungen gesteuert. Wer also sein Verhalten kontrollieren will, muss in der Lage sein, seine Stimmungen zu kontrollieren.

Es reicht also nicht aus, sich mit der Definition zufrieden zu geben, Disziplin sei die Fähigkeit, Regeln zu befolgen. Disziplin ist mehr. Disziplin ist Zustandskontrolle. Die eigene Stimmung (Zustand) so zu kontrollieren, dass wir in der Lage sind, optimal auf alle Herausforderungen zu reagieren, ist ein Verständnis von Disziplin, das uns beim Traden erheblich mehr hilft als alle anderen Standarddefinitionen.

Disziplin ist die Fähigkeit, eine optimale produktive Stimmung für die gerade zu bewältigende Aufgabe zu finden und sich in diese zu versetzen. Disziplinierte Trader haben also in jedem Moment Kontrolle über ihren Zustand, ihre Stimmung.

Disziplin bedeutet, die mentale Stärke zu besitzen, die Stimmung (den Zustand) herbeizuführen, die es mir ermöglicht, ein geeignetes Verhalten zu produzieren, um meinem Trading-Plan und somit den Regeln zu folgen.

Wir alle kennen die Straßenverkehrsregeln. Dennoch gibt es sicher niemanden, der nicht schon einmal gegen diese Regeln verstoßen hat. Warum? Lassen wir mal den Fall des vorsätzlichen Verstoßes gegen die Straßenverkehrsregeln außer Acht, bleiben die Fälle, in denen wir abgelenkt waren, das heißt nicht in dem optimalen Zustand (Stimmung) waren, der gegeben sein muss, um die gerade zu bewältigende Aufgabe lösen zu können. Wir waren vielleicht müde, unkonzentriert, nervös, hektisch, ungeduldig oder wütend – alles Stimmungen, die unproduktiv für die Teilnahme am Straßenverkehr sind.

Das Gleiche gilt für das Traden. Auch hier gibt es produktive wie auch unproduktive Stimmungen.

Es ist ein großer Irrtum anzunehmen, ein guter Trader sei eiskalt und emotionslos. Wie bei jeder komplexen Aufgabe, zeichnen sich auch gute Trader dadurch aus, dass sie in der Lage sind, unterschiedlichste Stimmungen gezielt produktiv einzusetzen (siehe die zehn Schritte des Tradens auf Seite 121 ff.).

So kann zum Beispiel Angst durchaus eine produktive Stimmung sein, wenn sie zum richtigen Zeitpunkt eingesetzt wird. Ein Trader stellt sich nämlich nicht nur die Frage, ob er eine bestimmte Transaktion durchführt, sondern auch, wie viel Geld er dabei riskieren will. Wenn er in diesem Moment der Entscheidung das Gefühl Angst zulässt, wird er zu einer ehrlichen Antwort finden.Tut er das nicht, kann es sein, dass das

Gefühl der Angst genau im falschen Moment in ihm hochsteigt, weil er sich über das wahre Risiko einer Transaktion selber belogen hat – nämlich dann, wenn er vor der Frage steht, was er machen soll: den Kauf oder Verkauf durchführen oder den Trade halten.

In dieser Situation ist Angst ein schlechter Ratgeber, und wenn der Trader sich vorher selbst bei der Frage, welchen Betrag er riskieren will, belogen hat, führt sie häufig zu Fehlentscheidungen.

Der Trader sitzt vor seinem Monitor und beobachtet wie das Kaninchen vor der Schlange, dass er ein Kaufsignal bekommt, kann sich aber wegen seiner Angstgefühle nicht zum Kauf durchringen. Er verpasst die Chance und kann seinem Trading-System nicht folgen. So kommt es, dass profitable Trading-Signale nicht befolgt werden, weil eine unproduktive Stimmung (Angst) im Augenblick der Kaufentscheidung den Entscheidungsprozess verhindert.

Lassen wir die Angst, Geld zu verlieren, aber in dem Moment zu, in dem wir über den zu riskierenden Betrag entscheiden, stellen wir fest, dass zum Beispiel ein Verlust von 1.000 Euro zu groß für unser Risikoprofil ist und wir weniger Kontrakte kaufen oder den Trade vermeiden sollten. In diesem Fall ist die Angst eine produktive Stimmung, die uns hilft, eine unserer Risikoneigung entsprechende Positionsgröße zu finden.

Unser Verständnis von Disziplin setzt eine wichtige Annahme voraus: Wir können unsere Stimmungen kontrollieren. Stimmungen sind nicht, wie viele Menschen glauben, von externen Faktoren abhängig, sondern von unserer internen Repräsentation der Welt.

Anders ausgedrückt: Stimmungen sind davon abhängig, was wir unserem Gehirn befehlen. Unser Gehirn produziert also genau die Stimmung, die wir ihm (meistens) unbewusst befohlen haben. Wir sind in der Lage, jede beliebige Stimmung auf Befehl zu produzieren. Hierzu ein Beispiel:

Rob und Tim sind Daytrader. Beide traden den DAX nach einem relativ simplen Trendfolgesystem, beide haben die gleiche Kontogröße und den gleichen finanziellen Background. Der Markt befindet sich in einer Seitwärtsrange, was zur Folge hat, dass das Trendfolgesystem eine Menge Fehlsignale produziert.

Nach dem achten Fehlsignal in Folge und einem kumulierten Verlust von 8.000 Euro liegen die Nerven von Rob blank. Seine Stimmung schwankt zwischen Ärger und Wut. Er ist in einem sehr aggressiven Zustand. Seine Verluste sagen ihm, dass er ein Versager ist. Diese wütende Stimmung macht ihn aggressiv, und er beschließt, beim nächsten Trade die doppelte Anzahl Kontrakte zu kaufen.

Tim hingegen bleibt ruhig, er ist zuversichtlich und weiß: Das System hat einen positiven Erwartungswert, und in Seitwärtsphasen kommt es zu Fehlsignalen. Verluste haben nichts mit ihm persönlich zu tun, sondern sind Teil des Spiels.

Beim nächsten Signal schlägt Rob zu und kauft tatsächlich die doppelte Menge Kontrakte. Tim hingegen orientiert sich in der Frage der Positionsgröße weiterhin an seinen Money-Management-Regeln. Von Anfang an läuft der Trade erneut ins Minus und ist nicht mehr weit davon entfernt, ausgestoppt zu werden.

Rob schaut auf sein Profit & Loss Statement und kann es nicht glauben: Seine Verluste wachsen nun mit der doppelten Geschwindigkeit wie vorher. Noch nie hat er so viel verloren. Ihm wird angst und bange, und er entschließt sich, noch bevor er ausgestoppt wird, den Trade zu beenden, damit die Verluste nicht noch größer werden. Er verkauft alles. Kurz danach dreht der Markt und zieht deutlich an. Rob kann es nicht fassen. Wäre er im Markt geblieben, hätte er jetzt schon einen Nettoprofit.

Tim verfolgt weiter ruhig die Bewegungen des Markts und wartet geduldig sein Verkaufssignal ab. Als er am Ende des Tags seinen Trade glattstellt, hat er einen Nettoprofit von 9.000 Euro erwirtschaftet.

Was unterscheidet Rob und Tim? Beide haben das Gleiche erlebt, beiden ist das Gleiche widerfahren, dennoch reagieren sie mit unterschiedlichen Stimmungen darauf. Rob ist wütend und ärgerlich. Tim ist ruhig und zuversichtlich.

Durch die unterschiedliche Repräsentation des Erlebten, die sich in den jeweiligen Stimmungen ausdrückt, entstehen verschiedene Verhaltensweisen. Tim hält sich an seine Regeln, Rob verletzt sie und übertradet sein Konto. Rob hat sich, wenn auch unbewusst, die Stimmung, die er fühlen will, selbst ausgesucht, indem er seinem Gehirn die Botschaft übermittelt hat, dass er ein Versager ist. Darauf antwortet sein Gehirn mit dem üblichen Stimmungsprogramm von Ärger und Wut. Tim hingegen signalisiert sich selber, dass Verluste Teil des Spiels sind und dazugehören. Diese neutrale Botschaft ermöglicht ihm, nicht nur ruhig, sondern sogar zuversichtlich zu bleiben.

Nicht immer gelingt es uns aber, genau zu steuern und zu filtern, welche Botschaften wir unserem Gehirn zukommen lassen. In diesem Fall befinden wir uns häufig in einer Stimmung, die wir als nicht produktiv erachten, und haben den Wunsch, in eine produktive Stimmung hinüberzuwechseln. Es ist ein gemeinsames Merkmal aller erfolgreichen Händler, dass sie die Fähigkeit aufbringen, sich im richtigen Moment in einen produktiven Zustand zu versetzen. Mit ein wenig Übung und dem »Gewusst wie« ist diese Fähigkeit für jeden erlernbar.

Das machtvollste Instrument, das wir beim Traden einsetzen können, ist die Möglichkeit, uns jederzeit bewusst in eine produktive Stimmung für gerade zu bewältigende Aufgaben zu versetzen. Bei vielen erfolgreichen und routinierten Tradern geschieht das automatisch und eher unbewusst. Dennoch bedienen sie sich immer wieder der gleichen Verhaltensroutinen in den tradingspezifischen Situationen. Es gibt für jeden Schritt, für jede Aufgabe, die wir beim Traden zu bewältigen haben, eine optimale Stimmung.

Sehr problematisch ist es, wenn Stimmungen als gut oder schlecht bezeichnet beziehungsweise identifiziert werden. Es gibt keine an sich gute oder schlechte Stimmung. Selbst so genannte gute Stimmungen können gefährlich sein, wenn wir uns zum Beispiel vor lauter Freude übermütig und leichtsinnig verhalten. Genauso kann eine als schlecht empfundene Stimmung wie Angst uns schützen, indem wir aus diesem Grund eine Handlung unterlassen, die vielleicht eine schädliche Wirkung auf uns hätte.

Besser als Stimmungen in Kategorien wie »gut« oder »schlecht« einzuordnen ist es, von produktiven und nicht produktiven Stimmungen für die gerade zu bewältigende Aufgabe auszugehen. Dabei sollten wir immer bedenken, dass jede Stimmung, produktiv wie unproduktiv, ein Signal unseres Körpers ist.

Bevor wir uns also den Schritten zuwenden, wie wir von einer unproduktiven Stimmung in eine produktive Stimmung übergehen, müssen wir uns klar machen, dass die aktuelle Stimmung ein Signal ist, das uns etwas deutlich machen will. Ignorieren wir dieses Signal, wird es wiederkehren, dann aber meistens stärker. Die beste Methode ist also, sich zu fragen, was einem dieses Signal (Stimmung) sagen will.

Manchmal ist es aber aus zeitlichen Gründen beim Trading nicht angebracht, sich mit seinen unproduktiven Stimmungen zu beschäftigen. Wir wünschen uns eine Methode, wie wir uns blitzschnell in eine produktive Stimmung versetzen können. Darum geht es im folgenden Abschnitt »Schritte zur Disziplin«.

▶ Schritte zur Disziplin

Disziplin ist die wichtigste Eigenschaft eines erfolgreichen Investors oder Traders. Disziplin bedeutet, seine Emotionen, seine Stimmungen und seinen Zustand kontrollieren zu können. Disziplin ist demnach nichts anderes, als seine Gefühle kontrollieren zu können.

Disziplin ist nicht zu verwechseln mit Money-Management. Als Trader müssen Sie Konsistenz entwickeln. Sie müssen Trading-Regeln und einem System folgen, das auf Ihre Persönlichkeit zugeschnitten ist. Dies heißt, Sie müssen sich selbst kennen, und Sie müssen wissen, was Sie wollen und wo Ihre Probleme liegen. Sie müssen wissen, wie Sie Ihre Probleme lösen und wohin Sie gehen wollen, welches Ziel Sie ansteuern. Letztendlich ist dies nur möglich, wenn Sie sich ständig selbst beobachten.

Schritt 1: Sie müssen sich selbst kennen

Es gibt zwei Zustände, die Erfahrungen zu erleben: einen assoziierten und einen disassoziierten. Sie müssen mit beiden Positionen vertraut sein.

Beide Arten, die Welt zu erfahren, sind sehr nützlich. Menschen haben normalerweise eine stärkere Wahrnehmung in einer assoziierten Position. Sie werden das Leben niemals richtig kennen lernen, wenn Sie nicht eine voll assoziierte Position einnehmen. Trader, die das Auf und Ab der Märkte mit extrem emotionalen Auf- und Abschwüngen begleiten, sind meistens voll assoziiert.

Disassoziierung ist ein sehr einfacher Weg, diesen Zustand zu kontrollieren. Disassoziierung ist auch wichtig, um objektiv seine eigenen Zustände und Handlungen beurteilen zu können. Fragen Sie sich immer wieder: Was mache ich gerade? Seien Sie realistischer gegenüber Ihren Stimmungen.

Sie glauben vielleicht, dass einige Stimmungen nützlich sind und andere nicht. Das ist falsch. Jede Stimmung hat einen bestimmten Zweck. Objektivität heißt in Bezug auf Stimmungen, zu erkennen, dass eine so genannte negative Stimmung den Zweck hat, Ihnen persönlich eine

Botschaft zu übermitteln. Ein Teil von Ihnen möchte Ihnen etwas wirklich Wichtiges sagen.

Wenn Sie auf diese Botschaft antworten, wird diese Stimmung nachlassen. Wenn Sie die Stimmung dagegen ignorieren, wird sie von Mal zu Mal intensiver – so lange, bis Sie sie nicht mehr ignorieren können. Wenn Sie nur die so genannten negativen Stimmungen in Ihrem Kopf eliminieren, werden Sie eine wichtige Informationsquelle ebenfalls mit auslöschen. Sie können negative Stimmungen kontrollieren, indem Sie die Botschaften, die sie Ihnen unterbreiten, wahrnehmen.

Schritt 2: Nutzen Sie Ihre mentalen Ressourcen

Die meisten Investmentprobleme entstehen aus bestimmten Stimmungen – aus Ungeduld, Angst, Depression, Enttäuschung, Lustlosigkeit oder Gier. Ursache des Problems ist also, dass der Investor sich in einem mentalen Zustand befindet, der für den Erfolg nicht produktiv ist.

Sie wissen, die meisten Menschen wollen eine bestimmte Stimmung. Menschen wollen kein Geld, sie wollen Befriedigung, Ruhe, Frieden. Sie wollen die Befriedigung, Geld zu bekommen oder irgendetwas mit dem Geld machen zu können. Menschen unternehmen Handlungen nur, weil sie ein bestimmtes Gefühl oder einen Zustand haben wollen.

Was Menschen wollen, ist nicht ein materielles Gut, sondern der Zustand, den sie damit verbinden. Ihr Disziplinplan sollte sich darauf konzentrieren, Ihren Zustand zu kontrollieren.

Schritt 3: Beobachten Sie sich selbst

Sobald Sie sich objektiv beobachten und Ihren Zustand feststellen können, sind Sie auch in der Lage, Ihren mentalen Zustand jederzeit zu kontrollieren und zu ändern, wenn er nicht für Sie arbeitet. Sie brauchen nur noch einen Schritt, um konsistent erfolgreich sein.

Beobachten Sie sich ständig selber. Sie arbeiten hart daran, Ihren Zustand zu ändern, aber es ist einfach, in alte Gewohnheiten zurückzufallen. Deshalb beobachten Sie sich permanent selber, bevor Sie in alte Muster zurückfallen. Schon ein einziger Rückfall kann beim Trading einen Riesenverlust oder sogar den Ruin des Kontos bedeuten. Der wichtigste Punkt hierbei ist die Führung eines Trading-Tagebuchs. Halten Sie Ihre Stimmungen und Handlungen in einem solchen Tagebuch fest, und es wird ein Gedankenmuster verraten.

► So entwickeln Sie einen Verhaltenskompass

Schritte zur Disziplin

- Beobachten Sie sich selbst.
- Finden Sie Ihre Stimmung heraus und welches Signal Ihr Körper Ihnen mitteilt.
- Heißen Sie das Signal willkommen und versuchen Sie, eine Antwort darauf zu finden.

Wenn beim Trading für diesen Prozess keine Zeit ist, nutzen Sie die fünf Möglichkeiten, Ihre Stimmung zu ändern.

Es sind also nicht Trading-Systeme, die Geld verdienen, sondern Trader. Trading-Systeme sind nur Abkürzungen von Entscheidungsstrategien. Trading-Exzellenz werden Sie nur in einem Spitzenzustand erreichen.

Es gibt vier Ansatzpunkte, Ihr Verhalten zu ändern:

► indem Sie die interne Repräsentation ändern

a) Dies gelingt Ihnen zum Beispiel durch hilfreiche Glaubenssätze für diese Situation (»Ein Verlust ist der Preis für die nächste Chance«).

b) Sie können aber auch einfach Ihre Perspektive wechseln: »Dies ist ein Trade von Hunderten, und ich werde ihn nächste Woche schon vergessen haben«.

c) Die letzte Möglichkeit ist Framing. Framing bedeutet, ein Ereignis in einem anderen Rahmen zu sehen. Einen Verlust zum Beispiel nicht als Niederlage zu betrachten, sondern als eine Rückmeldung, dass etwas nicht nach Ihrem Plan läuft.

Durch die Veränderung der internen Repräsentation ändern Sie Ihre Stimmung und somit auch Ihr Verhalten. Lassen Sie sich für alle wichtigen Ereignisse beim Traden hilfreiche interne Repräsentationen einfallen, und entwickeln Sie daraus einen Verhaltenskompass. Der Verhaltenskompass zeigt Ihnen, welche interne Repräsentation Sie zu welcher Stimmung und somit zu welchem Verhalten führt. Diese Aufgabe ist sehr zeitaufwändig, da Sie für jedes Ereignis (beispielsweise Gewinn, Verlust, Serie von Verlusten oder Margin Call) verschiedene interne Repräsentationen finden und diese so formulieren müssen, dass Sie bei Ihnen persönlich bestimmte Stimmungen bewirken.

Ein Verhaltenskompass ist immer individuell, weil jeder Trader ein anderes Glaubenssystem hat und zusätzlich unterschiedliche Verhaltensweisen für bestimmte Stimmungen erlernt hat.

Ein Beispiel für einen Verhaltenskompass finden Sie in der folgenden Abbildung: Das gleiche Ereignis wird unterschiedlich repräsentiert und führt damit über unterschiedliche Stimmungen zu unterschiedlichen Verhaltensweisen. Wenn Sie Ihren Verhaltenskompass erstellt haben, können Sie jede beliebige Stimmung hervorrufen, indem Sie Ihrem Gehirn die richtige interne Repräsentation geben.

Ereignis	interne Repräsentation	Stimmung	Verhalten
großer Verlust	Dieser Verlust ist ein Hindernis auf dem Weg zu meinem Ziel »finanzielle Sicherheit«. Obwohl ich mich angestrengt habe, habe ich mich von meinem Ziel wegbewegt und Resultate produziert, die mich zurückwerfen.	frustriert	Ich will mein Ziel schneller erreichen und trade schlechte Chancen.
großer Verlust	Verluste sind der Preis für die nächste Chance. Diesmal habe ich die nächste Chance teuer erkauft. Deshalb sollte ich dem nächsten Geschäft besondere Aufmerksamkeit widmen.	vorsichtig	Ich werde die nächste Chance mit Argusaugen begutachten und nur sehr selektiv vorgehen.
großer Verlust	Dies ist ein sehr seltenes Ereignis, aber es gehört zum Spiel, und ich kann mich an frühere Situation erinnern, in denen ich nach einem Verlust große Gewinne hatte.	selbstsicher	Ich lasse Gewinne laufen, trade wenig, aber effektiv.

Ereignis	interne Repräsentation	Stimmung	Verhalten
großer Verlust	Ich bin dankbar für das Feedback, dass etwas nicht nach meinem Plan läuft und eventuell dringend Veränderungen notwendig sind.	analytisch	Ich überprüfe mein Trading-System. Habe ich gegen Regeln verstoßen? Hat sich am Markt etwas Entscheidendes geändert? War dieser Verlust ein seltenes, aber im Rahmen der Wahrscheinlichkeiten mögliches Ereignis? Wie oft habe ich im Monat mit einem solchen Verlust zu rechnen?

Um Ihren Kompass zu entwickeln, gehen Sie wie folgt vor:

Im ersten Schritt geht es darum, überhaupt neue Antworten und Alternativen zu einem bestimmten Zustand zu finden. Dafür müssen wir zuerst herausfinden, was in der Vergangenheit unsere Standardantwort auf eine bestimmte Emotion war.

An dieser Stelle ist es wichtig zu betonen, dass es unerlässlich ist, seine Stimmung genau zu identifizieren und zu benennen. Nur so können wir die Verhaltensroutine, die von dieser Stimmung ausgelöst wird, verändern.

Dabei ist erneut das Trading-Tagebuch unser wichtigstes Hilfsmittel. Erstellen Sie für alle Stimmungen und Ereignisse einen Verhaltenskompass, der Ihnen zeigt, mit welcher Stimmung Sie bisher durch interne Repräsentation auf bestimmte Ereignisse reagiert haben und zu welchen schädlichen Verhaltensweisen dies geführt hat.

Nachdem Sie den Teil des Verhaltenskompasses erstellt haben, der Ihre Vergangenheit beschreibt, entwickeln Sie Alternativen. Stellen Sie für jedes Ereignis, das zu einer unproduktiven Stimmung geführt hat, eine interne Repräsentation vor, die zu einer produktiven Stimmung führt. Überlegen Sie genau, welches Ereignis in der Vergangenheit eine Stimmung ausgelöst hat und welches eine produktive Stimmung wäre, um dieses Verhalten in Zukunft abzustellen und durch ein besser geeignetes zu ersetzen.

Wie das Beispiel zeigt, gibt es meist mehrere produktive Stimmungen für ein Ereignis. Je mehr Sie finden, umso mehr Möglichkeiten eröffnen sich für Sie. Lassen Sie nicht nach auf der Suche nach neuen Stimmungen und Möglichkeiten, denn diese Suche kann Ihr ständiges Traden verbessern.

Überarbeiten Sie diesen Kompass immer wieder. Je präziser Sie dabei sprachlich sind, umso leichter fällt es Ihnen in Zukunft zu merken, in welcher Stimmung Sie sich aus welchem Grund befinden.

Hängen Sie sich diesen neuen Verhaltenskompass über Ihren Schreibtisch, verinnerlichen Sie ihn, und benutzen Sie ihn ständig.

► durch Veränderung der Körperhaltung

Sie können Ihr Verhalten auch beeinflussen, indem Sie Ihre Körperhaltung ändern, denn mit jeder Stimmung verbindet sich eine bestimmte Körperhaltung. Achten Sie darauf, dass Sie nicht nur Ihre interne Repräsentation ändern, sondern auch die Körperhaltung, da beide Faktoren zusammen eine kybernetische Schleife bilden.

Um eine stabile Stimmungsänderung bewirken zu können, müssen Körperhaltung, Atmung, Muskelspannung und interne Repräsentation kongruent sein. Ansonsten erhält Ihr Gehirn widersprüchliche Signale und weiß nicht, wie es reagieren soll.

► durch neue Verhaltensmodelle

Eine weitere Möglichkeit besteht darin, neue Verhaltensmodelle zu entwickeln und zu erlernen. Wenn ich beim Traden in einer Sackgasse bin, kann ich es immer einstellen und andere Dinge unternehmen, die mich aus meinem Zustand der Frustration befreien.

Finden Sie für jeden Zustand alternative Verhaltensmodelle.

Zustand/Stimmung	**alternative Verhaltensmodelle**
Frust	Ich stelle mein Traden sofort ein und schreibe ein weiteres Kapitel meines Trading-Buchs.
	Ich stelle mein Traden sofort ein, rufe jemanden an, den ich sehr gern mag, und rede mit ihm über Dinge, die Spaß machen.
	Ich stelle mein Traden sofort ein und gehe raus auf den Golfplatz, ins Fitnessstudio, in die Sauna.

Sie können aber auch, wie bei jedem Lernprozess, Ihr Gehirn darauf trainieren, andere Wege als das bisherige Verhaltensmuster einzuschlagen. Das ist ein möglicher, aber schwieriger Weg, Disziplin zu erlernen.

Wenn das Gehirn einmal eine Antwort auf einen bestimmten Zustand gespeichert hat, ist es schwer, diesen Speicher zu überschreiben. Suchtexperten gehen sogar davon aus, dass es unmöglich ist, diese Antwort im Verhaltensprogramm des Gehirns zu löschen, sodass ein einziger Rückfall sofort wieder zur Sucht führt. Das würde bedeuten, dass Sie, selbst wenn Sie neue Antworten auf Zustände gelernt hätten, schnell wieder auf eine alte unproduktive Methode zurückfallen könnten.

Eine Methode, um Ihrem Gehirn neue Verhaltensmuster als Antworten auf bestimmte Zustände beizubringen, ist das uralte Prinzip des Wiederholens. So lernen Sie durch Wiederholungen, Erlerntes zu verfestigen.

Es ist ein langer Weg, neue Verhaltensmuster einzustudieren und zu trainieren. Aber der Weg lohnt sich, denn Sie ersetzen schädliche Verhaltensweisen durch nützliche.

▸ durch Erinnern oder Phantasieren

Eine letzte Methode, sich in eine andere Stimmung zu versetzen und dadurch das eigene Verhalten zu beeinflussen, besteht darin, an Referenzsituationen aus der Vergangenheit zu denken – oder wenn es diese nicht gegeben hat, sich eine solche Situation einfach vorzustellen. Unser Gehirn kann Vergangenheit, Gegenwart und Zukunft nicht unterscheiden. Wenn wir ein Gefühl produzieren wollen, reicht es aus, an bestimmte Dinge zu denken.

Eine Bitte: Unterschätzen Sie die Bedeutung der Zustandskontrolle nicht. Nicht jeder Top-Trader bedient sich bewusst dieser Methoden zur Verhaltenskontrolle. Sie können aber sicher sein, dass diese Trader unbewusst die richtigen, also hilfreichen internen Repräsentationen benutzen. Wenn ich von Master-Tradern spreche, meine ich keine durchschnittlichen Trader, die mit dem Handelssystem XY über ein, zwei Jahre ihre zehn Prozent verdienen. Ich meine exzellente Trader, die Spitzenergebnisse produzieren – und das nicht nur einmal, sondern immer wieder.

Diese Leistung werden Sie nur erbringen können, wenn Sie hilfreiche interne Repräsentationen zur Zustandskontrolle finden und wenn Sie in der Lage sind, sich während des Tradens in einen Spitzenzustand zu versetzen.

▸ Kapitel 6 ◂

Produktive Stimmungen für den Trading-Erfolg. Es gibt produktive und unproduktive Stimmungen beim Trading. Finden Sie für jede Aufgabe, die Sie beim Traden zu bewältigen haben, produktive Stimmungen heraus, und lernen Sie diese zu kontrollieren.

▶ Zustände und Daseinsformen von Tradern

»Eine der unentbehrlichsten Qualitäten ist Ausgeglichenheit. Dieser Zustand des geistigen Gleichgewichts, das den Trader befähigt, jedweder Situation gelassen gegenüberzutreten und unbeeindruckt von Hoffnungen und Ängsten zu agieren, ist eine unbedingte Voraussetzung, um Krisen überwinden zu können.«

Jesse Livermore, »Spiel der Spiele«

Jeder Trading-Anfänger hat zuerst einmal ein Ziel: möglichst viel Geld zu verdienen! Das ist der typische Zustand, der jeden Anfänger kennzeichnet. Er will Geld haben.

Weil dieser Zustand allein auf das Haben gerichtet ist, bezeichnen wir ihn als den Zustand des »Havings« (englisch für Haben). Alle Motivation und Energie stammen aus diesem Zustand des Havings. Aus dieser

Quelle schafft sich der Trader auch sein Selbstwertgefühl. Erfolg und Geld bestätigen ihn und vergrößern seinen Selbstwert. Verluste hingegen werden zwangsläufig sein Selbstwertgefühl reduzieren.

Im Zustand des Havings kristallisiert sich eine extreme Polarität heraus. Denn der Trader unterscheidet nur zwischen Haben und Nicht-Haben. Gewinne stärken zwar sein Selbstwertgefühl, aber Verluste wirken auf ihn so destabilisierend, dass er früher oder später sein Konto verlieren wird. Denn es ist unmöglich zu traden, ohne zwischendurch auch Verluste zu machen. Tritt nun ein Verlust auf, verringert sich das Selbstwertgefühl des Traders, und ohne Gewinne gelangt er nicht wieder in einen ausgeglichenen Zustand.

Er ist also auf einen externen Faktor (Gewinne) angewiesen, um seinen emotionalen Zustand zu stabilisieren. Ohne Gewinne, die, kurzfristig gesehen, ebenso wie die Verluste ein Zufallsprodukt sind, ist dieser Trader im wahrsten Sinne des Wortes aufgeschmissen.

Wer sich im Zustand des Havings befindet, kann aus eigener Kraft nicht mehr zur Ausgeglichenheit zurückfinden, sobald einmal ein Ungleichgewicht eingetreten ist.

Aber auch Gewinne können destabilisieren, wenn nämlich eine Reihe von Gewinnen zu einem übersteigerten Selbstwertgefühl des Traders führt. Die Folge von übersteigertem Selbstwertgefühl ist ein Realitätsverlust. Der Trader verliert jeden Respekt vor dem Markt und geht dadurch zu große Risiken ein. Wendet sich das Risiko gegen ihn, und er verliert, wird es ihm nicht mehr möglich sein, vernünftig zu traden. Sein Unterbewusstsein wertet den Verlust als Angriff auf sein Selbstwertgefühl und sagt dem Markt den Kampf an.

Einen ausgeglichenen Zustand werden Trader im Zustand des Havings nur selten erleben. Sie pendeln ständig zwischen den Polen Haben und Nicht-Haben hin und her und erleben eine emotionale Achterbahnfahrt.

Auf der bewussten Ebene ist das Ziel dieser Trader, Erfolg-Haben und Geld-Gewinnen. Trading-Erfolg und Geld sind aber Trading-Benefits, die sich automatisch einstellen, wenn ein erfahrener Trader in ausgeglichenem Zustand und unter Berücksichtigung von Money-Management-Regeln handelt. Das Hauptziel von Tradern darf also nicht Erfolg oder Geld sein, sondern muss darauf gerichtet sein, im Geschäft zu bleiben (»Stay in Business«).

Häufig begreifen Trader ihren Job als eine Herausforderung. Ihr Ziel ist dann nicht mehr, Erfolg und Geld zu erreichen, sondern Herausforderungen zu bewältigen und dadurch ihr Selbstwertgefühl zu stärken.

Obwohl sich hinter dem Ziel »Herausforderung« keine Polarität wie die oben beschriebene versteckt, können auch aus dieser Haltung gravierende Trading-Probleme erwachsen. Die Suche nach der ständigen Herausforderung führt automatisch zu Stress. Außerdem gibt es am Markt Situationen, in denen es einfach nichts zu tun gibt. Wer jedoch um jeden Preis Herausforderungen sucht, kann sich nicht in Geduld üben und beginnt, schlechte Chancen zu traden, oder er versucht, laufend sein Trading-System zu verbessern, den Heiligen Gral für permanente Gewinne zu finden. Denn diese Aktivität des Suchens verschafft ein kurzfristiges Gefühl der Befriedigung. Der Händler ist nicht untätig und glaubt, dadurch seines Schicksals eigener Schmied zu sein.

Ein Trader, der Herausforderungen sucht, wird ebenfalls dazu neigen, große Risiken einzugehen. Das Spiel mit dem Risiko wird als Herausforderung betrachtet.

Im Unterbewusstsein versteckt sich hinter diesem Zustand häufig der Wunsch nach Ablenkung von Problemen oder Aufgaben, die sich der Trader scheut, direkt anzugehen. Manchmal ist es auch einfach nur Langeweile, die gefürchtet wird. Deshalb bemüht er sich ständig, irgendetwas zu tun. Einen solchen Zustand bezeichnen wir auch als »Doing« (englisch für Tun).

Im Zustand des Doings muss ein Trader immer etwas tun, um sich zu spüren und die eigene Person wertschätzen zu können, um existieren zu können. Dieser Zustand ist zwar, oberflächlich betrachtet, sehr produktiv, verhilft aber dem Trader nicht zu Ausgeglichenheit. Ein stabiles emotionales Gleichgewicht besteht nur, wenn der Trader aktiv ist (Doing). Sobald es einmal nichts zu tun gibt, verliert er sein Gleichgewicht und damit die Fähigkeit, erfolgreich zu traden.

Trader im Zustand des Doings sind meist über das ursprüngliche Anfängerstadium hinausgekommen, schaffen es aber immer noch nicht, konsistent Gewinne zu erwirtschaften. Vielmehr stellen sich nach kleinen Gewinnphasen immer wieder Verlustphasen ein, in denen der Trader auf der Suche nach besseren Systemen oder Signalen ist oder aber einfach viel zu aktiv tradet.

Der optimale Zustand eines Traders ist es, einfach zu existieren. Wir nennen ihn den Zustand des »Beings« (englisch für Sein). In diesem Zustand akzeptiert der Trader sich so, wie er ist, und weiß, dass er wertvoll ist. Ein solcher Trader hat kein Problem mit seinem Selbstwertgefühl. Er nimmt die Dinge des Lebens mit Gelassenheit, ohne dabei die Rolle eines Opfers anzunehmen. Er weiß, dass er für alles, was ihm widerfährt, 100 Prozent Verantwortung übernehmen muss, dass aber nicht alle Resultate immer positiv sein können oder müssen.

Dieser Trader hat seinen Trading-Stil gefunden. Er weiß um die Risiken, aber auch um seine Fähigkeiten. Er muss sich nicht selber oder anderen jeden Tag seine Fähigkeiten beweisen. Ihm ist bewusst, dass seine größte Kraft in seiner Ausgeglichenheit liegt. Dieser Trader lebt in einem Gleichgewicht, weder Gewinne noch Verluste haben irgendeinen emotionalen Einfluss auf ihn. Deshalb können Trading-Ergebnisse ihn auch nicht aus dem Gleichgewicht bringen.

Viele Trader glauben, Menschen können nicht so sein, und vertrauen deshalb im Handel lieber auf Computersysteme, die rationaler entscheiden können. Tatsache ist aber, dass wir Menschen immer noch das größte und beste neuronale Netz in uns tragen. Wenn es uns gelingt, im Zustand des »Beings« zu leben und zu traden, werden die Trading-Ergebnisse herausragend sein.

Der positivste Nebeneffekt dieses Zustands ist aber wahre Zufriedenheit. Das emotionale Gleichgewicht, das den Zustand des »Beings« prägt, wirkt sich nicht nur auf das Trading, sondern auch auf das ganze Leben aus.

Manch einer wird sagen: Wer zufrieden ist, ist auch satt und wird wenig Lust verspüren zu traden. Wer sich keine Ziele setzt, kann auch keinen Wohlstand erreichen.

So logisch dieser Einwand klingt, so zäumt er doch das Pferd von hinten auf. Denn wie ich eingangs bereits erwähnt habe, geht es dem Trader bei der Erreichung seiner Ziele um ganz bestimmte Werte. Hinter dem Ziel Wohlstand verstecken sich Werte, die das Handeln des Traders steuern. Es geht bei all unserem Handeln darum, einen Zustand der Zufriedenheit zu erreichen. Verknüpfen wir diesen Zustand der Zufriedenheit, des Beings, mit Wohlstand, finden wir uns ganz schnell im Zustand des Habens wieder.

▶ Für jeden Trading-Schritt die optimale Stimmung

Wir haben beim Trading verschiedene Aufgaben zu lösen. Jede dieser Aufgaben verlangt von uns unterschiedliche Stimmungen. Zuerst analysieren wir, welche Aufgaben der Händler beim Traden lösen muss, und suchen dann die optimale Stimmung, um diese Aufgaben zu erledigen.

Ein Trade beginnt lange vor der Planung. Denn Trading ist ein Wettkampf mit anderen Marktteilnehmern. Wie bei einem Sportwettkampf werden wir uns nur dann dem Wettbewerb stellen wollen, wenn wir auch wirklich fit sind.

Es empfiehlt sich deshalb, jeden Tag vor dem Traden oder direkt nach dem Aufstehen einen kleinen **Selbst-Check** durchzuführen. Wie fit sind wir heute körperlich und geistig, geht es uns gut, welche privaten Dinge können uns heute vom Traden ablenken? Sind wir bereit für den Trading-Wettkampf? Gibt es Dinge, die uns behindern können? Welche Bedürfnisse haben wir?

Dieser Selbst-Check dient dazu, den Trading-Tag optimal vorzubereiten. Es wird sicherlich Tage geben, an denen wir uns nicht so gut fühlen. Ob Sie an solch einem Tag traden wollen, müssen Sie selbst entscheiden. Aber wenn Sie traden wollen, sollten Sie wissen, wie Sie sicherstellen, dass Ihre volle Konzentration auf den Markt gerichtet ist.

Wenn Sie Stressoren für den Tag ausmachen, sollten Sie überlegen, ob und wann Sie traden werden. Stressoren sind alle Faktoren, die Ihre volle Konzentration vom Traden ablenken. Das können geschäftliche wie private Dinge sein. Wenn Sie zum Beispiel wissen, dass Sie nachmittags einen unangenehmen Zahnarzttermin haben, sollten Sie bereits morgens planen, ob Sie davor traden wollen und was Sie am Nachmittag mit offenen Positionen machen.

Nach dem Selbst-Check sollte üblicherweise eine **intensive Vorbereitung auf das eigentliche Traden** erfolgen. Sie müssen aktuelle Nachrichten prüfen, die Charts ansehen, korrelierende Märkte betrachten und Ihr System checken. Teil dieser Vorbereitung kann auch eine mentale Probe des Trading-Tags sein.

Ich versuche mir bereits vor Markteröffnung die verschiedensten Szenarien vorzustellen. Was mache ich, wenn der Markt fest eröffnet, schwach eröffnet, Wirtschaftsdaten besser als erwartet oder schlechter als erwartet veröffentlicht werden? Welche wichtigen Marktdaten sind zu beachten? Was mache ich, wenn der Markt bestimmte Widerstände und Unterstützungen bricht? Welchen Märkten schenke ich heute meine besondere Aufmerksamkeit?

Nach der intensiven Vorbereitung beginne ich, **konkrete Handelsideen zu entwickeln**. Bei der Planung dieser Handelsideen überlege ich nicht nur, wo ich meinen Initial Stop platziere, welche Kursziele ich für wahrscheinlich halte, sondern auch, wie groß meine Position sein soll, wie viele Re-Entries ich zulasse, ob ich aggressiv oder weniger aggressiv traden werde und ob ich plane, Trades zu pyramidisieren.

Die bisherigen Schritte habe ich vor Markteröffnung alle bereits erledigt. Normalerweise versuche ich, die wesentlichen Gedanken für den Trading-Tag auch schriftlich festzuhalten, um in meinem Trading-Tagebuch später mein Handeln besser analysieren zu können. Sobald der Markt eröffnet, beginnt die Phase, in der ich auf einen Einstieg für meine geplanten Trading-Ideen lauere. In dieser Lauerphase beobachte ich den Markt und versuche, möglichst alle Informationen wahrzunehmen.

Habe ich eine Trading-Gelegenheit ausgemacht, **initiiere ich den Trade**. Dabei muss ich darauf achten, alles richtig zu machen. Die Order muss korrekt aufgegeben werden, ich muss sehr schnell sein, damit ich die Gelegenheit nicht verpasse, und dabei doch sorgfältig.

Sobald der Trade initiiert ist, **checke ich den Fill.** Das ist wichtig, weil vielleicht nicht ich, sondern die Orderplattform oder mein Broker einen Fehler gemacht hat. Nachdem ich überprüft habe, dass ich die Order so bekommen habe, wie ich sie haben wollte, geht der Trade in die **Beobachtungsphase.** In dieser Phase versuche ich, meinen Regeln zu folgen und den Trade laufen zu lassen. Ereignen sich aber ungeplante Dinge im Umfeld des Trades, muss ich achtsam sein und den Trade vielleicht vorzeitig abbrechen. Sobald der Trade dann beendet ist, prüfe ich nochmal alle Ausführungen und trage ihn in mein Trading-Tagebuch ein.

Gleichzeitig lauere ich natürlich wieder auf neue Trading-Gelegenheiten.

Am Ende des Tags analysiere ich meine Arbeit im Rückblick noch einmal anhand der Charts und der Aufzeichnungen in meinem Trading-Tagebuch.

Diese Routine vollziehe ich jeden Tag. Jeder Schritt erfordert eine andere Stimmung. Natürlich ist es möglich, den ganzen Tag in derselben Stimmung zu verharren. Ich bezweifle aber, dass das produktiv ist. Für jede Aufgabe gibt es eine optimale Stimmung und eine optimale Perspektive. Wir können eine assoziierte oder disassoziierte Perspektive einnehmen. Die Vorteile beider Perspektiven wurden bereits beschrieben. In der folgenden Tabelle sind die richtigen Perspektiven für jede Aufgabe aufgelistet:

Aufgabe	**Assoziierte Perspektive**	**Disassoziierte Perspektive**	**Stimmung**	**Fokus**
Morgendlicher Selbst-Check	nein	ja	offen, meditativ	weit
Intensive Vorbereitung auf den Trading-Tag	ja	ja	konzentriert, analysierend, phantasievoll	weit
Entwicklung einer konkreten Handelsidee	ja	nein	kreativ, ängstlich oder vorsichtig	eng
Lauerphase	nein	ja	ruhig, später gespannt	weit
Initiierung des Trades	ja	nein	aggressiv	eng
Prüfung	ja	nein	kritisch	eng

Aufgabe	Assoziierte Perspektive	Disassoziierte Perspektive	Stimmung	Fokus
Beobachtung des Trades	nein	ja	entspannt, ruhig	weit
Abbruch des Trades	ja	nein	aggressiv	eng
Record-Keeping-Trading-Tagebuch	nein	ja	pedantisch	weit
Tägliche Nachbereitung	nein	ja	kritisch	weit

Beim morgendlichen Selbst-Check ist es wichtig, eine disassoziierte Perspektive einzunehmen. Nur diese Perspektive ermöglicht uns eine objektive Beurteilung unserer Bedürfnisse und unseres Zustands. Im assoziierten Zustand würden wir allein von einem Gefühl dominiert werden. Mögliche andere Bedürfnisse, die von diesem Gefühl überlagert sind, würden wir nicht bemerken. Unser Fokus sollte – wie es für eine disassoziierte Stimmung typisch ist – sehr weit sein, um möglichst alle Stimmungen und Bedürfnisse wahrnehmen zu können.

Unsere Stimmung zur Lösung dieser Aufgabe sollte meditativ sein. So gelingt es uns, in uns hineinzuhorchen. Unproduktive Stimmungen, in denen Sie diese Aufgabe kaum lösen werden, sind zum Beispiel Stress oder Euphorie. In einem gestressten oder euphorischen Zustand werden Sie beim täglichen Selbst-Check versagen, weil Ihre Wahrnehmung von diesen Stimmungen blockiert wird.

Nachdem Sie Ihren Selbst-Check erfolgreich absolviert haben, wissen Sie, ob Sie sich dem Trading-Wettbewerb stellen werden, und Sie wissen auch, welchen Bedürfnissen Sie trotz eines langen Trading-Tags Aufmerksamkeit schenken sollten. Vernachlässigen Sie diese Bedürfnisse nicht, auch wenn Sie der Überzeugung sind, an diesem speziellen Trading-Tag keine Zeit dafür zu haben. Denn je länger Sie ein Bedürfnis verdrängen, desto schwerer wird es Ihnen fallen, über den Tag in einem ausgeglichenen Zustand zu verbleiben.

Im nächsten Schritt widmen Sie sich der intensiven Vorbereitung des Trading-Tags. Dazu ist es erneut wichtig, eine disassoziierte Perspektive zu haben, damit Ihr Fokus möglichst weit ist. Erneut müssen Sie nämlich sehr objektiv sein, was in einem disassoziierten Zustand leichter fällt.

Versetzen Sie sich zur Vorbereitung des Trading-Tags in einen phantasievollen Zustand. Versuchen Sie sich möglichst viele Szenarien für den Trading-Tag und den Marktverlauf vorzustellen. Je mehr Szenarien Sie sich vorstellen können, desto flexibler werden Sie auf Ereignisse während des Tags reagieren können.

Weitere Stimmungen, die Ihnen helfen können, diese Aufgabe zu lösen, sind ein konzentrierter und analytischer Zustand. Gerade in einem analytischen Zustand haben Sie genug Distanz zum Markt, um Ihre Planungen objektiver durchführen zu können. Ihr Fokus sollte weit sein, damit Sie Ihrer Phantasie freien Lauf lassen können.

Nachdem Sie sich allgemein auf den Trading-Tag vorbereitet haben, folgt nun die Phase, in der Sie eine konkrete Handelsidee planen. Diese Phase unterscheidet sich deutlich von der Vorbereitung auf den Trading-Tag, denn nun müssen Sie einen engen Fokus einnehmen. Am besten gelingt Ihnen das in einem assoziierten Zustand. Trader begehen häufig den Fehler, mit Beginn ihres Trading-Tags eine assoziierte Perspektive einzunehmen. Diese Perspektive ermöglicht zwar einen hohen Level an Konzentration, führt aber wegen des engen Fokus dazu, dass der Trader zu wenig wahrnimmt und meist nicht sehr objektiv in den Trading-Tag startet.

Besser ist es, erst bei der Planung eines konkreten Trades eine assoziierte Perspektive anzunehmen. Ein sehr produktiver Zustand für die optimale Planung eines Trades ist Angst oder Vorsicht. Denn wenn Sie zu diesem Zeitpunkt Angst zulassen, ist es unwahrscheinlich, dass diese Stimmung Sie später beim Traden stören wird. Angst ist nämlich ein Signal Ihres Körpers, das Sie schützen soll.

Wenn Sie während der Planung Angst zulassen, werden Sie das Signal sinnvoll verarbeiten können. Haben Sie sich gut vorbereitet? Ist das Risiko für Sie persönlich akzeptabel? Entspricht der Trade Ihrem Trading-Plan, und folgen Sie Ihren Trading-Regeln? All diese Fragen werden Sie sich selbst ehrlich beantworten, wenn Sie sich bei der Planung des Trades kurzfristig in einen ängstlichen Zustand versetzen.

Eine etwas abgemilderte Form davon ist eine vorsichtige Stimmung. Auch diese kann Sie während der Planung des Trades produktiv unterstützen.

Bevor Sie den Trading-Tag aber wirklich beginnen, sollten Sie sicher sein, dass Sie sich nicht mehr in einem ängstlichen oder vorsichtigen Zustand befinden. So hilfreich diese Zustände bei der Planung sind, so schädlich wirken sie während eines Trades: Der Trader beginnt zu zweifeln, ist nicht mutig genug, dem Signal zu folgen, oder stellt seine Position zu früh glatt. Sorgen Sie deshalb dafür, dass Sie mit Beginn des Trading-Tags in einen ruhigen Zustand wechseln.

Um diesen Wechsel sicherzustellen, sollten Sie in jedem Fall kurzfristig einen disassoziierten Zustand einnehmen und sich selber beobachten. Diesen ruhigen Zustand halten Sie dann aufrecht. Erst kurz bevor der Markt sich Ihren Einstiegspreisen nähert, sollten Sie in einen gespannten Zustand verfallen.

Denken Sie dabei an ein Raubtier, das auf seine Beute lauert. Der Fokus des Raubtiers bleibt weit. Erst wenn die Beute nahe genug herangekommen ist, wird der Fokus sehr eng, denn erst dann kann es sich der Jäger leisten, seine ganze Konzentration auf seine Beute zu richten.

In dem Augenblick, in dem Sie in den Markt einsteigen wollen, werden Sie erneut eine assoziierte Perspektive einnehmen. Sie sollten nun in einen aggressiven Zustand wechseln. Denn es ist wichtig, dass Sie nun all Ihre Konzentration dem Einstieg widmen. Das gelingt am besten in einem aggressiven Zustand.

Denken Sie zum Beispiel an die Pit-Trader in Chicago: Die müssen nicht ihre Order eintippen, sondern laut schreiend ihre Order am Pit durchbringen. Die Aggressivität sorgt für den notwendigen Entscheidungswillen, denn wer aggressiv ist, weicht nicht mehr zurück. Er hat es leichter, sich durchzusetzen. Deshalb ist dieser Zustand zu diesem Zeitpunkt optimal.

Direkt nachdem Ihre Order ausgeführt wurde und Sie Ihre Fills gecheckt haben, kommt der schwierigste Wechsel. Sie müssen aus der assoziierten Perspektive sofort in die disassoziierte wechseln. Gelingt das nicht, werden Sie nämlich, wie für einen assoziierten Zustand üblich, all Ihre Emotionen sehr stark wahrnehmen. Das führt dann regelmäßig zu einer emotionalen Achterbahnfahrt, wenn die Kurse sich für oder gegen Ihre Position entwickeln.

Wenn es Ihnen nicht gelingt, die assoziierte Perspektive zu verlassen, wird der Trading-Tag sehr anstrengend für Sie, und Sie werden sich nach einiger Zeit gestresst fühlen. Das Konzentrationsniveau, das wir während des Einstiegs benötigen, können und müssen wir nicht den ganzen Trade über aufrechterhalten.

Sobald Sie den Trade beobachten, sollten Sie sich entspannen. Dieser Wechsel fällt insbesondere Anfängern sehr schwer. Aber wenn Sie konkrete Exit-Regeln haben, dann gibt es jetzt nicht mehr viel für Sie zu tun. Sie müssen einfach nur noch Ihren Exit-Regeln folgen, auf alles andere haben Sie keinen Einfluss. Sie werden sich in dieser Phase nur entspannen können, wenn Sie ein großes Vertrauen in Ihre Exit-Regeln entwickelt haben. Wenn es Ihnen gelingt, in einen entspannten Zustand zu gelangen, werden Sie Ihr Trading genießen können.

In den aggressiven Zustand und in die assoziierte Perspektive kehren Sie erst wieder beim Abbruch des Trades zurück, da Sie hier wie beim Einstieg sicherstellen müssen, dass Ihre Order schnell und richtig zur Ausführung kommt.

Wenn Sie mehrere Signale am Tag traden, müssen Sie während des Trading-Tags ständig zwischen einer assoziierten und einer disassoziierten Perspektive wechseln. Dieser Wechsel erfordert Routine, hilft Ihnen aber, den Trading-Tag besser zu bewältigen.

Um die Notizen in Ihr Trading-Tagebuch einzutragen, sollten Sie sich in einen pedantischen Zustand versetzen, damit Sie möglichst genau dokumentieren, was und warum Sie gehandelt haben.

Wenn der Trading-Tag abgeschlossen ist, empfiehlt es sich, kritisch auf den Tag zurückzublicken. Welche Fehler haben Sie gemacht? Wie können Sie in Zukunft diese Fehler vermeiden? Was war gut, was hätten Sie besser machen können? Alle Ihre Ideen und Schlussfolgerungen sollten Sie unbedingt in Ihrem Trading-Tagebuch notieren.

▶ Exzellenz durch Stimmungskontrolle

Sicherlich gibt es neben den genannten Stimmungen auch andere produktive Zustände, um die erforderlichen Aufgaben zu bewältigen. Wichtig ist, dass Sie erkennen, welcher Zustand produktiv ist und welcher nicht, und dass Sie die Ihnen zur Verfügung stehenden Mittel nutzen, um sich in einen produktiven Zustand zu versetzen.

Es mag vielleicht möglich sein, auch in einem unproduktiven Zustand Geld zu verdienen, aber wie viel mehr Geld hätten Sie verdient, wenn Sie in einem produktiven Zustand gewesen wären? Nur in produktiven

Stimmungen können wir optimale Entscheidungen treffen und eine Spitzen-Performance erzielen.

Denken Sie an zwei Sportler, die physisch die gleichen Kräfte haben. Ein Wettrennen wird der gewinnen, der sich mental in einen besseren Zustand versetzt hat, das heißt, der in der Lage war, einen Spitzenzustand einzunehmen.

Es geht beim Traden nicht nur um ein mechanisches Konzept. Trading-Exzellenz, die wahre Kunst zu traden, erreichen Sie nur, wenn Sie sich mental in einem Zustand befinden, der Sie unterstützt. Nur so können Sie nämlich eine unschlagbare Waffe beim Trading einsetzen. Diese Waffe heißt Intuition. Die Kunst zu traden bedeutet, ständig vielen Routinen zu folgen, aber im richtigen Moment Ihre Intuition einzusetzen.

Ähnlich wie ein sehr guter Schachspieler, der Hunderte von Standardzügen kennt und einsetzt, aber im entscheidenden Moment die Partie durch seine Intuition gewinnen kann, müssen Sie als Trader wissen, in welchen Momenten Ihre Intuition Sie unterstützen kann. Nur so erreichen Sie den Zustand der Exzellenz.

Wie können Sie diesen Zustand herbeiführen?

Diesen Prinzipien müssen Sie folgen, damit Sie diesen Spitzenzustand erreichen:

Commitment/Berufung

»Commitment« bedeutet, sich einer Aufgabe zu verschreiben, sich für diese Aufgabe berufen zu fühlen. Wenn Sie sich nicht zum Traden berufen fühlen, werden Sie nicht genügend Kraft aufbringen, um Rückschläge durchzustehen. Sie werden sich von vielen Dingen ablenken lassen und nicht Ihre ganze Kraft einsetzen, um Ihre Trading-Ziele zu erreichen.

Stellen Sie sich vor, Sie haben zwei Wochen frei und wissen nicht genau, was Sie mit Ihrer Zeit anfangen sollen. Sie planen einen Ausflug ans Meer. Unterwegs halten Sie an einer Raststätte und bestellen sich einen Snack zum Mitnehmen. Sie steigen wieder in Ihr Auto und fahren ein paar Kilometer weiter bis an eine ruhige Stelle, um zu picknicken. Als Sie das gekaufte Essen auspacken, stellen Sie fest, dass es verdorben ist. Sie sind zu Recht wütend.

Da Sie sowieso nichts Besseres vorhaben, werden Sie wahrscheinlich zurück zur Raststätte fahren und sich beschweren. Wenn Ihre Beschwerde nicht ernst genommen wird, verlangen Sie nach dem Manager. Weil dieser nicht da ist, lassen Sie sich Namen und Adresse geben, behalten das verdorbene Essen, zeigen es möglicherweise anderen Gästen, bitten diese, Ihre Beschwerde als Zeuge zu unterstützen, und sammeln Beweise. Dann fahren Sie nach Hause, machen sich die Mühe, einen Brief an die Konzernzentrale zu schreiben, einen weiteren an das Gesundheitsamt und vielleicht noch einen an die lokale Zeitung. Sie verwenden einen ganzen Tag dafür, Ihre Beschwerde durchzusetzen.

Vergleichen wir nun diese Situation mit einer Geschichte, bei der Ihnen Ähnliches widerfährt. Diesmal haben Sie aber nicht frei, sondern sind auf dem Weg zu einem wichtigen Geschäftstermin. Sie wissen, nur wenn Sie pünktlich sind, werden Sie den Abschluss tätigen können. Weil die Fahrt sehr lang ist, halten Sie unterwegs, um etwas zu essen mitzunehmen. Nachdem Sie Ihre Einkäufe bezahlt haben, setzen Sie sich in Ihren Wagen und fahren weiter. Wenige Kilometer später packen Sie während der Fahrt Ihr Essen aus und stellen fest, dass es verdorben ist. Sie sind zu Recht wütend.

Werden Sie auch diesmal umkehren? Wahrscheinlich nicht. Sie packen das Essen wieder ein und setzen Ihren Weg fort, um Ihren Abschluss zu tätigen. Nichts wird Sie aufhalten. Bei Ihrem Kunden angekommen, werfen Sie das verdorbene Essen weg. Das war das letzte Mal, dass Sie daran gedacht haben. Denn auf der Rückfahrt sind Sie so beflügelt von

Ihrem Abschluss, dass Sie sich die gute Stimmung nicht noch durch einen Streit mit dem Raststättenbesitzer verderben lassen wollen.

Diese zwei Geschichten sollen Ihnen zeigen, was es heißt, sich berufen zu fühlen. Wenn Sie ein klares Ziel vor Augen haben, werden Sie sich nicht durch Kleinigkeiten ablenken lassen. Fehlt es an diesem Ziel, werden Ihnen nicht alle Ressourcen zur Verfügung stehen, denn Sie werden leicht abgelenkt und setzen dann Ihre Kräfte für andere Dinge ein.

Sich berufen zu fühlen bedeutet, von ganzem Herzen etwas zu wollen, ohne Kompromisse, Prioritäten setzen zu können. Sie können nicht einfach sagen: Ich fühle mich ab heute zum Traden berufen. Commitment bedeutet, alle Ziele und Planungen der Aufgabe unterzuordnen, für die Sie sich berufen fühlen, Ihr Leben so zu organisieren, dass Sie all Ihre Ressourcen für diese Aufgabe einbringen können.

Leidenschaft

Commitment und Leidenschaft sind einander sehr ähnlich. Sie müssen die Leidenschaft in sich spüren. Diese Leidenschaft werden Sie nur entfachen können, wenn Traden voll und ganz im Einklang mit Ihrem Wertekonzept steht.

Leidenschaft ist ein Beweggrund, der Sie antreibt und ungeahnte Kräfte in Ihnen freisetzt. Es ist Leidenschaft, die Sie trotz Rückschlägen antreibt, weiter Erfahrungen zu sammeln, neue Erkenntnisse zu gewinnen. Ohne Leidenschaft gibt es keine Exzellenz!

Höhere Ansprüche an sich selbst

Womit geben Sie sich zufrieden? Wollen Sie etwas Geld am Markt verdienen, oder wollen Sie einer der besten Trader sein? Trading ist kein Hobby, keine Freizeitbeschäftigung. Wer durchschnittlich sein will, sollte lieber ein paar langfristige Investments tätigen und auf eine Verzinsung zwischen fünf und zehn Prozent hoffen. Für das Trading müssen Sie aber so viel eigene Ressourcen einsetzen, dass ein Ergebnis von fünf bis zehn Prozent Sie nicht motivieren wird, alles zu geben. Nur wer ständig höhere Ansprüche an sich selbst stellt, wird ein erfolgreicher, exzellenter Trader sein.

Glaubenssätze, die einen unterstützen

Viele Trader sind leidenschaftlich, besitzen aber Glaubenssätze, die sie eingrenzen und daran hindern, wirklich erfolgreich zu sein. Über die Bedeutung von Überzeugungen wurde bereits gesprochen. Unser Glaube daran, was wir sind und was wir können, ist entscheidend dafür, was wir leisten können. Nur wenn wir der Überzeugung sind, auch intuitive Entscheidungen treffen zu können, werden wir intuitive Signale unseres Körpers wahrnehmen und danach handeln können.

Vertrauen in sich selbst

Dazu ist es notwendig, dass wir in unsere eigene Stärke, Leistung und Erfahrung vertrauen. Selbstvertrauen ist eine wesentliche Fähigkeit erfolgreicher Trader. Selbstvertrauen werden Sie nicht von heute auf morgen gewinnen. Deshalb ist auch noch kein Master-Trader vom Himmel gefallen.

Selbstvertrauen gewinnen Sie durch Erfahrung. Je mehr Erfahrung Sie gemacht haben, umso sicherer werden Sie in einem Metier. Glauben Sie bitte nicht, dass sechs Monate Trading oder auch zwei Jahre eine ausreichende Erfahrung darstellen. Diesen Prozess kann Ihnen kein Buch oder Seminar abnehmen.

Allerdings zeigen Ihnen Bücher und Seminare hilfreiche Abkürzungen, um Erfahrungen zu gewinnen. Entweder lernen Sie durch Versuch und Irrtum oder indem Sie sich Prinzipien von bereits erfolgreichen Tradern abschauen. Aber selbst solche übernommenen Erfahrungen müssen Sie verinnerlichen, bevor Sie sich selber ausreichend vertrauen werden.

Intuition

Trading-Exzellenz bedeutet, intuitiv Entscheidungen treffen zu können. Intuitive Entscheidungen werden nicht auf der bewussten Ebene gefällt;

sie sind Entscheidungen des Unterbewusstseins und können daher schnell getroffen werden. Deshalb ist es wichtig, dass Sie lernen, mit intuitiven Entscheidungen umzugehen.

Häufig dienen sie Tradern lediglich als Entschuldigung, warum sie ihre Regeln gebrochen haben. Wir wissen aber, dass die Fähigkeit, Regeln zu folgen, vom richtigen Zustand abhängt. Deshalb ist es wichtig, dass Sie sich in einem produktiven Zustand befinden, wenn Sie intuitiven Entscheidungen folgen wollen.

Wenn Sie gestresst sind, werden Sie nicht die richtigen intuitiven Entscheidungen treffen können. Das Gleiche gilt, wenn Sie zu sehr auf ein Ziel fixiert sind. Der einzige Zustand, der es Ihnen ermöglicht, intuitiv richtig zu entscheiden, ist Ausgeglichenheit. Es ist ein Zustand der Ruhe ohne Ablenkung. Kein Druck, weder finanzieller noch psychischer, treibt den Trader zu unüberlegten Aktionen. Er befindet sich im Zustand des Seins und kann hier unbeeindruckt von Ängsten und Hoffnungen auf seine innere Stimme hören.

Das ist der Grund, warum so viele Trader versagen. Sie erreichen niemals einen ausgeglichenen Zustand.

Intuition können Sie nur gewinnen, wenn Sie bereits über einen weiten Erfahrungshorizont verfügen. Entscheidungen, die Sie tausend Mal bewusst getroffen haben, können Sie irgendwann unbewusst treffen.

Vielleicht erinnern Sie sich noch, welche Schwierigkeiten es Ihnen bereitet hat, in der ersten Fahrstunde gleichzeitig die Gangschaltung zu bedienen und zu kuppeln. Häufig haben Sie vergessen, die Kupplung zu treten, und den Motor abgewürgt. Je häufiger Sie aber Auto gefahren sind, desto automatisierter wurde der Prozess des Kuppelns – bis Sie gar nicht mehr darüber nachdenken mussten. Er verläuft nun völlig im Unterbewusstsein und benötigt keine Ressourcen mehr.

Genauso ist es beim Traden: Je häufiger Sie eine Trading-Routine immer wieder nach dem gleichen Muster durchlaufen, desto einfacher wird es Ihnen fallen, Entscheidungen zu treffen.

Faktoren und Muster, die Sie sehr häufig wahrgenommen haben – vielleicht ohne ihnen besondere Aufmerksamkeit zu schenken –, haben sich zu einem Bild in Ihrem Unterbewusstsein zusammengefügt. Ohne die genaue Entscheidungsstrategie zu kennen, entwickeln Sie ein Gefühl dafür, wann der Zeitpunkt für einen Trade gekommen ist und wann nicht.

Intuitives Traden bedeutet nicht, auf Regeln zu verzichten. Sie müssen sich weiterhin strikt an Ihr Risiko- und Money-Management halten. Aber es hilft häufig, Entscheidungen sehr schnell zu treffen.

Wie können Sie intuitive Entscheidungen fördern? Zuerst einmal müssen Sie lange trainieren und traden. Schauen Sie sich Tausende von Charts an und beobachten Sie Marktstimmungen sehr genau.

Überprüfen Sie Ihre Entscheidungen ständig. Was haben Sie gesehen, gehört und gefühlt? Ein psychologisches Tagebuch, in dem Sie Ihre Wahrnehmungen für jeden Trade notieren, hilft Ihnen dabei.

Der wichtigste Schritt ist jedoch, Vertrauen in sich selbst und seinen eigenen Trading-Stil zu entwickeln. Das bedeutet auch, nicht mehr ständig alles zu hinterfragen, sondern die Dinge so anzunehmen, wie sie sind. Lernen Sie, damit umzugehen. Versuchen Sie nicht, Intuition zu verstehen, sondern versuchen Sie, ihr zu vertrauen.

Kämpfe nicht, sondern trade

»In all diesen Schlachten zu kämpfen und zu siegen ist nicht die größte Leistung. Die größte Leistung besteht darin, den Widerstand des Feindes ohne einen Kampf zu brechen.«

Sunzi, »Die Kunst des Kriegs«

Häufig betrachten Trader ihre Aufgabe als einen Kampf – einen Kampf gegen den Markt und einen Kampf mit sich selber. Auch wenn diese Sichtweise eine Menge Ressourcen mobilisiert und den Trader motiviert, so kann er doch niemals den Zustand der Ausgeglichenheit erreichen.

Wer kämpft, muss sich anstrengen. Er hat noch nicht den Weg gefunden, seine Ziele zu erreichen, ohne dafür ständig in Aktion zu sein. Denken Sie an den Zustand des Seins. Er unterscheidet sich von dem des »Doings« und »Havings« dadurch, dass der Trader ausgeglichen ist und nicht ständig aktiv sein muss.

Kampf bedeutet, eine Menge Kraft zu verbrauchen. Trader, die ständig kämpfen, brennen sehr schnell aus oder tragen gesundheitliche Schäden davon.

Trading-Erfolg hat nichts mit Kämpfen zu tun, aber dafür sehr viel mit Persönlichkeit. Nur wer offen, flexibel und ausgeglichen ist und ein hohes, aber nicht übersteigertes Maß an Selbstbewusstsein und damit Selbstvertrauen aufbringen kann, wird echte Exzellenz erreichen.

Verlierer zeichnen sich genau durch die gegenteiligen Eigenschaften aus. Lesen Sie einmal in Internet-Boards über Trading. Wie viele Trader versprühen dort nur Hass, Neid, Häme, sind intolerant und unflexibel! Haben Sie sich einmal gefragt, warum sich diese so genannten Trader so bitterböse äußern? Wahrscheinlich reagieren sie ihre Wut ab darüber, einen Kampf mit dem Markt verloren zu haben.

In dem Moment, in dem Sie Trading nicht mehr als Kampf empfinden, werden Sie ein erfolgreicher Trader sein – oder Sie haben aufgehört zu traden!

► Kapitel 7 ◄

Wie finde ich heraus, was eine gute Wette ist? Trader sind Risikomanager. Niemand weiß, ob er einen guten oder schlechten Trade vor sich hat, aber gute Trader wissen immer, wie groß ihr Risiko ist.

► Marktanalyse und ihre Bedeutung

Kennen Sie jemanden, der Ihnen die Zukunft voraussagen kann? Ich leider nicht – dennoch glaubte ich lange Zeit, dass dies am Aktienmarkt anders sein muss. Ich war wohl davon überzeugt, dass es am Aktienmarkt ähnlich wie in den Naturwissenschaften Gesetze gibt, die einen Ursache-Wirkung-Mechanismus beschreiben, und dass die Bewegungen an den Märkten diesen Gesetzen folgen. Doch selbst wenn das der Fall wäre, dann fehlten uns immer noch die Instrumente, die man braucht, um in die Zukunft zu schauen, welche Ereignisse morgen oder übermorgen eintreten, die dann gesetzmäßig ihre Wirkungen am Markt entfalten.

Wenn es uns schon nicht gelingt, die Zukunft vorauszusagen, könnten wir zumindest annehmen, dass künftige Preisveränderungen zu einem gewissen Teil von den historischen Preisbewegungen abhängen. Ob die Preise steigen oder fallen werden, könnte möglicherweise eine Funktion der bisher erfolgten Preisbewegung sein. Marktanalysen mit diesem Ansatz werden meist als technische Analyse bezeichnet.

Selbst wenn es gar keine Beziehung zwischen vergangenen Preisen und der Zukunft gibt, reiche es – so wird häufig argumentiert – aus, dass einfach genügend Trader davon ausgehen, darauf ihr Handeln basieren und somit die Ergebnisse der technischen Analyse eintreten zu lassen. Dies bezeichnen wir dann als »sich selbst erfüllende Prophezeiung«.

Chartbilder oder Indikatoren sollen Aufschluss über künftige Preisbewegungen geben. So reizvoll dieser Gedanke auch ist: Beim Traden kann eine solche Überzeugung schnell zum Hindernis werden. Die meisten Trader werden **unflexibel**, sobald sie durch ihre Analyse zu einer Marktmeinung gelangt sind. Sie sind dann weder bereit, entgegen ihrer Markteinschätzung zu traden, noch werden sie Positionen vor Erreichen des Kursziels glattstellen. Niemals werden sie Positionen laufen lassen, wenn ihre Kursziele bereits erreicht wurden.

Durch diese Starrheit nehmen sie sich viele Chancen. Häufig genug denken sie auch noch, dass eine gute Analyse schlechtes Risikomanagement kompensieren kann.

Im Allgemeinen wird die Prognosekraft einzelner Indikatoren oder Chartmuster überschätzt. Vor allem lenkt die Idee, dass Märkte sich voraussagen lassen, Trader auf die falsche Fährte, wenn es um die Entwicklung funktionierender Trading-Systeme geht. Ein Großteil der Entwicklungsarbeit konzentriert sich dann darauf, die Trefferwahrscheinlichkeit des Systems zu erhöhen. Dabei ist die Trefferwahrscheinlichkeit nebensächlich. Viele erfolgreiche Handelsansätze und -systeme sind mit Trefferquoten von weniger als 50 Prozent erfolgreich.

Nehmen wir der Einfachheit halber an, ein System generiert zehn Trades im Jahr. Sieben davon werden mit Verlust ausgestoppt, nur drei Signale sind erfolgreich. Wenn das System falsch liegt, verliert es jedes

Mal 1.000 Euro, wenn es gewinnt, erzielt es 2.500 Euro. Es verbleibt ein Plus von 500 Euro, obwohl das System nur in 30 Prozent der Fälle erfolgreich war.

Deshalb **ist es gar nicht nötig, Preisbewegungen korrekt** vorauszusagen, um ein erfolgreicher Trader zu werden.

Häufig wird an dieser Stelle eingewendet, dass das System doch noch erfolgreicher sein könnte, wenn es gelänge, die hohe Anzahl der Verlusttransaktionen zu reduzieren.

Ob ein einzelner Trade ein Gewinner oder ein Verlierer wird, ist ein Prozess, über den wir keine Kontrolle haben. Hätten wir darüber Kontrolle, würden wir natürlich nur Gewinntransaktionen machen und hätten eine Trefferquote von 100 Prozent. Wenn wir wissen, dass wir über bestimmte Faktoren **keine 100-prozentige Kontrolle erlangen** können, sollten wir erst gar nicht versuchen, diesen Faktor zu kontrollieren. Denn das würde bedeuten, dass wir Faktoren wie Glück und Pech eine Rolle bei unserem Trading-Ergebnis spielen lassen.

Ein weiteres Argument dafür, dass Marktprognosen für viele Trader problematisch sein können, ist, dass wir im Grunde unseres Herzens (besser: unseres Egos) Recht haben wollen. Haben wir uns erst einmal eine Meinung gebildet, sei es über den Markt oder über etwas anderes, dann fällt es uns schwer, diese Überzeugung wieder aufzugeben. Wir verteidigen unsere Meinung mit allen uns zur Verfügung stehenden Mitteln – was beim Traden eine sehr teure Angelegenheit werden kann.

Schlimmer noch als mögliche Verluste ist die emotionale Destabilisierung, die eintritt, wenn wir nach einer Reihe von Verlusten erkennen müssen, dass wir Unrecht hatten. Unsere Gesellschaft duldet keine Verlierer, und seit der Schule haben wir gelernt, dass es nur »Richtig« oder »Falsch« gibt. Etwas falsch zu machen trägt aber nicht zu unserem Wohlbefinden bei. Ein Trader fühlt sich mit jedem weiteren Verlust schlechter und rutscht in eine Verlustspirale hinein.

Es bleibt festzuhalten, dass zuverlässige Marktprognosen nicht möglich sind, weil niemand die Zukunft voraussagen kann und Marktanalysen einen Trader in seiner Flexibilität und Stimmung behindern können.

Wie soll ein Trader aber wissen, ob er long oder short gehen soll, wenn Marktprognosen keinen Wert für ihn haben? Um die Frage zu beantworten, muss der Trader keine Prognose machen, die in die Zukunft gerichtet ist, sondern sich anschauen, **was der Markt gerade macht.**

Vielleicht hilft Ihnen folgender Vergleich weiter: Sie wollen draußen einen Spaziergang machen und überlegen, ob Sie einen Schirm mitnehmen sollen oder nicht. Sie können zur Entscheidungsfindung eine Wettervorhersage heranziehen, die ähnlich wie eine Marktprognose aber unsicher ist, oder einfach aus dem Fenster gucken und beobachten, wie das Wetter im Moment ist. Scheint die Sonne, lassen Sie den Schirm zu Hause, regnet es, nehmen Sie den Schirm mit. Wenn die Situation nicht so eindeutig ist, dann bleiben Sie einfach zu Hause!

Genauso wie in diesem Vergleich sollten Sie als Trader einfach schauen, was der Markt gerade macht, und danach handeln. Steigt er, kaufen Sie, fällt er, verkaufen Sie, und wissen Sie nicht genau, ob der Markt steigt oder fällt, sollten Sie gar nicht handeln.

Um die Verfassung eines Markts zu bestimmen, ist es nicht notwendig, diesen Markt einer aufwändigen fundamentalen oder technischen Analyse zu unterziehen. Es reicht vielmehr, den »Weg des geringsten Widerstands« herauszufinden. Jesse Livermore hat diesen Begriff in seinem Buch »Spiel der Spiele« geprägt, und auch noch heute ist diese einfache Methode sehr effektiv.

Durch genaue Beobachtung müssen Sie nur herausfinden, wie der Markt auf Nachrichten und Bewegungen korrelierender Märkte reagiert und mit welchem Momentum seine Bewegungen verlaufen.

In einem bullishen Markt sollten gute Nachrichten für eine Akzeleration sorgen, der Markt sollte relative Stärke gegenüber korrelierenden Märkten aufweisen, und Ausbrüche verlaufen in der Regel dynamisch. Schlechte Nachrichten kann der Markt meist gut verkraften, oder er ignoriert sie sogar.

Einfach formuliert sollte der Trader immer mit dem Markt handeln. Steigt der Markt, sollte er kaufen, fällt der Markt, verkauft er einfach. »Sich nicht gegen den Markt stellen«, »The Trend is Your Friend« – all das sind alte Trading-Weisheiten, die genau diese Vorgehensweise empfehlen.

Natürlich ist diese Methode keine Garantie dafür, dass der Markt nicht, genau nachdem wir unsere Transaktion durchgeführt haben, signifikant dreht und ein anderes Verhalten aufweist, als wir beobachtet haben. Genauso wie es plötzlich anfangen kann zu regnen, obwohl gerade noch die Sonne schien, kann es am Markt auch Stimmungsumschwünge geben. Dass wir dann nicht zu viel Geld verlieren, dafür sorgt unser Stop.

Schließt aber ein solches Vorgehen antizyklisches Verhalten nicht vollkommen aus? Auf den ersten Blick ja, denn meine Empfehlung lautet, mit dem Trend zu handeln. Es wäre aber trotzdem unklug, wenn ein Trader die Möglichkeiten antizyklischer Trades durch seine Entry-Methode ausschließen würde.

Das große Geld verdient man nicht mit einzelnen Kursschwankungen, sondern mit Trends. Die großen Bewegungen des Markts machen Trader reich. Dafür ist es nicht nötig, am Top zu verkaufen und am Boden zu kaufen. Wichtiger ist, das Momentum einer großen Bewegung zu erkennen und in der Lage zu sein, diese Bewegung weitgehend auszunutzen. Es kommt also nicht so sehr darauf an, am Tief zu kaufen oder das Hoch für ein Short-Engagement zu erwischen, sondern dann konsequent zu handeln, wenn sich eine Trendwende bereits herauskristallisiert hat.

In diesem Zusammenhang sei noch einmal auf den Weg des geringsten Widerstands hingewiesen. Preise entwickeln immer Dynamik in Richtung des geringsten Widerstands. Natürlich ist diese Bewegung nicht endlos, und es wird der Punkt kommen, an dem sich erst die Bewegung abschwächt, durch Widerstände langsamer wird, und irgendwann der Weg des geringsten Widerstands genau in die entgegengesetzte Richtung läuft. Die Preise werden dann diesen neuen Weg einschlagen. Ein geduldiger Trader wird aber abwarten, bis der Markt tatsächlich einen neuen Weg eingeschlagen hat, denn es macht meist wenig Sinn, eine Bewegung am Markt vorwegnehmen zu wollen.

Es ist unmöglich, mit hoher Sicherheit den Punkt zu bestimmen, an dem der Widerstand für einen Trend so groß ist, dass dieser seine Bewegung nicht mehr fortsetzen kann. Deshalb bevorzuge ich prozyklische Trading-Strategien.

Dennoch kann es in bestimmten Fällen sinnvoll sein, auf Trendwenden zu wetten. Zwei Voraussetzungen müssen dafür gegeben sein. Zum einen muss der Trader eine Methodik entwickelt haben, die zumindest erkennt, dass der Widerstand im aktuellen Trend deutlich größer geworden ist. Beachten Sie, dass alle Beobachtungen in Bezug auf den Weg des geringsten Widerstands nicht in die Zukunft gerichtet sind, sondern das vergangene und aktuelle Geschehen am Markt bewerten. Wenn ein Trader also auf einen Trendwechsel spekuliert, sollte er bereits beobachtet haben, dass der Widerstand in Richtung des bestehenden Trends deutlich zugenommen hat.

Die zweite Voraussetzung ist, dass die Auszahlungsquote des Trades im Verhältnis zum eingegangenen Risiko sehr hoch ist. Wenn Sie auf eine Trendwende spekulieren, dann sollte Ihr Ziel sein, nicht ein »paar Pünktchen« am Markt zu verdienen, sondern ein Vielfaches Ihres eingegangenen Risikos. Nehmen wir an, das Risiko vom Kauf bis zum Stop beträgt 20 Punkte in einem beliebigen Markt. Wenn Sie in solch einem Fall einen antizyklischen Trade eingehen, dann sollte Ihr Kursziel zumindest einen Gewinn von 60 Punkten (das Dreifache des Risikos) ermöglichen.

Obwohl ich antizyklische Trading-Strategien verwende, rate ich jedem Trader dazu, sich hauptsächlich auf Trendfolgestrategien zu konzentrieren. Dies ist die wesentlich einfachere Art, Geld (viel Geld) am Markt zu verdienen. Erst wenn Sie in der Lage sind, mit prozyklischen Strategien erfolgreich zu handeln, sollten Sie zur Erweiterung Ihres Trading-Repertoires auch antizyklische Strategien verwenden.

Die Bedeutung der Marktanalyse liegt weniger darin, die Richtung des Markts mit einer hohen Trefferwahrscheinlichkeit vorauszusagen. Wichtiger ist es, mit ihrer Hilfe eine komplexe Karte der Realität entwerfen zu können, um den Überblick zu behalten. Die Marktanalyse ist nicht ausschlaggebend für den Erfolg im Trading. Sie ist nicht dazu da, Preisbewegungen vorherzusagen. Sie ist dazu da, das Risiko evaluieren zu können, festzustellen, wo die Grenzen sind, wo der Weg des geringsten Widerstands verläuft. Sie darf niemals dazu benutzt werden, etwas zu rechtfertigen. Erst recht nicht, um eine Position zu rechtfertigen.

Verwenden Sie die Marktanalyse wie eine Karte, auf der verschiedene Wege abgebildet sind. Wenn Sie die Marktanalyse im herkömmlichen Sinne gebrauchen – um die Richtung des Markts vorherzusehen –, wird Ihre Karte nur einen Weg aufzeichnen. Karten, auf denen nur eine Route zu sehen ist, sind sehr primitiv und helfen nur weiter, wenn man die Route nicht verlässt. Denn die Karte ist niemals die Realität, und das bedeutet, dass man sich verirrt, sobald man von der einen vorgezeichneten Route abgekommen ist.

Gute Trader nutzen die Marktanalyse anders. Ihr Ziel ist es, eine möglichst komplexe Karte zu entwerfen, die zwar auch niemals die Realität beschreiben kann, ihnen aber hilft, sich in der Realität zurechtzufinden. Auf diesen Karten sind viele Routen verzeichnet. Widerstände und Supports finden sich auf dieser Karte, wie auf einer Landkarte Berge und Flüsse. Beide Arten von Karten zeigen jedoch nicht, dass ein bestimmtes Hindernis unüberwindlich ist. Vielmehr wird darauf hingewiesen, wo es Schwierigkeiten auf dem Weg geben könnte.

Das Chance-Risiko-Verhältnis

Wenn wir mit Hilfe der Marktanalyse nicht herausfinden können, wohin der Markt steuert, wie soll ein Trader dann bestimmen können, ob der nächste Trade für ihn sinnvoll ist oder nicht? Er weiß, dass er einen Einsatz tätigen muss, kennt aber nicht die Wahrscheinlichkeiten für einen Gewinn bei diesem Handel.

Der Trader muss entscheiden, ob er eine gute Wette vor sich hat oder eine schlechte. Weil ihm über die Gewinnwahrscheinlichkeit nichts bekannt ist, muss er eine Annahme treffen. Gehen wir davon aus, dass das Trading-Ergebnis so zufällig ist wie der Ausgang bei einem Münzwurf, so wäre es ratsam, eine Trefferquote von 50 Prozent anzunehmen. Um auf der sicheren Seite zu sein, und weil wir es uns am Markt nicht zu schwer machen wollen, gehen wir davon aus, dass unsere Trefferquote unter 50 Prozent liegt.

Wie können wir aber erfolgreich sein, wenn wir nur bei weniger als der Hälfte unserer Trades gewinnen, sagen wir zum Beispiel nur bei 40 Prozent? Dies kann nur funktionieren, wenn wir im Gewinnfall deutlich mehr gewinnen, als wir im Verlustfall verlieren.

Dazu ein Beispiel: Stellen Sie sich zehn zufällige Trades vor. Sechs Transaktionen werden mit einem Verlust von 100 Euro abgeschlossen, zwei break-even ausgestoppt, und nur zwei Transaktionen erzielen einen Gewinn von 400 Euro. In diesem Fall gewinnen wir, obwohl 60 Prozent unserer Transaktionen negativ waren, noch insgesamt 200 Euro, weil die Auszahlungen im Gewinnfall deutlich höher waren als die Verluste.

Eine Wette ist meist dann gut, wenn die Auszahlungsquote deutlich höher ist als das Risiko. Leider kennen wir im Voraus nicht die Auszahlung (also den Gewinn) unseres Trades. Was wir aber sicher wissen, ist unser maximaler Verlust pro Kontrakt. Die Differenz zwischen Einstieg und unserem Initial Stop ist der Betrag, den wir maximal bereit sind zu verlieren. Wenn man davon ausgeht, dass es keine Slippage gibt, ist dieser Betrag unser Risiko.

Wie können wir aber unsere Auszahlungsquote bestimmen? Die Auszahlungsquote wird immer erst bei Abschluss der Transaktion bekannt. Deshalb müssen wir uns damit behelfen, dass wir anstelle der Auszahlungsquote einen möglichen Kursgewinn bei unserer Kalkulationen berücksichtigen.

Hier liegt die Schwierigkeit in der **realistischen** Einschätzung des Kurspotenzials.

Um diese Einschätzung zu tätigen, beantworten Sie deshalb vorher folgende Fragen:

Welche Zeitdauer weist ein für Sie typischer Trade im Durchschnitt auf: ein bis fünf Minuten, eine Stunde oder einen Tag?

Auf welcher Zeitebene treffen Sie Ihre Einstiegsentscheidung: Tickchart, Fünf-Minuten-Chart, Stundenchart?

Die Antwort auf diese Fragen zeigt Ihnen, wie lange Sie üblicherweise in einem Trade sind. Nun müssen Sie herausfinden, was in der Vergangenheit unter Einbeziehung der aktuellen Marktvolatilitäten realistische Marktbewegungen in diesem Zeitraum waren.

Nehmen wir einen Daytrader im DAX, der üblicherweise nur eine Transaktion macht und trendfolgend agiert.

- Er muss wissen, was die durchschnittliche Tages-Range im DAX ist (zum Beispiel 60 Punkte).

- Er muss wissen, wann es wahrscheinlich ist, dass der Markt noch weiter laufen kann, obwohl er bereits einen großen Teil der durchschnittlichen Range hinter sich hat (zum Beispiel bei neuen Marktnachrichten, wichtigen technischen Ausbrüchen etc.).

- Er muss Unterstützungen und Widerstände erkennen.

- Er muss wissen, ob am Handelstag wichtige Wirtschaftsdaten veröffentlicht werden, die möglicherweise die Volatilität noch vergrößern.

Unter Berücksichtigung dieser genannten Parameter kann der Trader ein realistisches Kursziel für seinen Trade definieren. Die Differenz zwischen Kursziel und Einstieg ergibt die Chance, die aus dem möglichen Trade resultiert.

Diese Chance muss der Trader seinem Risiko gegenüberstellen, wenn er herausfinden will, ob der Trade eine gute Wette ist oder nicht.

Die Chance ist der Betrag, den ich erwarte zu gewinnen, wenn mein Kursziel erreicht wird; das Risiko ist der Betrag, den ich verliere, wenn ich zu meinem Initial Stop ausgestoppt werde.

Eine schlechte Wette liegt immer dann vor, wenn das Verhältnis von Verlustquote zu Gewinnquote größer ist als das Chance-Risiko-Verhältnis. Habe ich zum Beispiel eine Verlustquote von 60 Prozent, muss mein Chance-Risiko-Verhältnis größer als 1,5 sein, damit der Trade akzeptabel ist und eine gute Wette für den Trader darstellt (Verlustquote/Gewinnquote < Chance-Risiko-Verhältnis, also 0,6 / 0,4 = 1,5).

Ich versuche mir mein Leben als Trader leicht zu machen und möchte auch erfolgreich sein, wenn ich weniger als 50 Prozent meiner Trades mit Gewinn abschließe. Deshalb wäre es für mich immer eine schlechte Wette, wenn mein Chance-Risiko-Verhältnis unter 1,5 liegt. Nur wenn ich mindestens das 1,5fache meines Risikos verdienen kann, werde ich eine Transaktion eingehen.

Dieses Chance-Risiko-Verhältnis verwende ich aber nur bei der Beurteilung des Trades. Sobald ich eine Position eröffnet habe, spielt es keine Rolle mehr für mich, da ich der Überzeugung bin, dass man den Markt nicht prognostizieren kann.

▶ Kritik am Chance-Risiko-Verhältnis

Das Konzept, dass wir niemals Transaktionen eingehen sollten, wenn wir nicht mindestens das 1,5- oder Zweifache, vielleicht sogar das Dreifache des möglichen Risikos als Gewinn erwarten können, ist sicherlich eines der ältesten und logischsten Trading-Konzepte. Auch unter dem Namen Risk-Reward-Ratio bekannt, taucht das Konzept in vielen Trading-Büchern auf.

Dennoch muss ich an dieser Stelle eine klare Warnung aussprechen: Ein Kursziel zu bestimmen ist nichts anderes als der Versuch, den Markt vorherzusagen. Dieses Konzept setzt voraus, dass wir, wenn wir die Richtung des Markts richtig geraten haben, sogar die Stärke einer Bewegung vorhersehen können. Doch meine Philosophie besagt, dass wir den Markt nicht vorhersagen können. Die Zukunft ist ungewiss, und niemand kann voraussehen, wohin der Markt gehen wird, erst recht nicht, wie weit. Das Potenzial eines Trades auszuloten geht sogar noch weiter als die Marktanalyse, die lediglich versucht, die Richtung einer künftigen Bewegung herauszufinden.

Wir wissen, dass wir keine Prognose treffen können. Warum schlage ich dann doch vor, dass Chance-Risiko-Verhältnis vor jedem Trade zu bestimmen?

Weil die Betrachtung des Chance-Risiko-Verhältnisses normalerweise vor Dummheiten schützt. Zu häufig rennen Trader dem Markt hinterher, obwohl der Großteil der Bewegung bereits gelaufen und das Gewinnpotenzial nur noch minimal ist. Üblicherweise führt die Kalkulation des Chance-Risiko-Verhältnisses dazu, dass ein Trader weniger handelt, seine Transaktionen dafür aber überlegter sind. Es ist nicht wichtig, ob das Kurspotenzial tatsächlich realisiert wird; möglicherweise wird der Trade schon vorher mit einem Gewinn ausgestoppt, möglicherweise geht der Markt weit über das Kursziel hinaus. Was zählt, ist, dass der Trader ein Kriterium hat, das ihn dazu veranlasst, im Sinne seines Trading-Konzepts und der Statistik rational zu handeln. Bei einem

Risiko von 20 Punkten auf einen Gewinn von fünf Punkten zu spekulieren ist zum Beispiel irrationales Verhalten.

Das Chance-Risiko-Verhältnis ist ein statistisches Konzept, das eng mit dem Erwartungswert einer Trading-Strategie verknüpft ist (siehe dazu auch den übernächsten Abschnitt »Der Erwartungswert«). Es soll dem Trader eine rationale Entscheidungsfindung vor Eröffnung des Trades ermöglichen. Dazu muss es mit fiktiven Größen und Annahmen arbeiten. Mit Hilfe der gegebenen Annahmen (wie Trefferquote, Risiko und Kursziel) lässt sich mathematisch bestimmen, ob der Trade sinnvoll (rational) ist oder nicht. Ist die Entscheidung erst einmal für den Trade gefallen, spielt das Chance-Risiko-Verhältnis eigentlich keine Rolle mehr.

Festzuhalten bleibt also, dass mit diesem Verfahren nicht bestimmt werden soll, wie weit der Markt laufen wird, sondern nur, ob es sinnvoll wäre, einen Trade einzugehen, wenn der Markt bis zu dem angegebenen Kursziel läuft. Errechnet der Trader, dass dies statistisch nicht sinnvoll ist, sollte er von dem Trade absehen.

► Hit-Rate und Payoff-Ratio

Wir haben mit dem Chance-Risiko-Kriterium ein Instrument gefunden, mit dem wir beurteilen können, ob ein Trade eine gute Wette ist oder nicht. Schlechte Wetten zu vermeiden hilft Tradern, am Markt zu überleben und ihre Performance zu verbessern. Aber da wir nicht in die Zukunft schauen und den Ausgang unserer Wette am Markt nicht vorhersehen können, bleibt das Risiko, die Wette zu verlieren, bestehen.

Ein Trader kann noch so gute Chancen/Risiken eingehen – wenn er ständig seine Wette verliert, dann wird er früher oder später bankrott gehen. Um einen Ruin zu vermeiden, muss der Trader insgesamt drei Variablen im Griff haben. Einige davon kann er gut kontrollieren, andere nicht.

Ihre größte Aufmerksamkeit und Konzentration legen die meisten Trader auf ihre Hit-Rate, auch Trefferquote genannt. Sie gibt an, wie viel Prozent der Transaktionen, die ein Trader tätigt, mit Erfolg abgeschlossen werden. Dabei wird nicht berücksichtigt, ob der Erfolg nur marginal war oder ob ein riesiger Gewinn erwirtschaftet worden ist. Üblicherweise wünschen sich Trader eine hohe Trefferquote, denn hohe Trefferquoten bestätigen das Ego eines jeden Traders. Wer hat nicht gern ständig Recht!

Die einfachste Methode, eine hohe Trefferquote zu erzielen, ist es, auf Stops zu verzichten und jeden noch so kleinen Gewinn direkt zu realisieren. Früher oder später laufen nämlich die meisten Trades in den Gewinn.

Der Nachteil an dieser Methode ist nur, dass die wenigen Trades, die niemals in den Gewinn laufen, so große Verluste produzieren, dass der Trader mit Sicherheit bankrott gehen wird. Deshalb muss ein Trader Verlustbegrenzung mit Stops betreiben. Sobald er sich jedoch für Stopkurse entscheidet, hat er keine Kontrolle mehr über seine Trefferquote. Nun ist es der Markt, der bestimmt, ob ein Trade ausgestoppt wird oder mit Erfolg beendet werden kann.

Natürlich hat der Trader mit der Wahl der Stopkurse einen gewissen Einfluss auf die Trefferquote, denn je näher die Stops am Markt liegen, desto häufiger wird der Trader mit Verlust ausgestoppt. Er müsste einfach nur die Stops weiter weg vom Markt platzieren, um seine Trefferquote zu erhöhen, aber dieser Einfluss auf die Trefferquote kann nur mit größeren Verlusten erkauft werden.

Die Trefferquote ist eine statistische Variable, die zweifelsohne Einfluss auf die Performance und auf das Risiko, bankrott zu gehen, hat. In der folgenden Abbildung ist der Zusammenhang zwischen dem Risiko, bankrott zu gehen, und der Trefferquote dargestellt:

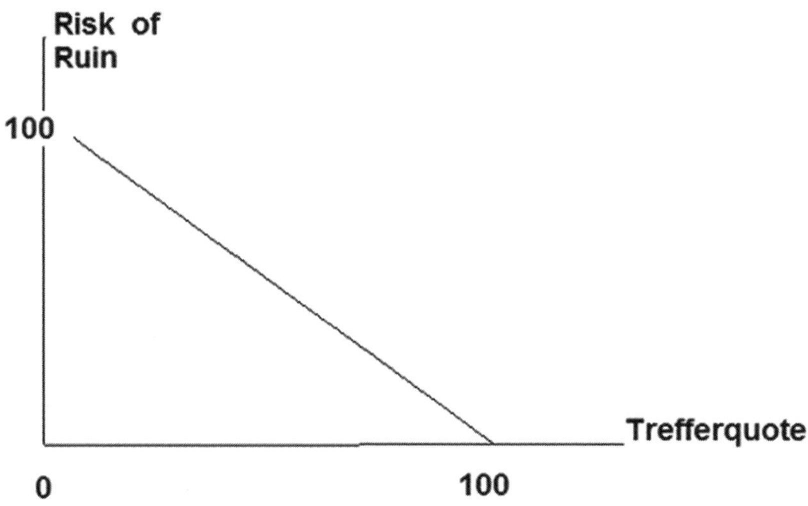

Risk of Ruin und Trefferquote

Wie leicht zu erkennen ist, steigt mit sinkender Trefferquote das Bankrott-Risiko. Üblicherweise wünschen sich Trader Trefferquoten von über 50 Prozent.

Die Trefferquote für sich genommen hat aber keine Aussagekraft über die Performance eines Systems. Häufig sind es sogar die Trader mit hohen Trefferquoten, die zu den Verlierern am Markt gehören, da sie nur kleine Gewinne erwirtschaften und ab und zu dann große Verluste. Die meisten Top-Trader haben Trefferquoten von unter 50 Prozent – trotz des Risikos, mit sinkender Trefferquote bankrott zu gehen.

Das Bankrott-Risiko kann nur durch eine weitere Variable kompensiert werden, nämlich durch das Payoff-Ratio. Diese Zahl setzt die durchschnittlichen Gewinne in das Verhältnis zu den durchschnittlichen Verlusten. Je höher also das Payoff-Ratio ist, desto größer sind die durchschnittlichen Gewinne im Verhältnis zu den durchschnittlichen Verlusten. Das Risiko, bankrott zu gehen, steigt, wie aus der folgenden

Abbildung ersichtlich, wenn das Payoff-Ratio sinkt. Je kleiner das Payoff-Ratio ist, desto wahrscheinlicher ist es, bankrott zu gehen.

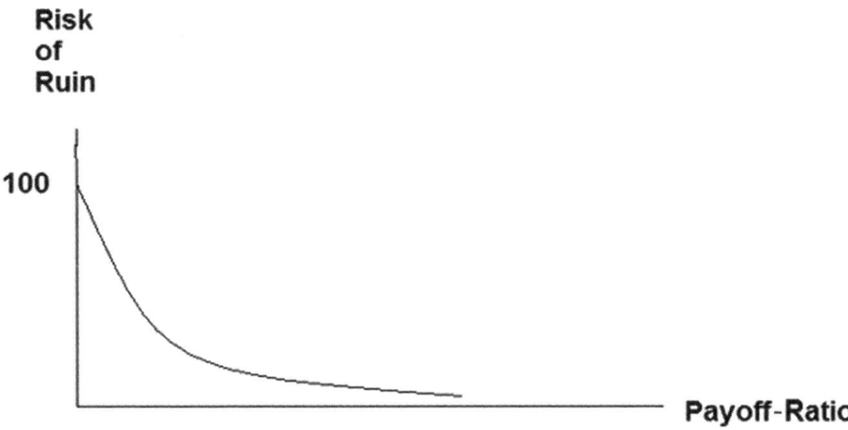

Risk of Ruin und Payoff-Ratio

Das sei kurz an einem Beispiel erklärt. Stellen Sie sich vor, Sie machen jedesmal 1.000 Euro Verlust, realisieren aber sofort 100 Euro, wenn Sie im Gewinn sind. Ihre durchschnittlichen Verluste sind somit zehnmal so groß wie Ihre durchschnittlichen Gewinne, das Payoff-Ratio ist 1/10 oder 0,1. Um einen Verlust-Trade zu kompensieren, brauchen Sie demzufolge zehn Gewinn-Trades. Die Wahrscheinlichkeit, dass Sie zehn Gewinn-Trades in Folge haben, um den Verlust-Trade ausgleichen zu können, hängt von Ihrer Trefferquote ab, aber selbst bei einer Trefferquote von 80 Prozent beträgt die Wahrscheinlichkeit für zehn Gewinne in Folge nur 8,5 Prozent. Somit ist das Risiko des Ruins bei einem niedrigen Payoff-Ratio sehr groß.

Anders verhält es sich, wenn Sie immer nur 100 Euro verlieren, aber durchschnittlich 1.000 Euro Gewinn einstreichen. Dieses Payoff-Ratio von zehn ist zwar keine Garantie, dass Sie nicht bankrott gehen können, aber die Wahrscheinlichkeit ist deutlich niedriger als im ersten Fall. Sie können sich sogar leisten, für einen Gewinn zehnmal zu verlieren, ohne dass dies Ihr Konto ins Minus bringt.

Halten wir also fest: Je höher Ihr Payoff-Ratio ist, desto unwahrscheinlicher ist es, bankrott zu gehen. Wie aber erhalten wir ein hohes Payoff-Ratio? Wir müssen unsere Verluste klein halten, also begrenzen. Ein niedriges Payoff-Ratio erhalten wir durch enge Stops. Enge Stops jedoch, so haben wir gelernt, reduzieren unsere Trefferquote. Wir sehen also, dass der Versuch, eine dieser beiden Variablen – Trefferquote oder Payoff-Ratio – zu manipulieren, Auswirkungen auf die andere Variable hat. Wir können keine Verbesserung in der Trefferquote erreichen, indem wir die Stops weiter weg platzieren, ohne dabei das Payoff-Ratio zu reduzieren.

Wenn Sie diesen Zusammenhang erkennen, sind Sie dem Geheimnis einer Spitzen-Performance ein großes Stück näher gekommen.

Häufig wird auf Seminaren an dieser Stelle eingewendet, dass ich doch die Trefferquote verbessern kann, ohne an meinen Stops zu arbeiten, indem ich einfach »bessere« Signale finde. Diese Argumentation setzt voraus, dass Sie eine Methode gefunden haben, die mit hoher Wahrscheinlichkeit die Zukunft am Markt voraussehen kann. Die Methode mit der besten Voraussicht produziert natürlich auch eine bessere Trefferquote.

Meine Erfahrung und Philosophie ist aber, dass niemand den Markt prognostizieren kann und somit jede Methode, die darauf basiert, künftige Marktbewegungen hellsehen zu können, eine Illusion ist. Selbst wenn es so eine Methode gäbe, lohnt es sich nicht, ewig nach ihr zu suchen, denn es gibt eine einfache Methode, kontinuierliche Gewinne am Markt zu erwirtschaften, ohne voraussehen zu müssen, was der Markt in Zukunft macht.

Machen wir es uns also einfach: Vertrauen wir einer Methode, die uns bereits dann Gewinne beschert, wenn wir uns einfach richtig am Markt verhalten. Diese Methode baut nicht auf hohen Trefferquoten auf, sondern darauf, dass das Payoff-Ratio maximiert wird. Eine solche Methode ist sinnvoller als der Versuch vorherzubestimmen, wohin der Markt geht. Wir haben nämlich leider nur über wenige Variablen beim Traden Kontrolle, und nur wenn wir diese Kontrolle effektiv einsetzen, wird es uns gelingen, ein erfolgreicher Trader zu sein.

So können wir die Trefferquote leider nur zum Teil beeinflussen, indem wir die Stopkurse näher oder weiter wegplatzieren. Eine weit reichende Auswirkung auf die Trefferquote hat aber weiterhin die unvorhersehbare Entwicklung der Preise am Markt. Einfacher zu kontrollieren ist das Payoff-Ratio, das maximiert werden kann, wenn wir eine Methode finden, mit der wir die Verluste klein halten und unsere Gewinne laufen lassen.

Mit der Wahl des Initial Stops wird bereits der maximale Verlust pro Kontrakt festgelegt. Der durchschnittliche Verlust wird bei Verwendung einer intelligenten Exit-Regel sogar noch deutlich unter dem Anfangsrisiko liegen. Gelingt es uns nun noch, Einfluss auf die Größe der Gewinne zu nehmen, haben wir ein effektives Mittel, unsere Performance zu kontrollieren.

Wir können nicht vorhersagen, ob der nächste Trade ein Gewinner oder Verlierer wird. Das Ergebnis jedes einzelnen Trades ist somit zufällig. Die Größe der Gewinne oder Verluste in einem Trade ist aber nicht zufällig, denn wir haben Einfluss auf diese Parameter. Wichtig ist nicht die Anzahl der Verlierer oder Gewinner, sondern die Größe der Gewinner und Verlierer. Deshalb ist die Trefferquote von untergeordneter Bedeutung, während das Payoff-Ratio eine wesentliche Variable ist, der wir unsere volle Aufmerksamkeit schenken sollten.

Anders formuliert: Die Trefferquote eines jeden Systems ist durch die Einstiegskriterien und die Exit-Regel determiniert. Die Größe der Gewinne und Verluste hat aber nichts mit der Einstiegsstrategie zu tun, sondern ausschließlich mit der Exit-Regel und unserem Money-

Management-Algorithmus. Die Exit-Regel hat also den größten Einfluss auf das Trading-System. Sie zu optimieren ist das Geheimnis einer Spitzen-Performance.

► Der Erwartungswert

Der Erwartungswert ist ein Konzept aus der Statistik. Selbst wenn Sie Mathematik und Statistik hassen, ist es für einen erfolgreichen Trader unabdingbar, dieses Konzept zu verstehen.

Ein positiver Erwartungswert einer Trading-Strategie ist die Grundvoraussetzung, damit das Unternehmen Trading positiv ist. Allgemein gibt der Erwartungswert an, welchen Betrag ein Trader durchschnittlich pro Transaktion erwarten kann zu gewinnen. Der Erwartungswert muss also positiv sein, wenn der Trader erfolgreich sein will.

Zwei Variablen fließen in die Berechnung des Erwartungswerts ein: zum einen die Hit-Rate eines Systems oder einer Strategie, zum anderen das durchschnittliche Payoff-Ratio. Die Formel für den Erwartungswert beschreibt relativ einfach das Zusammenspiel der beiden Variablen Hit-Rate und Payoff-Ratio.

Multiplizieren wir unsere Trefferquote mit den durchschnittlichen Gewinnen und ziehen von diesem Ergebnis das Produkt aus der Verlustquote und dem durchschnittlichen Verlust ab, so erhalten wir den Erwartungswert.

Formel:

(TQ x durchschnittlicher Gewinn) +
(VQ x durchschnittlichen Verlust) = Erwartungswert

Auch wenn Sie nicht viel für Statistik übrig haben, lohnt es sich, diese Formel genauer anzuschauen. Der Erwartungswert steigt immer dann, wenn entweder die Trefferquote sehr hoch ist oder wenn der durchschnittliche Gewinn im Verhältnis zum durchschnittlichen Verlust sehr groß ist.

Probieren Sie es aus, indem Sie den Erwartungswert für eine Trefferquote von, sagen wir, 80 Prozent bei einem durchschnittlichen Gewinn von 400 Euro und einem durchschnittlichen Verlust von 200 Euro ausrechnen und diesen mit dem Erwartungswert einer Strategie vergleichen, die eine Trefferquote von nur 40 Prozent hat.

Im ersten Fall beträgt der Erwartungswert 280 Euro.

0,8 x 400 = 320
0,2 x (- 200) = - 40
Summe = 280

Für das zweite System erhalten wir einen Erwartungswert in Höhe von 40 Euro.

0,4 x 400 = 160
0,6 x (- 200) = - 120
Summe = 40

Der Erwartungswert fällt also mit sinkender Trefferquote deutlich. Aber Vorsicht: Rechnen Sie nun den Erwartungswert aus, wenn die Trefferquote zwar, wie in obigem Beispiel, fällt, das Payoff-Ratio (durchschnittliche Gewinne / durchschnittliche Verluste) aber dafür ansteigt. Im ersten Beispiel hatten wir ein Payoff-Ratio von 2 (400/200). Nun wollen wir annehmen, wir verdienen durchschnittlich zehnmal so viel, wie wir verlieren. Demnach beträgt unser Payoff-Ratio zehn.

Wir erhalten nun bei einer Trefferquote von 40 Prozent folgendes Ergebnis:

0,4 x 1000 = 400
0,6 x (- 100) = - 60
Summe = 340

Der Erwartungswert ist deutlich gestiegen, obwohl die Trefferquote gefallen ist. Er ist trotz einer Trefferquote von nur 40 Prozent größer als im ersten Beispiel, bei dem die Trefferquote 80 Prozent betrug. Dieser Effekt kam dadurch zustande, dass im Vergleich zum ersten Beispiel das Payoff-Ratio deutlich angestiegen ist.

Wir sehen also, dass wir mit einer Verbesserung des Payoff-Ratios unseren Erwartungswert verbessern können und somit auch unsere Performance. Selbst wenn eine Steigerung des Payoff-Ratios zu Lasten der Trefferquote geht, können wir diesen negativen Effekt überkompensieren.

Was bedeutet das für die Praxis? Nehmen wir an, wir entscheiden uns, unser System zu verbessern, indem wir den Initial Stop enger setzen. Ursprünglich haben wir mit einem 20-Punkte-Stop gearbeitet, nun wollen wir den Stop auf jedesmal zehn Punkte reduzieren. Die Auswirkungen des engeren Stops werden sich in der Trefferquote niederschlagen, da ein engerer Stop meist zu häufigeren Verlusten führt. Die Trefferquote sinkt also, angenommen, von 50 auf 40 Prozent. Bei gleichem Payoff-Ratio würde auch der Erwartungswert sinken; da aber unsere durchschnittlichen Verluste ebenfalls sinken, steigt das Payoff-Ratio. Gehen wir davon aus, dass die durchschnittlichen Gewinne unverändert bleiben, und nehmen wir weiter an, diese betragen 30 Punkte, so lag vorher das Payoff-Ratio bei 30/20 = 1,5 und steigt nun auf 30/10 = 3.

Erwartungswert vor Anpassung des Stops

0,5 x	30	=	15
0,5 x	(- 20)	=	- 10
Summe		=	5

Erwartungswert nach Anpassung des Stops:

0,4 x	30	=	12
0,6 x	(- 10)	=	- 6
Summe		=	6

Will ein Trader seine Performance verbessern, hat er also nur zwei Möglichkeiten. Entweder er erhöht die Trefferquote, oder er verbessert sein Payoff-Ratio.

Der Einfluss, den wir auf die Trefferquote haben, ist sehr gering, nachdem wir uns einmal für ein Einstiegskriterium entschieden haben. Natürlich können wir beliebig viele Einstiegskriterien testen und uns für die Methode mit der höchsten Trefferwahrscheinlichkeit entscheiden.

Das Problem bei diesem Vorgehen ist, dass wir keine Kontrolle über die Trefferquote haben. Wir können zwar für jedes System die exakte Trefferquote in der Vergangenheit bestimmen; ob es sich jedoch in Zukunft ebenso verhält, bleibt bloße Vermutung.

In der Tat zeigt sich, dass die meisten Handelssysteme früher oder später deutliche Verschiebungen in ihrer Treffgenauigkeit haben. Wenn wir aber nicht Zufall und Glück über unser Trading entscheiden lassen wollen, dann müssen wir uns auf die wenigen Dinge konzentrieren, die wir kontrollieren können.

Für jede gegebene Trefferquote gibt es ein Payoff-Ratio, das zu einem positiven Erwartungswert führt. Gelingt es Ihnen, das erforderliche Payoff-Ratio zu realisieren, sind Sie ein erfolgreicher Trader.

Mit einem einfachen Rechentrick können Sie bestimmen, wie hoch Ihr Payoff-Ratio für jede beliebige Trefferquote sein muss. Sie müssen nur die Verlustquote durch Ihre Hit-Rate dividieren und erhalten das Payoff-Ratio, das notwendig ist, um break-even zu traden.

Nehmen wir an, die Trefferquote beträgt 20 Prozent, die Verlustquote damit 80 Prozent (100 – 20 Prozent = 80 Prozent). Teilen wir in diesem Fall die Verlustquote (80 Prozent) durch die Gewinnquote (20 Prozent), erhalten wir ein Payoff-Ratio von vier. Das bedeutet nichts anderes, als dass Ihre durchschnittlichen Gewinne viermal so groß sein müssen wie Ihre Verluste, wenn Sie break-even traden wollen.

Probieren Sie diese Rechnung mit anderen Verlustquoten aus und überprüfen Sie Ihr Ergebnis mit der Formel für den Erwartungswert.

0,2 x 4 + 0,8 x (- 1) = 0

Wenn wir unser System verbessern wollen, sehen wir also unsere Trefferquote als gegeben an und konzentrieren uns auf das Payoff-Ratio.

Als Trader haben wir zwei Instrumente, mit denen wir das Payoff-Ratio beeinflussen können:

Zum einen können wir mit der Exit-Regel in großem Ausmaß kontrollieren, wie hoch unsere Verluste und auch unsere Gewinne sind. Neigen wir dazu, Verluste laufen zu lassen und Gewinne zu begrenzen, oder haben wir Mechanismen entwickelt, die es uns erlauben, unsere Verluste klein zu halten und die Gewinne laufen zu lassen?

Das zweite wichtige Instrument zur Beeinflussung des Payoff-Ratios ist die Positionsgröße. Wie groß ist unsere Positionsgröße, wenn wir verlieren? Mit welcher Positionsgröße erzielen wir unsere Gewinne? Beachten Sie, dass das Payoff-Ratio pro Transaktion und nicht pro Kontrakt ausgerechnet wird. Deshalb ist die Positionsgröße ein wesentlicher Faktor bei der Berechnung unserer durchschnittlichen Gewinne und Verluste.

Trader, die ihre Performance verbessern wollen, müssen also geschickt zwei Instrumente einsetzen: eine intelligente Exit-Regel und einen professionellen Money-Management-Algorithmus. In den einzelnen Kapiteln zur Exit-Strategie und zum Position-Sizing habe ich ein paar Vorschläge für diese Regeln entwickelt.

Risk of Ruin

Sie haben gesehen, dass die Trefferquote eher unbedeutend ist, solange das Payoff-Ratio stimmt. Sie wissen: Das Risiko, bankrott zu gehen, steigt mit sinkender Trefferquote und mit sinkendem Payoff-Ratio.

Insbesondere das Payoff-Ratio ist für das Risk of Ruin ausschlaggebend, was ich Ihnen an folgendem Beispiel demonstrieren möchte.

Ein Trader hat eine unglaublich hohe Trefferquote von 90 Prozent, da er jedesmal nach einem Gewinn von drei DAX-Punkten seinen Gewinn realisiert. Im Verlustfall lässt er für gewöhnlich den Trade so lange laufen, bis er wieder im Gewinn ist, zieht aber bei 30 Punkten Loss die Notbremse.

Der Erwartungswert für diese Strategie liegt bei

0,9 x	3	=	2,7
0,1 x	(- 30)	=	- 3,0
Summe		=	- 0,3

und ist somit negativ. Dieser Trader wird demnach früher oder später bankrott gehen. Das Risk of Ruin für diesen Trader beträgt 100 Prozent, da der Erwartungswert negativ ist. Selbst die hohe Trefferquote kann ihn nicht vor dem Bankrott seines Kontos retten.

Welchen Vorschlag hätten Sie für diesen Trader?

Es gibt viele Möglichkeiten für diesen Trader, seine Strategie zu ändern. Er könnte den Stop enger setzen oder seine Gewinne vergrößern. Wohl kaum jemand würde vorschlagen, dass dieser Trader seine Trefferquote verbessern sollte.

An diesem Extrem wollte ich Ihnen veranschaulichen, dass es einfacher ist, sein Payoff-Ratio zu beeinflussen. Nehmen wir nun an, der Trader setzt seinen Stop auf 20 Punkte, und die Trefferquote wird davon nicht beeinflusst.

0,9 x	3	=	2,7
0,1 x	(-20)	=	-2
Summe		=	0,7

Die Strategie hat nun einen positiven Erwartungswert. Der Vorteil beläuft sich aber nur auf 0,1 Punkte. Das heißt: Im Durchschnitt kann der Trader erwarten, pro Trade 0,1 Punkte zu verdienen. Je länger der Trader handelt, desto mehr Geld wird er verdienen können Die Frage ist nur, ob der Trader überhaupt den positiven Erwartungswert der Strategie realisieren kann. Um mit seiner Strategie erfolgreich zu sein, muss ein Trader nämlich auch lange genug traden – er muss im Spiel bleiben. Viele Trader jedoch verwenden Strategien mit einem positiven Erwartungswert, ohne diesen jemals zu realisieren, da sie vorher aus dem Spiel ausscheiden.

Ein solcher Misserfolg passiert immer dann, wenn ein Trader zu viel pro Trade riskiert. Je größer der Anteil Ihres Kontos ist, den Sie pro Transaktion riskieren, desto höher ist das Risk of Ruin.

Trader sind Risikomanager. Nur wer es schafft, seine Risiken richtig zu bewerten, wird als Trader überleben. Dabei kommt es nicht nur darauf an, die Risiken richtig einzuschätzen, sondern auch darauf, eine Strategie zu entwickeln, mit den Risiken umzugehen, und so das langfristige Überleben am Markt zu sichern.

Das wichtigste Ziel eines Traders ist es, im Spiel zu bleiben

Zwischenzeitliche Verluste und Drawdowns sind nicht vermeidbar. Wer dadurch jedoch aus dem Spiel ausscheidet, hat keine Chance mehr, diese Verluste aufzuholen. Deshalb hat für den Trader die Regel »Stay in Business« die höchste Priorität. Dieser Regel müssen sich alle anderen Regeln unterwerfen.

Trader bewerten das Risiko vor jedem Trade und entscheiden sich dann für das Risiko oder dagegen. Ein Trader verhält sich somit wie ein professioneller Spieler. Er versucht, Wahrscheinlichkeiten abzuschätzen, ohne diese exakt quantifizieren zu können. Sein Risiko kann der Trader aber immer genau bestimmen. Dadurch ist er in der Lage zu entscheiden, ob das Risiko für ihn persönlich akzeptabel ist. Trader und auch professionelle Spieler wissen, dass ein Ereignis auch bei einer Eintrittswahrscheinlichkeit von 95 Prozent unsicher bleibt.

Weil künftige Ereignisse unsicher sind, besteht bei jedem Trading-System die Gefahr, Geld zu verlieren. Treten Verluste gehäuft in einer Reihe auf, kann es zum Ruin des Kontos kommen.

Das Risk of Ruin ist der Punkt, an dem der Trader durch den Verlust eines Teils seiner finanziellen Ressourcen seine Strategie nicht mehr umsetzen kann.

Das Risk of Ruin bedeutet also nicht den Totalverlust, sondern es tritt bereits ein, wenn der Trader, aus welchem Grund auch immer, seine Handelsstrategie nicht mehr umsetzen kann – sei es, dass die Sicherheitshinterlegung (Margin) nicht mehr ausreicht, sei es, dass der Trader seinen Money-Management-Regeln nicht mehr folgen kann, weil sein Handelskapital durch Verluste aufgezehrt ist und er unvernünftigerweise seinen Stop zu eng am Markt platzieren müsste. In beiden Fällen ist das Risk of Ruin bereits eingetreten.

Das Risko, Trading-unfähig zu werden, lässt sich theoretisch niemals vollständig ausschließen. Aber ein Trader kann sich strategisch so positionieren, dass das Risk of Ruin für ihn keine Bedrohung darstellt. Kennt er sein Risk of Ruin, und antwortet er mit dem richtigen Money-Management-Algorithmus darauf, wird sein Traden mit weniger Emotionen belastet sein, als wenn er ständig fürchten muss, das Spiel der Spiele vollständig zu verlieren.

Wichtig ist herauszufinden, welches Risk of Ruin Ihrer Strategie zugrunde liegt, und dann eines zu finden, mit dem Sie leben können!

Welches Risk of Ruin für Sie akzeptabel ist, hängt stark von Ihrer Risikoaversion ab. Es gibt Menschen, die das Risiko, in einem von 1.000 Fällen bankrott zu gehen, akzeptabel finden, andere hingegen wünschen sich für dieses Worst-Case-Szenario maximal eine Wahrscheinlichkeit von einem von 10.000 Fällen.

Ihr enormer Vorteil ist, dass Sie ein besseres Selbstbewusstsein beim Traden entwickeln, wenn Sie Ihr Risk of Ruin kennen und beherrschen. Dadurch haben Sie die Angst im Griff, und viele Fehler wie das Platzieren zu enger Stops können vermieden werden.

Ihr Trading-System kann dramatisch verbessert werden, wenn Sie Ihr Risk of Ruin im Griff haben. Mehr Vertrauen und weniger Angst bringt Ruhe in Ihr Trading, und das stabilisiert Sie emotional.

Dazu müssen Sie zwei Kernfragen beantworten können. Die erste lautet: »Wie gehe ich persönlich mit einer Reihe von Verlusten um?«, die zweite Frage: »Wie kann ich bestimmen, was ich am Markt erwarten kann?«

Die erste Frage lässt sich nicht mit mathematischen Formeln lösen, denn jeder Mensch reagiert anders auf eine Reihe von Verlusten. Deshalb ist es für den Trader wichtig zu wissen, wie er **persönlich** auf eine Reihe von Verlusten reagiert.

In der Fachliteratur sind immer wieder Versuche gemacht worden, mit Formeln eine Antwort auf die Frage nach der optimalen Positionsgröße zu finden. Optimal-F und das Kelly-Kriterium sind hier die bekanntesten Ansätze.

Diese Formeln können aber den Trader nur bei der Suche nach seiner persönlichen optimalen Positionsgröße unterstützen. Sie machen keine Aussage über die persönliche Risikoneigung des Traders. Der beste mathematische Ansatz nützt aber dem Trader nichts, wenn er persönlich aufgrund seiner Risikoneigung nicht in der Lage ist, die von der Formel vorgeschriebenen Positionsgrößen am Markt zu managen.

Um mit dem Risk of Ruin leben zu können, müssen wir es kennen und kalkulieren können. Hilfreich ist hier ein einfacher statistischer Ansatz, den wir im Folgenden genauer betrachten wollen.

Angenommen, Sie haben ein Konto mit 50.000 Euro, und Ihre Trefferquote liegt bei 50 Prozent. Wenn Sie gewinnen, erhalten Sie das Doppelte Ihres Einsatzes; wenn Sie verlieren, ist der gesamte Einsatzverlustig. Ihr Ruin-Punkt liegt bei einem Kontostand von 40.000 Euro, sodass Sie maximal 10.000 Euro verlieren dürfen. Welchen Betrag sollten Sie riskieren?

Denken Sie einen Moment darüber nach, wie Sie die Aufgabe lösen würden. Ich kann Ihnen versichern, dass alle wichtigen Informationen bereits in der Fragestellung enthalten sind.

Verlustwahrscheinlichkeit		**50%**		
Anzahl der Trades	Wahrscheinlichkeit Verlustreihe	Chance bei 1.000	Chance bei 10.000	Wettgröße
1	50,00000%	500	5000	10000,00
2	25,00000%	250	2500	5000,00
3	12,50000%	125	1250	3333,33
4	6,25000%	62,5	625	2500,00
5	3,12500%	31,25	312,5	2000,00
6	1,56250%	15,625	156,25	1666,67
7	0,78125%	7,8125	78,125	1428,57
8	0,39063%	3,90625	39,0625	1250,00
9	0,19531%	1,953125	19,53125	1111,11
10	0,09766%	0,9765625	9,765625	1000,00
13	0,01221%	0,122070313	1,220703125	769,23
14	0,00610%	0,061035156	0,610351563	714,29
19	0,00019%	0,001907349	0,019073486	526,32
20	0,00010%	0,000953674	0,009536743	500,00
50	0,00000%	8,88178E-13	8,88178E-12	200,00

Die Frage, die Sie zuerst beantworten müssen, ist, wie wahrscheinlich es ist, dass Sie xy-mal hintereinander verlieren. Denn wie oft Sie in Folge verlieren können, ohne zu gewinnen, hängt davon ab, in wie viele Teile Sie Ihre 10.000 Euro Risikokapital aufteilen. Teilen Sie Ihr Risikokapital in zehn Einheiten auf, können Sie zehnmal hintereinander verlieren. Teilen Sie es hingegen in 20 Einheiten auf, dürfen Sie 20-mal in Folge verlieren, bis Sie ruiniert sind.

Da Sie wissen, wie wahrscheinlich es ist, dass Sie bei einer Transaktion verlieren (Ihre Trefferquote beträgt 50 Prozent), können Sie auch ausrechnen, wie wahrscheinlich es ist, xy-mal hintereinander zu verlieren. In der Statistik spricht man von so genannten »bedingten Wahrscheinlichkeiten« – bedingt deshalb, weil der Eintritt eines Ereignisses von der Bedingung abhängt, dass ein anderes Ereignis vorher eingetreten ist. Bei einer Reihe von zwei Verlusten ist es beispielsweise notwendig, dass nicht nur der zweite, sondern auch der erste Trade ein Verlust war. Die Wahrscheinlichkeiten für jedes einzelne Ereignis in der Bedingungskette werden multipliziert, um die Wahrscheinlichkeit für das Gesamtereignis zu erhalten.

Eine Übersicht über die Verlustwahrscheinlichkeiten einer Reihe von xy Verlusten bei einer Trefferquote von 50 Prozent können Sie in der Tabelle auf der vorhergehenden Seite finden.

So beträgt die Wahrscheinlichkeit für vier Verlust-Trades hintereinander 6,25 Prozent. Das ist eine sehr hohe Wahrscheinlichkeit für den Trader, denn er muss bei 100 Transaktionen mehr als sechsmal erwarten, vier Verluste in Folge hinzunehmen. Die Wahrscheinlichkeit für vier Verluste in Folge können Sie nicht minimieren, da sie durch Ihre Trefferquote vorherbestimmt ist. Nur wenn Ihre Trefferquote steigen würde, könnte die Wahrscheinlichkeit für vier Verlust-Trades hintereinander sinken.

Es ist für einen Trader sehr wichtig, die Wahrscheinlichkeiten für eine Reihe von Verlusten zu kennen, damit er weiß, welche Verlustserien er statistisch bei seinem Trading erwarten kann. Es hat also wenig mit Pech zu tun, wenn ein Trader viermal hintereinander verliert. Diese Ereignisse sind vielmehr statistisch determiniert.

Auch wenn es kein Trader gerne hört: Es besteht auch die Wahrscheinlichkeit, dass wir zehnmal hintereinander verlieren. Wie in der Tabelle ersichtlich, beträgt die Wahrscheinlichkeit dafür zwar nur 0,098 Prozent, aber es existiert eine messbare Wahrscheinlichkeit für dieses Ereignis, die wir nicht ignorieren können. Bedenken Sie, dass es 14.000-mal wahrscheinlicher ist, zehn Verluste in Folge zu haben, als sechs Richtige im Lotto![1]

Was bedeutet das für unser Management? Wir können es nicht vermeiden, dass uns dieses Ereignis (zehn Verluste in Folge) unter 1.000 Transaktionen, statistisch gesehen, zumindest einmal trifft. Wenn wir also damit rechnen müssen, sollten wir strategische Vorsorge treffen, dass wir nicht bankrott gehen, wenn dieses unwahrscheinliche, aber mögliche Ereignis eintritt.

Da wir das Ereignis selber nicht vermeiden können, müssen wir uns vor dem Bankrott schützen, indem wir nach einer Serie von Verlusten noch genügend Geld in unserem Depot haben. Wir riskieren jeweils also nur einen kleinen Betrag. Die Größe dieses kleinen Betrags berechnet sich nach einer einfachen Formel: Die Summe der riskierten Beträge bei einer Reihe von Verlusten darf nicht größer sein als der Gesamtbetrag, den wir verlieren können, bevor wir bankrott sind.

Für unser Beispiel heißt das: Wenn wir uns maximal 10.000 Euro Verlust leisten können, darf die Summe der Verluste in einer Reihe von beispielsweise zehn Trades nicht größer sein als 10.000 Euro. Angenommen, wir riskieren 1.000 Euro pro Trade, dann verlieren wir im schlimmsten Fall bei zehn Trades 10.000 Euro.

---

1) *Die Wahrscheinlichkeit, sechs Richtige im Lotto zu haben, beträgt ca. 0,000007 Prozent.*

Wir können für das obige Beispiel nun ausrechnen, wie viel Geld wir riskieren sollten, wenn wir bei einer 50-prozentigen Gewinnchance maximal 10.000 Euro verlieren wollen. Wir können das Risk of Ruin nie ganz ausschließen, aber wir können einen persönlichen Toleranzwert festlegen.

Wenn wir für uns persönlich eine Wahrscheinlichkeit von unter 0,1 Prozent akzeptabel finden – also dass es in 1.000 Fällen weniger als einmal vorkommt, dass wir bankrott gehen –, dürfen wir maximal 1.000 Euro riskieren.

Nachdem Sie nun wissen, wie wahrscheinlich eine Reihe von xy Verlusten bei gegebener Trefferquote für Sie ist, müssen Sie sich nun fragen, mit welchem Risk of Ruin Sie leben können. Wenn Sie damit leben können, in einem von 1.000 Fällen bankrott zu gehen, dann müssen Sie in die besagte Tabelle schauen, wann die Wahrscheinlichkeit unter ein Promille sinkt, dass eine Reihe von xy Verlusten auftritt.

Wie in der Tabelle zu erkennen, ist das bei eine Reihe von zehn Trades der Fall. Die Wahrscheinlichkeit beträgt lediglich 0,098 Prozent und liegt damit unter einem Promille. Somit kommt es statistisch gesehen unter 1.000 Fällen nicht vor, dass wir bankrott gehen.

Wie aus diesem Beispiel aber auch zu entnehmen ist, kommt es unter 10.000 Fällen zumindest einmal vor, dass eine Reihe von zehn Verlusten auftritt. Wollen Sie sicherstellen, dass es unter 10.000 Fällen nicht einmal vorkommt, dass Sie bankrott gehen, müssen Sie in der Tabelle erneut schauen, wann welche Verlustreihe eine Wahrscheinlichkeit hat, die so gering ist, dass dieses Ereignis unter 10.000 Fällen nicht einmal vorkommt.

Erst eine Reihe von 14 Verlusten ist so unwahrscheinlich, dass sie nicht einmal unter 10.000 Trades vorkommt. Eine Reihe von 13 Verlust-Trades in Folge hat eine Wahrscheinlichkeit von 0,01 Prozent und könnte somit bei 10.000 Fällen einmal auftreten.

Mit der Suche nach der Verlustreihe, die eine so geringe Wahrscheinlichkeit hat, dass sie in unseren Komfort-Level für das Risk of Ruin fällt, können wir nun auch unsere Positionsgröße bestimmen. Denn da eine Reihe von 14 Verlusten so unwahrscheinlich ist, dass dies unter 10.000 Fällen nicht einmal vorkommt, können wir es uns leisten, unser Risikokapital in 14 Einheiten aufzuteilen, die wir dann riskieren. Beträgt wie im Beispiel unser Risikokapital 10.000 Euro, können wir dies in 14 Einheiten (10.000/7 = 14e) zu 725 Euro aufteilen. Bei diesem Wetteinsatz können wir sicher sein, dass trotz einer Reihe von Verlusten unser Risk of Ruin wahrscheinlich nicht erreicht wird.

Je geringer unser Komfort-Level ist, desto kleiner muss die Positionsgröße sein. Beachten Sie bitte, dass das Risk of Ruin meistens nicht einem Totalverlust entspricht, weil Sie bereits vor einem Totalverlust gezwungen sind, mit dem Traden aufzuhören. Üblicherweise würden Sie eine Strategie als erfolglos bezeichnen, wenn zum Beispiel 30 Prozent Verluste aufgetreten sind. Ein Drawdown von 30 Prozent markiert somit schon Ihr Risk of Ruin. Für ein 100.000 Euro-Konto würde dies einen Kontostand von 70.000 Euro bedeuten. Angenommen, wir haben eine Trefferquote von 50 Prozent und akzeptieren ein Risk of Ruin in einem von 1.000 Fällen, dann können wir zehn Verluste in Folge bei einem Einsatz von 3.000 Euro verkraften. Dies entspricht in diesem Beispiel genau drei Prozent unserer Anfangs-Kontogröße.

An dieser Stelle möchte ich kurz auf die von Anfängern immer gern vorgeschobene Entschuldigung zu sprechen kommen, dass bei einem kleinen Konto von zum Beispiel 25.000 Euro Money-Management nicht möglich sei.

Gehen wir davon aus, dass ein Anfänger im Gegensatz zum Profi sein gesamtes Konto verlieren kann, da er noch in der Übungsphase ist, und dass er andere Einkünfte hat und deshalb nicht vom Traden leben muss, dann ist er vergleichbar mit einem Trader, der ein Konto von 100.000 Euro hat, davon aber leben muss. Dieser darf keinen Drawdown von mehr als

25 Prozent akzeptieren, da er monatlich Geld aus seinem Konto abziehen muss.

Für beide Trader ist der Ruin-Level bei einem Loss von 25.000 Euro erreicht. Somit handeln beide unter den gleichen Bedingungen, wenn es um das Risk of Ruin geht. Deshalb gelten für den Anfänger die gleichen Regeln wie für einen Profi zur Vermeidung des Risk of Ruin. Die Wettgröße, absolut gesehen, bleibt somit die gleiche, prozentual ist sie allerdings in diesem Fall viermal so groß.

▸ Kapitel 8 ◂

Anfänger legen großen Wert auf den richtigen Einstieg, dabei ist dieser am unwichtigsten. Dennoch gibt es einige Dinge, die zu beachten sind.

▶ Der Einstieg

Anfänger legen großen Wert auf den richtigen Einstieg. Dabei ist dieser, wenn man erfahren genug ist, bestimmte Fehler zu vermeiden, ziemlich unwichtig.

Ich habe lange überlegt, ob ich überhaupt ein Kapitel über den Einstieg schreiben soll, denn der Erfolg aller guten Trader liegt nicht etwa in der Einstiegs-, sondern in der Ausstiegsstrategie und im Money-Management (Position-Sizing). Allerdings befürchte ich, dass einige Leser dann denken würden, ich wollte ihnen das wahre Trading-Geheimnis vorenthalten, wenn ich dieses Thema ausklammere – was definitiv nicht der Fall ist.

Ich möchte aber betonen – auch auf die Gefahr hin, mich zu wiederholen: Am Einstieg in eine Position ist nichts Magisches, nichts Besonderes. Trader sind nur deshalb immer wieder auf den Einstieg fokussiert, weil sie glauben, damit Kontrolle über das Trading-Ergebnis gewinnen zu können. Da aber niemand weiß, was in der Zukunft passieren wird, ist dieser Gedanke falsch.

► Der zufällige Einstieg

Dass der Einstieg in eine Position beinahe zufällig erfolgen kann, ist für viele Trader schwer zu glauben. Zu häufig erinnern sie sich an Situationen, in denen sie genau wussten, was der Markt machen wird. Möglicherweise haben sie in diesen Situationen sogar viel Geld verdient. Ich will auch nicht behaupten, dass es eine solche Vorahnung nicht gibt, denn ich selber habe auch viele davon erlebt. Aber als Trader können wir nicht damit rechnen, dass unsere Ahnungen so zuverlässig sind wie eine Kristallkugel, die in die Zukunft blicken kann.

Einfacher und sicherer ist es anzunehmen, dass die Zukunft ungewiss ist. Selbst in Situationen, die uns eindeutig vorkommen – etwa die Terroranschläge auf das World Trade Center am 11. September 2001 –, können wir nicht wissen, wie sich der Markt verhalten wird.

Sie glauben das nicht? Dann lesen Sie folgendes Beispiel:

Stellen Sie sich vor, ein beliebter amerikanischer Präsident wird ermordet, und Sie wüssten dies eine Minute vorher. Sie können also noch am Markt reagieren. Einzige Bedingung ist: Sie können erst am nächsten Tag Ihre Position glattstellen.

Wohl beinahe jeder Trader würde sich für eine Short-Position entscheiden. Tatsächlich hat der Aktienmarkt sich von der Erschießung Kennedys kaum beeindruckt gezeigt, und wer am nächsten Tag seine Position glattgestellt hätte, wäre mit einem Verlust aus dem Markt gegangen.

Nehmen wir ein anderes Beispiel:

Eine der größten amerikanischen Städte erlebt einen kompletten Blackout. Die gesamte Stromversorgung bricht zusammen. Niemand weiß, ob dies ein Zufall ist oder ob Terroristen am Werk sind. Das letzte Mal, als es in einer amerikanischen Großstadt zu einem so großen Black-out kam, musste die Nationalgarde einrücken, um die Plünderungen zu stoppen. Wieder wissen Sie vorher von dem Ereignis und können auch intraday glattstellen.

Auch hier folgt auf eine Ursache keine Wirkung am Aktienmarkt. Als 2002 in New York die Lichter ausgingen, kam es nicht zur Panik. Der Aktienmarkt, der gerade geschlossen hatte, eröffnete bereits in der Nachtsitzung höher, die 30 Minuten nach Handelsschluss begann.

Mit diesen Beispielen will ich zum Ausdruck bringen, dass es an den Märkten kein Muss gibt. Es gibt nur zwei Dinge, die wir müssen: sterben und Steuern zahlen. Alles andere ist ungewiss.

In den letzten Absätzen habe ich zum besseren Verständnis Situationen beschrieben, in denen Nachrichten die Kurse hätten bewegen sollen. Sie können diese Beispiele aber auch auf bestimmte Indikatoren oder Chartkonstellationen übertragen: Ein sicheres Signal gibt es nicht. Wegen dieser grundsätzlichen Unsicherheit ermöglicht der Einstieg uns nur wenig Kontrolle. Manchmal mag es funktionieren, manchmal eben nicht.

Würden Sie in ein Auto steigen, bei dem die Lenkung mal funktioniert, mal nicht? Manchmal haben Sie die Kontrolle, manchmal eben nicht. Deshalb ist der Einstieg nicht wichtig – er ermöglicht uns nicht die Kontrolle, die wir brauchen, um ein zuverlässiges Trading-Ergebnis zu produzieren. Wir müssen uns auf Dinge konzentrieren, die verlässlicher sind.

Es gibt nur wenige Parameter, die wir wirklich kontrollieren können. Dazu gehören vor allem die Größe einer Position und die Exit-Strategie, mit deren Hilfe wir immer Einfluss auf unsere durchschnittlichen Gewinne und Verluste haben. Deshalb sollten wir unser besonderes Augenmerk vor allem auf diese beiden Faktoren lenken.

Wenn der Einstieg nicht wichtig für ein Handelssystem oder eine Strategie ist, warum würfeln die Händler dann nicht einfach jeden Morgen, um zu entscheiden, ob sie long oder short gehen?

Es gibt einige Handelsstrategien, die auf einem zufälligen Einstieg beruhen und erfolgreich sind. *Van K. Tharp* hat in seinem Buch *»Trade Your Way to Financial Freedom«* zusammen mit *Tom Basso* gezeigt, dass auch zufällige Einstiege erfolgreich sind.

Ich bin der Überzeugung, dass viele Trader eine zufällige Einstiegsstrategie haben, ohne es zu wissen. Denn objektiv betrachtet macht es keinen Unterschied, ob Sie mit dem Einstieg auf das Eintreffen bestimmter Kriterien am Markt warten oder darauf, dass Ihr Würfel eine bestimmte Seite zeigt. So könnten Sie zum Beispiel immer kaufen, wenn ein »Bullish Engulfing Pattern« (Muster) im Candlestick-Chart auf fünf Minuten erscheint – oder alle fünf Minuten würfeln und jeweils bei einem Sechser kaufen. So wie ein Sechser beim Würfeln mit einer Wahrscheinlichkeit von 1/6 auftritt, gibt es eine bestimmte Wahrscheinlichkeit, dass ein Bullish Engulfing Pattern im Chart auftritt. Nur wenn auf sehr lange Sicht der Markt nach einem Bullish Engulfing Pattern tatsächlich in einer definierten Zeitperiode höher notiert, gibt es eine statistische Signifikanz diese Methode.

Signifikanz bedeutet, dass diese Methode besser ist als der Zufall – also in mehr als 50 Prozent der Fälle der Kurs dann auch wirklich gestiegen ist. Nur in diesem Fall wäre der Entry »randomless« (nicht zufällig). Wie viel Mühe er darauf verwendet, einen Einstieg zu finden, der besser als der Zufall ist, bleibt jedem Trader selbst überlassen.

Die wirklich wichtige Nachricht für jeden Trader ist, dass er selbst mit einem zufälligen Einstieg erfolgreich handeln kann, wenn er eine zu diesem Einstieg passende Exit-Strategie und das richtige Positionsgrößenmanagement wählt.

Wichtig bei der Entwicklung einer individuellen Handelsstrategie ist es, sich nicht zu lange mit einem optimalen Einstieg zu beschäftigen, sondern ein paar einfache, objektive Kriterien für den Einstieg festzulegen und dann für diesen Einstieg die optimale Exit-Strategie und die passenden Money-Management-Regeln zu finden. Wer so weit gekommen ist und Geld verdient, wird bald merken, dass es sich nicht lohnt, weiter an seinem Einstieg zu feilen. Er wird aber höchstwahrscheinlich seine Exit-Regeln immer wieder auf mögliche Änderungen hin an den Märkten überprüfen und bei Bedarf anpassen.

▶ So planen Sie Ihren Einstieg

Grundsätzlich muss eine Einstiegsstrategie dem Trader drei Antworten liefern: Wann, bei welchem Preis und in welche Richtung steige ich ein? Dabei halte ich das Wann und Wo für wichtiger als die Richtung, denn – wie wir wissen – niemand kann in die Zukunft schauen. Dennoch müssen wir bei der Planung unseres Einstiegs zuerst die Frage nach der Richtung beantworten, bevor wir den optimalen Zeitpunkt und den besten Preis bestimmen. Wie aber soll ein Trader in einem Markt, der sich möglicherweise zufällig bewegt, die Richtung für einen Trade bestimmen?

▶ Die Philosophie

Im ersten Teil des Buchs habe ich bereits beschrieben, wie wichtig es ist, eine Philosophie über den Markt zu haben. Nur einer Strategie, die auf einer von uns akzeptierten Philosophie basiert, werden wir vertrauen können.

Mein Modell geht von einem Markt aus, dessen Kurse sich in zufälligen Mustern bewegen, deren einzelne Bewegungen aber verstärkt, verzerrt oder verkürzt werden durch die Stimmungen der Marktteilnehmer. Stellen Sie sich vor, der Zufallsgott der Finanzmärkte hätte einen großen Würfel und würde jeden Tag würfeln. Auf seinem Würfel sind Performance-Punkte aufgezeichnet, sodass der Markt zufällig nach oben oder unten geht. Ist die Stimmung der Marktteilnehmer gut, wird der Markt aber doppelt so stark steigen, wie die Anzahl der gewürfelten Performance-Punkte tatsächlich anzeigt. Der Zufallsgott würfelt zum Beispiel eine Fünf, der Markt steigt aber um zehn Punkte. Auch fällt der Markt nicht so stark, wie auf dem Würfel die negativen Performance-Punkte anzeigen, wenn die Stimmung der Marktteilnehmer gut ist. Überwiegt hingegen der Pessimismus, steigt der Markt zum Beispiel nur um drei Punkte, obwohl der Zufallsgott eine plus Fünf gewürfelt hat; würfelt er aber eine minus Eins, fällt der Markt direkt um zwei Punkte.

Die Stimmung der Marktteilnehmer wird damit zu einer wichtigen Einflussgröße, obwohl sich die Kurse tendenziell nur zufällig bewegen. Dies ist mein Modell vom Aktienmarkt beziehungsweise von den Finanzmärkten.

Natürlich gibt es noch mehr Abstufungen der Stimmung als nur Gut und Schlecht, aber im Wesentlichen beschreibt dieses Beispiel meine Philosophie. Zum einen unterstreicht mein Modell, dass sich die Märkte nicht vorhersagen lassen, denn wir wissen nicht, was der Zufallsgott als Nächstes würfelt. Zum anderen macht es klar, dass wir bereits im Vorteil sind, wenn wir die Stimmung der Marktteilnehmer erkennen. Dann können wir zumindest vermuten, ob die Bewegung stärker oder schwächer ausfallen wird als vom Würfel vorgegeben.

Mit diesem Wissen sind wir in der Lage, unseren Entry klüger als einen rein zufälligen Entry zu gestalten. Wir wissen zwar immer noch nicht, ob wir mit dem Einstiegssignal gewinnen oder verlieren. Wir können aber, wenn wir die psychologische Stimmung richtig eingeschätzt haben, Vermutungen über das Potenzial des Trades machen. Denn wenn wir in einer positiven Marktstimmung auf steigende Kurse setzen, sollte, falls der Zufallsgott eine plus Fünf gewürfelt hat, der Markt doppelt so stark steigen.

Wenn wir Trendfolgestrategien verwenden, sollten wir es also auf der Long-Seite versuchen. Weil aber niemand weiß, ob der Zufallsgott mit dem nächsten Wurf nicht doch wieder negative Punkte würfelt, spricht prinzipiell auch nichts gegen einen Short-Trade[1] – allerdings sollten wir dann einen schnellen Exit wählen, da wegen der positiven Stimmung das Potenzial nicht sehr groß ist.

Long oder short? Legen Sie zuerst die Richtung des Trades fest!

Nach unserer Einschätzung der psychologischen Stimmung hängt es nicht mehr vom Zufall ab, ob wir long oder short gehen, sondern davon, wie wir das Potenzial eines Trades in Verbindung mit dem Risiko beurteilen.

Bei einer guten Marktstimmung zum Beispiel vermuten wir ein größeres Potenzial auf der Long-Seite und ein geringes Potenzial auf der Short-Seite. Dieses Kriterium in Verbindung mit dem Weg des geringsten Widerstands entscheidet über die Richtung des Trades.

Um das Potenzial des jeweiligen Trends noch genauer abschätzen zu können, schauen wir uns den Chart auf verschiedenen Zeiteinheiten an und suchen nach Widerständen und Unterstützungen.

Unterstützungen und Widerstände sind markante Marktpunkte, häufig erkennbar durch Schiebezonen des Markts in einer Range. Auch Tageshochs, Tagestiefs und andere Extrempunkte sind markante Merkmale, die auf Widerstände beziehungsweise Unterstützungen hindeuten.

Weniger gut eignen sich Trendlinien, weil sie nur imaginär sind, das heißt nicht real gehandelte Kurse wie etwa eine Schiebezone. Diese Linien existieren nur in den Köpfen von Chartisten und sind häufig erst nachträglich auf dem Chart zu erkennen.

---

1) *Beachten Sie: Es gibt auf dem Performance-Würfel keine Präferenz (höhere Wahrscheinlichkeit) für positive oder negative Performance-Punkte.*

Außerdem neigen Trends dazu, sich aufzufächern. Das bedeutet: Die Trendlinie wird zwar gebrochen, der Trend aber ist noch nicht zu Ende, sondern verläuft nur etwas flacher (siehe Abbildung).

Eine Zwitterstellung zwischen Trendlinien und markanten Marktpunkten nehmen bei der Suche nach Supports und Widerständen gleitende Durchschnitte ein. Da sie eine Glättung der Kurslinie darstellen, sind sie realer als Trendlinien. Allerdings gibt es so viele Möglichkeiten, den Kurs zu glätten (13, 21, 50, 100 Tage, moving average simple, exponentiell, gewichtet, ungewichtet usw.), dass ich persönlich den gleitenden Durchschnitten in diesem Zusammenhang keine Aufmerksamkeit schenke.

Für völlig unwichtig halte ich Pivot-Punkte und Fibonacci-Retracements. Diese Anhaltspunkte sind wertlos und lassen sich höchstens im Rahmen einer »Self Fulfilling Prophecy« (sich selbst erfüllende Prophezeiung) nutzen. Da es mindestens vier Fibonacci- und sechs Pivot-Punkte gibt, spricht schon das Gesetz der Wahrscheinlichkeit dafür, dass zumindest einer dieser zehn Punkte im Laufe eines Handelstags bei einer durchschnittlichen Trading-Range von 30 Punkten auf einen Extrempunkt oder markanten Handelspunkt fällt.

Gestehen wir dann noch eine Toleranz in Höhe von plus einem oder minus einem Punkt für diese magischen Preise zu, dann kommen wir bei 30 möglichen Punkten auf eine Wahrscheinlichkeit von 100 Prozent, dass der Markt an einem beliebigen Handelstag an einem dieser Punkte dreht oder sein Extrem erreicht.

Die Widerstände und Unterstützungen, die wir vor Eröffnung einer Position identifiziert haben, sollen uns helfen, das Potenzial des Trades einzuschätzen. Meist finden wir mehrere Widerstände und Unterstützungen, die ich, ausgehend vom aktuellen Marktpreis, jeweils durchnummeriere. So bezeichne ich den nächsten Widerstand als W1, dann folgt W2 und so weiter. Genauso verfahre ich mit den Supports (Unterstützungen); ich nenne sie U1, U2 und so fort...

Ob der Markt nun Potenzial hat, bis zu W1 oder gar zu W3 zu steigen, hängt zum einen davon ab, wie stark in den vergangenen Tagen die durchschnittliche Aufwärtsbewegung war, zum anderen davon, ob die Marktstimmung positiv oder negativ ist.

Meist gehe ich davon aus, dass der Markt das durchschnittliche Kurspotenzial der vergangenen positiven Tage auch während des aktuellen Trades ausschöpfen kann, wenn die Marktstimmung positiv ist. Betrug die durchschnittliche Bewegung an einem positiven Tag zum Beispiel 60 Punkte, so nehme ich an, dass dies auch für den aktuellen positiven Tag gilt.

Notieren wir in diesem Beispiel bei 4.200 mit Tagestief bei 4.180 im DAX, würde ich davon ausgehen, dass der Markt noch um weitere 40 Punkte steigen kann (um 20 Punkte haben wir ja bereits vom Tagestief aus zugelegt). Befindet sich nun ein Widerstand bei 4.240, so würde ich diesen als Kursziel definieren. Findet sich aber erst ein Widerstand bei 4.260 und davor bei 4.220, so würde ich dem Markt durchaus Potenzial bis 4.260 zugestehen. Läge der Widerstand bereits bei 4.230, würde ich das Potenzial auf 30 Punkte reduzieren.

Ebenso verfahre ich bei Short-Trades, indem ich das Potenzial aus den durchschnittlichen Tagesverlusten der vergangenen negativen Tage unter Berücksichtigung der Support-Zonen errechne.

Eines ist bei der Durchschnittsbildung zu beachten: Ich berücksichtige für das positive Kurspotenzial jeweils nur die Tage, an denen der Markt deutlich gestiegen ist. Tage, an denen der Markt tendenzlos war oder gefallen ist, spielen hier keine Rolle. Weil ich Daytrader bin, betrachte ich auch keinen Tageschart, sondern einen Stundenchart, und verwende den Durchschnitt einer üblichen Rallye innerhalb eines Tags. Nur diese verwende ich zur Durchschnittsbildung.

Sobald ich das Potenzial für einen Trade ermittelt habe, versuche ich das Risiko zu bestimmen. Üblicherweise suche ich dafür nach einem geeigneten Initial-Stop-Kurs, der nicht zu nahe am aktuellen Marktpreis notiert, aber auch nicht zu weit entfernt ist. Erneut orientiere ich mich dabei an markanten Marktpunkten wie Unterstützungen und Widerständen sowie relativen und absoluten Hochs oder Tiefs. Sobald ich diese Punkte gefunden habe, kann ich das Risiko des Trades pro Kontrakt bestimmen und in das Verhältnis zu seinem Potenzial setzen.

Wenn dann ein für mich persönlich attraktives Chance-Risiko-Verhältnis vorliegt, gehe ich den Trade ein.

► Beurteilen Sie die psychologische Verfassung des Markts

Ausgehend vom oben beschriebenen Marktmodell stellt sich die Frage, wie man die psychologische Verfassung der Marktteilnehmer beobachten und feststellen kann.

Das einfachste Verfahren ist auch hier wieder, nach dem Weg des geringsten Widerstands Ausschau zu halten. Ein Markt, der sehr trendig in eine Richtung läuft und ein starkes Momentum in Richtung des Trends aufweist, ist das beste Signal dafür, dass auch die psychologische Verfassung in Richtung des Trends zu interpretieren ist.

Komplexere Methoden sind Sentimentanalysen oder die Elliott-Wellen-Theorie. Sentimentanalysen untersuchen die Stimmung der Marktteilnehmer entweder durch Umfragen oder durch Betrachtung des Put-Call-Ratios und anderer Sentimentindikatoren. Meine Erfahrungen mit Sentimentindikatoren gehen dahin, dass sie für das Daytrading weniger tauglich sind, aber für Positions-Trading durchaus verwertbare Ergebnisse liefern.

Ich persönlich bevorzuge die Elliott-Wellen, um mir ein Bild von der psychologischen Verfassung des Markts zu machen. Wohlgemerkt: Ich benutze die Elliott-Wellen nicht zur Kursprognose, da, wie bereits erwähnt, niemand vorhersagen kann, was der Zufall als Nächstes bringt. Um die Marktpsychologie zu erfassen, sind die Elliott-Wellen jedoch ein wirkungsvolles Instrument.

Auch wenn es erfahrenen Tradern häufig gelingt, die psychologische Verfassung des Markts richtig einzuschätzen, wird es niemals eine Methode geben, die mit 100-prozentiger Sicherheit den Zustand der Marktteilnehmer bestimmen kann.

Die verbleibende Unsicherheit, zusammen mit der Unsicherheit über die Zukunft (was wird der Zufallsgott würfeln?), führt dazu, dass kein Trader wissen kann, ob er mit seinem nächsten Trade gewinnt oder verliert. Natürlich hofft jeder zu gewinnen, das Risiko zu verlieren bleibt aber. Deshalb kann der Entry uns nicht die Form der Kontrolle bieten, die notwendig ist, um eine stabile Performance-Kurve mit kontinuierlichen Gewinnen zu erreichen. Wir müssen daher unser Verlustrisiko kontrollieren, und das ist die Aufgabe des Exits.

► Wann steigen wir ein? Klare objektive und spezifische Kriterien

Nachdem wir die Richtung eines Trades bestimmt haben, ist die Hauptaufgabe der Einstiegsstrategie eigentlich schon gelöst. Der Trade wird nun initiiert, sobald der richtige »Trigger« (Auslöser) in Erscheinung tritt. Unsere Einstiegsstrategie muss ganz klar definieren, welche Kriterien vorliegen müssen, damit wir in den Trade einsteigen.

Ein typischer Fehler vieler Trader ist es, die Kriterien für den Einstieg nicht deutlich genug zu formulieren. Dadurch gehen sie Trades ein, die eigentlich gar nicht ihrer Strategie entsprechen. System-Trader haben es hier üblicherweise leichter als diskretionäre Trader, weil bei den Ersteren die Einstiegskriterien in das Trading-Programm eingegeben werden müssen.

Aber auch ein diskretionärer Trader muss klare Kriterien für seinen Einstieg ausarbeiten. Er hat im Gegensatz zu einem mechanischen System zusätzlich die Freiheit, auch einmal nicht einzusteigen, obwohl die Bedingungen vom Markt eigentlich erfüllt sind. Diskretionärer Einstieg heißt nicht, einfach einzusteigen, wenn man Lust hat. Auch hier muss es klare Kriterien für den Einstieg geben! Die Regeln müssen so deutlich formuliert sein, dass ein Dritter den Einstieg **objektiv nachvollziehen** kann beziehungsweise sogar stellvertretend durchführen könnte.

Einstiegskriterien sind eine oder mehrere Bedingungen, die erfüllt sein müssen, bevor Sie den Trade eingehen. Dieser Schritt erfolgt, nachdem Sie bereits den Weg des geringsten Widerstands und die psychologische Verfassung des Markts analysiert haben. Die Richtung des Trades steht bereits fest, Sie steigen jedoch erst ein, wenn die Bedingungen erfüllt sind.

Dazu ein Beispiel: Sie glauben, der Weg des geringsten Widerstands geht nach oben; deshalb entscheiden Sie sich, long zu gehen. **Wann** Sie long gehen, hängt aber von Ihren Einstiegsbedingungen ab. Ihre Kriterien können zum Beispiel sein, dass

1. der 13- und der 21-Einheiten-Moving-Average eine positive Steigung haben,
2. der 13-Einheiten-Average den 21-Average von unten nach oben geschnitten haben muss,
3. der Kurs oberhalb beider Durchschnitte geschlossen haben muss.

Diese Bedingungen sind objektiv nachvollziehbar.

Gleichzeitig müssen die Einstiegskriterien **spezifisch** sein, das heißt, nicht nur objektiv nachvollziehbar, sondern so formuliert, dass sie messbar sind.

Ein Einstiegskriterium nach dem Motto »Der Trend muss nach oben zeigen« ist nicht spezifisch genug. Formulieren wir die Regel aber, indem wir festlegen, dass auf einem Fünf-Minuten-Chart mindestens zwei Hochpunkte und zwei Tiefpunkte vorliegen müssen und das zweite Hoch höher als das erste Hoch sein muss, während gleichzeitig der zweite Tiefpunkt vor dem zweiten Hoch und über dem ersten Tief liegen muss, sind die Kriterien spezifisch formuliert.

Ob Sie einen oder gleich mehrere Einstiegs-Trigger verwenden, bleibt Ihnen überlassen.

► Setzen Sie Ihre Regel konsequent um – auch in Verlustphasen

Welche Einstiegsbedingungen Sie wählen, ist Ihre persönliche Entscheidung. Ich bin der Überzeugung, dass es Tausende funktionierende Einstiegskriterien gibt. Wichtig ist, dass **Sie selbst** Vertrauen in Ihre Einstiegskriterien entwickeln, damit Sie diesen Regeln konsequent folgen können. Ein verbreitetes Problem vieler Trading-Anfänger ist, dass sie Einstiegsregeln von anderen Tradern übernehmen, aber kein Vertrauen in diese Regeln haben.

Weil keine Methode die Zukunft vorhersehen kann, wird es bei jeder Einstiegsmethode zu Fehlsignalen kommen. Wenn Sie kein Vertrauen in die gewählte Strategie haben, werden Sie bei einer Häufung von Fehlsignalen enttäuscht sein und nach einer neuen Methode suchen. Sobald es dann wiederum zu den unvermeidbaren Fehlsignalen kommt, wenden Sie sich der nächsten Einstiegstrategie zu, bis diese dann vermeintlich versagt.

So werden Sie niemals einer Strategie konsequent folgen und Perfektion entwickeln können, sondern ewig auf der Suche nach dem Heiligen Gral sein.

Deshalb: Finden Sie Einstiegsregeln, die **zu Ihnen** passen, und perfektionieren Sie sie. Finden Sie Regeln, die **für Sie** logisch nachvollziehbar sind.

Ich möchte dies an einem extremen Beispiel verdeutlichen. Einer meiner Kunden glaubt sehr stark an astronomische Einflüsse. Die Konstellation der Sterne hat nach seiner Überzeugung starken Einfluss auf unser Leben. Seine Einstiegsregel basiert auf einer Preisveränderung in bestimmten Mondphasen. Für ihn macht es Sinn, dass der Markt bestimmte Trends in bestimmten Mondphasen fortsetzt.

Ein Trader dagegen, für den die Astrologie blanker Unsinn ist, wird nie Vertrauen in diese Einstiegsregel entwickeln, egal welche Erfolge diese Methode erzielt.

Ich selber glaube an die oben beschriebene zufallsbedingte Bewegung der Märkte (Chaostheorie), deren Schwankungen durch massenpsychologische Phänomene verstärkt oder verzerrt werden. Deshalb basieren meine Entries auf der Elliott-Wellen-Theorie.

▶ Wo steigen Sie ein, oder: So lauern Sie auf Ihren besten Einstieg

Wenn Ihr Einstiegs-Trigger ein Signal ausgelöst hat, bedeutet das nicht automatisch, dass Sie sofort einsteigen müssen. Ihr Trading-Plan kann vorsehen, dass Sie auf einen optimalen Einstieg lauern. Wenn zum Beispiel der Break-out aus einer Schiebezone der Einstiegs-Trigger ist, warten viele Trader auf ein Retracement der Break-out-Bewegung, bevor sie einsteigen.

Dieses Lauern auf den besten Preis hat den Vorteil, dass Ihr Risiko in der Regel geringer ist. Der Markt kommt während des Retracements zurück, und Sie können besser kaufen oder verkaufen. Die Differenz zwischen Einstieg und Stop wird kleiner sein, das Initial Risiko damit ebenfalls. Als weiterer Effekt des Wartens auf ein Retracement wird auch das Kurspotenzial größer – der Trade weist insgesamt ein besseres Chance-Risiko-Verhältnis auf.

Als Beispiel folgende typische Trading-Situation: Der Markt bricht aus der Range 4.180 bis 4.200 aus. Das ist für den long eingestellten Trader ein Einstiegs-Trigger. Er hat nun die Möglichkeit, direkt nach dem Ausbruch zu kaufen (in diesem Beispiel bei 4.205) oder bei einem Retracement auf die 4.200. Sein Stop liegt unterhalb der Range bei 4.180, sein Kursziel bei 4.240.

Würde der Trader das Retracement nicht abwarten, betrügen sein Risiko 25 Punkte und seine Chance 35 Punkte. Wartet er ab, vergrößert sich die Chance auf 40 Punkte, und das Risiko sinkt auf 20 Punkte. Insgesamt kann er eine Wette mit einem Chance-Risiko-Verhältnis von zwei eingehen. Das ist deutlich besser als im ersten Fall, bei dem sein Chance-Risiko-Verhältnis nur 1,4 betrug.

Der Nachteil der Strategie, auf einen besseren Einstieg zu pokern, ist, dass Sie manchmal eine Bewegung verpassen werden. Deshalb sollten

Sie ein Kriterium ausarbeiten, wann Sie auf einen besseren Einstieg pokern und wann nicht.

Wenn Ihre Erfahrungen und Recherchen zeigen, dass es für die von Ihnen gewählte Strategie typisch ist, dass der Markt nach Ihrem Einstiegs-Trigger noch einmal zurückkommt, dann können Sie mit Hilfe der Wahrscheinlichkeitsrechnung bestimmen, ob Sie auf einen besseren Einstieg pokern sollten oder nicht.

Dazu gehen Sie wie folgt vor: Nehmen wir ein einfaches Break-out-System, das immer kauft, wenn der Markt aus der Range ausbricht. Notieren Sie sich alle Fälle aus der Vergangenheit oder aktuelle Trading-Situationen, in denen der Einstiegs-Trigger ein Signal generiert hat.

Sagen wir der Einfachheit halber, Sie hätten 100 Signale identifiziert. Nun bilden Sie Gruppen nach folgendem Schema:

In einer Gruppe befinden sich alle Trades, in denen der Markt nochmal das Ausbruchsniveau getestet hat, in der nächsten sind die Fälle, in denen der Markt ohne ein Retracement auf das Ausbruchsniveau direkt weiter gestiegen ist. Als dritte Gruppe notieren Sie alle Fehlsignale, also die Fälle, in denen die Position zum Initial Stop ausgestoppt wurde.

► Poker-Strategie

Gruppe	**Anzahl**	**Prozent**	**Durchschnitt Gewinn/Verlust**
Gruppe 1 Break-out	Retracement auf 63 Trades	71 %	25 Punkte
Gruppe 3 Fehlsignale	25 Trades	29 %	- 20 Punkte
Gesamt	88 Trades		

Gruppe zwei (zwölf Trades) fällt weg, weil der Markt nicht mehr das Einstiegslimit erreicht. Den Verlust pro Trade bei einem Fehlsignal berechnen Sie lediglich in Höhe der Kursdifferenz zwischen Einstieg nach Retracement und Stop, da der Markt in jedem Fall das Kauflimit beim Retracement erreicht hätte. Errechnen Sie den durchschnittlichen Gewinn für jede Gruppe, indem Sie die Ergebnisse aller Trades aus der Gruppe durch die Anzahl der Trades teilen.

Direkter Kauf

Gruppe	Anzahl	Prozent	Durchschnitt Gewinn/Verlust
Gruppe 1 Gruppe 2 direkter Kauf	75 Trades	75 %	20 Punkte
Gruppe 3 Fehlsignale	25 Trades	25 %	- 25 Punkte
SUMME	100 Trades		

Der Gewinn für die Gruppen eins und zwei muss kleiner sein als der Gewinn der Gruppe eins bei der Poker-Strategie, da Sie keine Änderungen an der Exit-Regel vornehmen und nicht auf ein Retracement gewartet haben. Sie steigen immer direkt ein, somit zu einem höheren Kurs.

Nachdem Sie nun, wie oben abgebildet, die Wcrtc in cinc Tabelle eingetragen haben, können Sie den Erwartungswert der Poker-Strategie mit dem Erwartungswert der Strategie des direkten Kaufs vergleichen.

Der Erwartungswert berechnet sich aus dem prozentualen Anteil der Gewinn-Trades, multipliziert mit dem durchschnittlichen Gewinn, zuzüglich dem Produkt aus dem durchschnittlichen Verlust und dem prozentualen Anteil der Verlust-Trades. Für die Poker-Strategie in unserem Beispiel:

0,71 x 25 + 0,29 x (- 20) =11,95

Nun berechnen Sie den Erwartungswert für den direkten Kauf ohne Warten auf ein Retracement. Dazu müssen Sie den durchschnittlichen Gewinn aus der Gruppe zwei multiplizieren mit der prozentualen Häufigkeit der Gruppe eins und zwei und das Produkt aus dem prozentualen Anteil der Gruppe drei und dem durchschnittlichen Verlust in Gruppe drei bilden. Achtung: Zum durchschnittlichen Verlust in der Gruppe drei müssen Sie nun die Differenz des durchschnittlichen Gewinns aus Gruppe eins und zwei hinzuzählen, da Sie ja bei einem Einstieg ohne Retracement auch zu einem höheren Preis gekauft hätten. Für den direkten Kauf errechnen wir:

0,75 x 20 + 0,25 x (- 25) = 8,75

► Der Opportunity-Faktor

Achtung: Nicht immer ist es ratsam, der Strategie mit dem höchsten Erwartungswert den Vorrang zu geben. Bei der Poker-Strategie ist zu bedenken, dass der »Opportunity-Faktor« – die Möglichkeit, überhaupt aktiv zu werden – hier geringer ist.

Während Sie beim direkten Kauf nach dem Einstiegssignal 100-mal Gelegenheit zum Traden hätten, ergeben sich beim Warten auf den besseren Preis nur 88 Trades. In zwölf Fällen läuft Ihnen der Markt davon. Erst wenn Sie den Erwartungswert einer Strategie mit dem Opportunity-Faktor multiplizieren, erhalten Sie das korrekte Ergebnis.

In diesem Beispiel können Sie bei der Poker-Strategie in 88 Fällen erwarten, durchschnittlich 11,95 Punkte zu verdienen – in der Summe also 1.051,6 Punkte. Warten Sie ein Retracement dagegen nicht ab, können Sie insgesamt nur 875 Punkte verdienen.

Der Opportunity-Faktor spielt, wie Sie sehen, eine wichtige Rolle. Noch einmal: Nicht immer ist die Strategie mit dem höchsten Erwartungswert auch die beste. Bei vergleichbaren Strategien mit unterschiedlich hohen positiven Erwartungswerten muss immer der Opportunity-Faktor mit berücksichtigt werden.

▶ Diese Schritte müssen Sie gehen

Gewinnen Sie zunächst eine Haltung über die Richtung, die der Markt auf der von Ihnen gehandelten Zeiteinheit einschlagen wird. Hilfreich ist es dabei, den Weg des geringsten Widerstands herauszufinden. Achten Sie darauf, dass Sie lediglich eine Haltung gewinnen, sich jedoch keine Meinung bilden.

Der Unterschied ist deshalb so bedeutend, weil Sie nur schwer von einer einmal gebildeten Meinung abweichen werden, selbst wenn der Markt Ihnen zeigt, dass Ihre Meinung falsch ist. Niemand lässt sich gerne sagen, dass er mit seiner Meinung vollkommen daneben liegt. Eine Haltung zur Richtung des Markts dagegen lässt Sie beim Trading flexibler auf aktuelle Ereignisse reagieren. Sie werden schneller und einfacher auch in die von Ihnen nicht bevorzugte Marktrichtung umschwenken können.

Wenn Sie Ihre Haltung über die Richtung des Markts gebildet haben, ist damit bereits verbunden, welche Richtung (long oder short) Sie Ihrem Trade geben. Allerdings ist zu diesem Zeitpunkt der Einstieg noch nicht erfolgt. Dieser wird üblicherweise erst dann vorgenommen, wenn Ihr Einstiegs-Trigger ausgelöst wird. Die Einstiegssignale sollten durch klare Kriterien geregelt sein, sonst ist man zu leicht geneigt, einfach eine Position einzugehen, ohne dass der Markt dafür einen konkreten Grund liefert.

Wenn Ihr Einstiegssignal Ihnen einen Einstieg empfiehlt, müssen Sie unbedingt noch vor Eröffnung der Position prüfen, ob Sie eine gute Wette eingehen werden. Erst wenn ein attraktives Chance-Risiko-Verhältnis vorliegt, dürfen Sie die Position tatsächlich eröffnen.

Prüfen Sie vor jedem Trade, ob die Trading-Idee wirklich sinnvoll ist und Ihrem Plan entspricht. Diese Zeit müssen Sie sich nehmen!

Achten Sie ebenfalls darauf, dass Sie Ihre Entscheidungen immer auf derselben Zeiteinheit treffen. Häufig gelten nämlich Signale, die auf einer kurzfristigen Zeiteinheit generiert werden, nicht für eine längere Zeiteinheit. Wenn Sie normalerweise Ihre Einstiegssignale auf dem Fünf-Minuten-Chart erhalten, sollten Sie sich vor dem Einstieg nicht den Minuten-Chart anschauen, sondern erst einsteigen, wenn Ihr Signal auch auf dem Fünf-Minuten-Chart sichtbar wird.

Seien Sie konsistent und konsequent in Ihren Entscheidungen. Wenn der Markt Ihnen ein Signal liefert, sollten Sie dieses Signal auch befolgen. Eine Einstiegsstrategie, bei der Sie nur die Hälfte der Signale befolgen, ist wertlos. Diskretionäre Trader haben zwar die Freiheit, einzelnen Signalen nicht zu folgen, dies sollte aber die Ausnahme und nicht die Regel sein.

► Das sollten Sie bei jedem Einstieg beachten

Planen Sie jeden Trade genau und entwickeln Sie eine Einstiegsroutine.

Routinen helfen Ihnen, schneller zu handeln, da viele Prozesse und Entscheidungen von Ihrem Unterbewusstsein gesteuert werden können. Hilfreich sind gerade für Anfänger Listen, die sie beim Einstieg verwenden können. Wie ein Pilot beim Check-up vor dem Start sollten Sie alle Kriterien genau prüfen, bevor Sie handeln. Wenn Sic Ihren Trade im Voraus planen, hilft Ihnen das, überlegt zu handeln. Sie werden automatisch weniger Trades machen, was aber Ihr Ergebnis deutlich verbessern sollte. Die Planung beschränkt sich dabei nicht auf den Einstieg, sondern beschreibt detailliert alle Phasen eines Trades.

▶ Planen Sie mit jedem Einstieg bereits den Re-Entry

Auch sollten Sie bereits bei der Planung berücksichtigen, unter welchen Umständen Sie zu einem Re-Entry bereit sind. Ein Re-Entry bedeutet, eine vorher ausgestoppte Position wieder aufzunehmen. Wer seinen Re-Entry vorher plant, wird besonnener handeln können, wenn er bereits einmal mit Verlust ausgestoppt wurde.

Es gibt zwei Extreme, in die Trader häufig verfallen, wenn sie ausgestoppt wurden. Die einen wollen nicht wahrhaben, dass sie falsch liegen, und bauen ihre Position sofort wieder mit einem neuen Stop auf, was faktisch einer Erweiterung der ersten Position gleichkommt – nur mit weiter entferntem Stop. Das andere Extrem stellen Händler dar, die nicht mehr in der Lage sind, in den Markt zu gehen, wenn sie einmal unglücklich ausgestoppt wurden – obwohl der Markt dann wieder in die von ihnen vermutete Richtung läuft.

Wenn Sie diese Extreme vermeiden wollen, brauchen Sie einen Plan für einen Re-Entry, der bereits feststeht, bevor Sie die erste Position eingehen. Sie müssen sich dazu vorstellen, was passiert, wenn Sie ausgestoppt wurden: Wo ist dann der Markt? Wann würden Sie entscheiden, dass Sie nur unglücklich ausgestoppt wurden? Wann hat der Markt Ihrer Position Unrecht gegeben? Wo ist die Linie im Sand? Wie viele Re-Entries würden Sie zulassen?

Wenn Sie Ihren Re-Entry bereits vor dem ersten Trade planen, erkennen Sie, ob es sinnvoller ist, mehrere Einstiegsversuche mit einem engen Stop vorzunehmen oder aber es bei einem Versuch zu belassen, diesen aber mit einem größeren Stop zu versehen. Sie sind emotional und psychologisch gesehen in einer besseren Stimmung, wenn Sie Ihren Re-Entry zu einem Zeitpunkt planen, in dem Sie weder unter Stress noch unter dem Einfluss eines vorausgegangenen negativen Trades stehen.

Fragen Sie sich immer nach dem Grund für den Trade

Handeln Sie, weil es sich um eine gute Wette handelt, oder liegen andere Motive vor? Häufig handeln Daytrader nur aus Langeweile oder weil sie glauben, sie müssten etwas tun. Gefährlich ist auch, wenn ein Trade nur aus dem Grund eingegangen wird, dass man einen zuvor erlittenen Verlust schnell wieder aufholen will.

► Seien Sie mit der ersten Position aggressiv, und laden Sie nach, sobald es für Sie läuft

Trader suchen Sicherheit und warten deshalb häufig ab, bis der Markt ihnen scheinbar ganz klar zeigt, in welche Richtung er geht. Leider ist der Punkt, an dem ein Trend für jeden offensichtlich wird, meist ein Punkt, an dem der Trend vorerst endet. So warten viele Trader auf einen Ausbruch aus der Range, wenn sie long gehen wollen.

Anstatt auf den Ausbruch zu warten, sollten Sie lieber vorher aggressiv sein und eine erste kleine Testposition eröffnen. Erfolgt dann der Ausbruch, können Sie in den Retracements Ihre Position nachladen und vergrößern. Zwar haben Sie vor dem Ausbruch scheinbar eine höhere Unsicherheit, diese Unsicherheit wird aber durch das geringere Risiko kompensiert. Berücksichtigen wir dann noch, dass die Zukunft nicht vorhersehbar ist, bietet sich ein früher Einstieg in jedem Fall an, statt auf vermeintliche Sicherheit zu warten.

Gehen Sie nur eine Position ein, wenn Sie vor ihrer Eröffnung einen sinnvollen Stop für diese Position bestimmen können.

Eine der größten Dummheiten, die ein Trader machen kann, ist es, ohne einen vorher definierten Stop einzusteigen. Um diesen Fehler zu vermeiden, hilft es, eine klar definierte Trading-Routine zu erstellen. Der Trader geht also vor Eröffnung einer Position sämtliche Einstiegskriterien durch und prüft, ob er an alles gedacht hat.

Häufig glauben Händler, sie hätten dazu keine Zeit und könnten sich nach dem Eingehen der Position um den Initial Stop Loss kümmern. Theoretisch wäre dies sogar möglich, da der Initial Stop meist weit weg vom aktuellen Preis liegt. Das Problem ist aber, dass ein Trader, der ohne nachzudenken in eine Position springt, erstens nicht weiß, ob er eine gute Wette eingeht – weil er kein Chance-Risiko-Verhältnis bestimmen kann –, und zweitens meist viel emotionaler handelt, als wenn er den Trade vorher gründlich plant.

Pokern Sie nicht, wenn Sie in den Markt wollen, sondern gehen Sie immer market in den Markt.

Häufig pokern Trader, indem sie auf der Geld- oder Briefseite ein Limit für ihren Einstieg platzieren. Dadurch kommen diese Trader oft einen Tick günstiger zum Zug, unterliegen aber dem Risiko, dass der Markt ihnen auch davonlaufen kann, ohne dass sie ihre Position eröffnet haben. Wenn alle Bedingungen für einen Einstieg gegeben sind, sollten Sie immer market kaufen. Es macht keinen Sinn, bullish oder bearish zu sein und keine Position zu haben.

► Steigen Sie nicht zu häufig ein

Mit jedem Trade müssen Sie nicht nur Kommissionen bezahlen, sondern auch noch die Geld-/Briefspanne verdienen. Je häufiger Sie deshalb handeln, desto höher sind diese Kosten. Konzentrieren Sie sich lieber auf ein paar gute Trades, als zu viel zu handeln. Meistens machen Sie nur Ihren Broker glücklich, Ihr Konto jedoch leidet darunter.

Viele Daytrader fühlen sich nutzlos, wenn sie während eines Tags nicht handeln, sondern einfach nur den Markt beobachten. Dieses Gefühl entsteht aus unserer Konditionierung, dass nur, wer etwas schafft, auch wertvoll ist. Beim Traden ist der Output aber nicht abhängig davon, wie viel Arbeit Sie in den Trade gesteckt haben oder wie häufig Sie handeln.

Meine Tradingergebnisse sind meist umso besser, je weniger ich handle.

► Vermeiden Sie einen Einstieg vor wichtigen Wirtschaftsdaten

Wer vor wichtigen Wirtschaftsdaten bereits eine Position hat, sollte sie nicht unbedingt schließen – es sei denn, der Markt wird sehr illiquide, sodass eine hohe Slippage zu befürchten ist. Wenn Sie allerdings vor den Wirtschaftsdaten keine Position haben, sollten Sie auch keine neue eingehen.

Auf Wirtschaftsdaten zu traden kommt einem Roulettespiel gleich. Niemand weiß, wie die Daten ausfallen werden. Eine Position auf Glück aufzubauen ist ein absoluter Fehler. Warten Sie deshalb mit einem Einstieg bis nach der Veröffentlichung von wichtigen Wirtschaftsdaten.

► Gibt es einen klugen Entry, und wie sähe dieser aus?

Gibt es dennoch so etwas wie einen klugen Entry? Entgegen aller Statistik und Kritik an der Prognosefähigkeit eines Systems beruhen meine Entries, wie die von vielen Profis, auf Markterfahrung. Ähnlich wie in einem Fußballspiel gibt es zwar strategische Empfehlungen und Standardsituationen während des Tradens, aber wahre Meisterklasse erreichen Sie nur, wenn Sie auch genügend Erfahrung mitbringen, Situationen zu bewältigen, die außerhalb des Standardrepertoires liegen. Diese Erfahrungen lassen sich in keinen Computer mit ein paar Regeln programmieren. Auch könnte ich dieses Kapitel über 1.000 Seiten gestalten, und es würde Ihnen nichts nützen. Denn Erfahrungen müssen Sie selber sammeln.

Ein kluger Entry bedeutet vor allem Markterfahrung. In manchen Märkten mag eine Strategie funktionieren, in anderen nicht. Strategien, die ich in 90 Prozent aller Fälle anwende, lasse ich in den entscheidenden zehn Prozent weg, weil ich es für richtig halte, hier meine Regeln zu brechen.

Das ist der wahre Vorteil eines diskretionären Traders: seine Freiheit zu nutzen, um seine Regeln auch mal zu brechen. Bei einem Computerhandelssystem wäre dies das Ende des Systems. Es gibt Hunderte von Ausnahmen und ständig Änderungen am Markt.

Ed Sakota hat fünf Regeln für sein Trading (in seinem Buch *»Magier der Märkte«*). Die erste lautet: »Follow your rules«, die letzte lautet »You must know when to break your rules«.

Die Komplexität der Märkte, die ständig wechselnden Einflüsse auf die Preise an den Märkten und die Vielzahl der Marktteilnehmer legen es nahe, sich wenigstens ein paar Gedanken über seinen Einstieg zu machen.

Ein kluger Einstieg sieht so aus, dass der Trader sich vorsichtig in seine Position hineintastet. Das bedeutet, nicht gleich zu Beginn seine größte Position zu haben, sondern Platz für weitere Kontrakte zu lassen, die er aufnehmen kann, sobald der Markt für ihn läuft – und gleichzeitig in seinem Risk-Management noch Platz für einen Re-Entry zu lassen für den Fall, dass er ausgestoppt wird.

Der kluge Entry ist also eine Kombination aus Money-Management und Einstieg. Da wir nicht die Zukunft voraussehen können, ist es besser, sich vom Markt zeigen zu lassen, ob wir richtig liegen. Nehmen wir an, wir sind bereit, maximal ein Prozent unseres Kapitals mit einer Position zu riskieren. Unser Konto beträgt 200.000 Euro, sodass das maximale Risiko 2.000 Euro darstellt. Wir gehen von einem Kauf bei 4.200 mit Stop bei 4.180 aus. Das Risiko pro Kontrakt beträgt demnach 500 Euro, sodass wir maximal vier Kontrakte kaufen können.

Anstatt nun alle Kontrakte zum gleichen Kurs zu erwerben, können wir zum Beispiel erst die Hälfte erwerben, und sobald der Markt in unsere Richtung läuft, einen weiteren Kontrakt. Stabilisiert sich der Trend für uns, kaufen wir erneut einen Kontrakt, sofern das Risiko für den Zukauf nicht zu groß geworden ist (sprich, wir würden insgesamt mehr als ein Prozent unseres Kapitals für den Trade riskieren).

Diese Methode hat zwar den Nachteil, dass wir teilweise teurer einkaufen müssen und der durchschnittliche Einkaufspreis steigt, wir erhalten aber im Gegenzug vom Markt die Bestätigung, dass wir mit der Position richtig liegen.

▸ Kapitel 9 ◂

Exit-Strategien sind das wahre Geheimnis der Master-Trader. Die einfache Regel, Verluste zu begrenzen und Gewinne laufen zu lassen, lässt sich nur mit perfekten Exit-Regeln umsetzen.

▶ Das fundamentale Gesetz des Tradens – und warum so viele Exit-Strategien gegen dieses Gesetz verstoßen

Nichts macht mehr Spaß als zu gewinnen, und doch gönnen sich die meisten Trader diesen Genuss nicht. Häufig werden Gewinn-Trades zu früh glattgestellt. Die emotionalen Leiden scheinen während eines Gewinn-Trades deutlich höher zu liegen als die Qualen beim Verlieren. Denn anders ist kaum zu erklären, warum Daytrader sich immer wieder mit kleinen Gewinnen begnügen. Es ist geradezu pathologisch, mit welcher Konsequenz Trades zu früh glattgestellt und damit Gewinne begrenzt werden.

Eine alte Trader-Weisheit lautet: »An Gewinnmitnahmen ist noch niemand gestorben«. Das mag stimmen, aber wer seine Gewinne zu früh mitnimmt, hat zum Sterben zu viel und zum Leben zu wenig. Diese Trader sind die typischen Kämpfer: Sie haben eine Überlebensstrategie entwickelt, aber keine Gewinnstrategie.

Gewinner begrenzen ihre Gewinne nicht. Sie halten es lieber mit der Börsenregel »Gewinne laufen lassen«.

Doch wie entwickelt man eine Gewinnerstrategie? Das Ergebnis jedes Trades hängt vom Exit ab. Selbst bei einem schlechten Einstieg kann ein guter Exit häufig noch den Trade retten. Hingegen führt ein schlechter Exit fast immer zu Verlusten oder wegen zu kleiner Gewinne zu einem schlechten Trading-Ergebnis.

Schlechte Exits resultieren immer dann in Verlusten, wenn aufgrund falsch platzierter Stops der Trade zu schnell ausgestoppt wurde und keine Möglichkeit hatte, sich zu entfalten. Der Trader sieht meistens den Markt in »seine Richtung« davonrennen, kaum dass er ausgestoppt wurde. Diese Exits sind häufig das Resultat von unproduktiven Faktoren wie Angst, Nervosität oder finanziellem Druck.

Es ist relativ einfach, diese Exits zu erkennen. Sie liegen zu nahe am Markt, innerhalb einer Zone, die ich das »normale Rauschen« nenne. Mit dem normalen Rauschen beschreibe ich Marktbewegungen, die zufällig zustande kommen und keine Signifikanz für den übergeordneten Trend haben.

Das Rauschen des Markts ist nicht immer konstant. Es gibt Zeiten, in denen das Rauschen sehr stark ist, zu anderen Zeiten ist das normale Rauschen so schwach, dass es kaum wahrgenommen wird.

Diese Schwankungen im Rauschen erkennt der erfahrene Trader leicht, für einen Anfänger hingegen ist es häufig schwierig, signifikante Bewegungen vom Rauschen zu trennen. Ich empfehle deshalb, sich beim Traden auf Basismärkte oder Basiswerte zu konzentrieren, um zunächst in diesen Märkten Erfahrungen zu sammeln.

Einige Anhaltspunkte kann ich aber auch dem Anfänger geben, wie er das Rauschen des Markts identifiziert.

Schiebezonen auf den Charts sind typisch für Rauschbewegungen. Vom Boden der Schiebezone bis zur oberen Begrenzung sind sämtliche Bewegungen meist zufällig, sodass diese Spanne ein gutes Indiz dafür ist, wie stark das Rauschen ist.

Wichtig ist, dass bei der Identifizierung des Rauschens der Trader auf der Zeiteinheit bleibt, auf der er auch seine Trading-Entscheidungen trifft, da das Rauschen auf einem Stundenchart deutlich höher ist als auf einem Fünf-Minuten-Chart.

Ebenfalls ein guter Anhaltspunkt für das Rauschen ist die durchschnittliche Größe eines Bars oder einer Candle auf der betrachteten Zeiteinheit. Lassen Sie zur genaueren Durchschnittsbildung die drei größten Kerzen im Laufe eines Tags außer Acht.

Mit dieser Methode kann ein Trader allerdings nur das Minimum-Rauschen eines Markts ermitteln, während das Rauschen in einer Schiebezone (siehe oben) häufig eher die Maximalwerte misst.

Exits in Form von Stops sollten immer außerhalb des normalen Rauschens platziert werden. Als Hilfsmittel, um sich weit genug aus der Zone des normalen Rauschens zu bewegen, eignen sich auch signifikante Punkte wie Supports, Widerstände oder Hoch- und Tiefpunkte. Normalerweise hat ein Bruch dieser Punkte Bedeutung für den Trend.

Eine andere Form von schlechten Exits resultiert aus der Angst des Traders, wieder etwas von seinen Gewinnen hergeben zu müssen, und führen dazu, dass die Gewinne zu klein sind, um die üblichen Verluste, die unvermeidbar beim Trading entstehen, abzudecken. Diese Exits sind weit verbreitet, und häufig merkt der Trader nicht, dass er wegen seiner schlechten Exit-Strategie verliert, sondern sucht den Fehler bei seinem Einstieg. Eine Änderung der Exit-Strategie hätte für diese Trader meist enorme Auswirkungen auf ihre Performance.

Schlechte Exits begrenzen in diesem Falle die Gewinne und lassen dem Trade nicht genug Raum, sich zu entfalten. Das Resultat sind viele kleine Gewinne, die – im glücklichen Fall – die Summe der Verluste marginal nach Trading-Kosten übersteigen, weitaus häufiger aber darunter liegen.

Die Größe der Gewinne hat nichts mit dem Einstieg zu tun. Der Zweck des Einstiegs ist es, den Trade in die richtige Richtung zu bringen. Wie weit der Trade aber mit dem Markt in diese Richtung läuft, das bestimmt einzig und allein die Exit-Strategie. Je intelligenter Ihre Exits sind, desto größer wird Ihr Trading-Erfolg.

Dafür müssen Sie aber bereit sein, folgende Frage mit einem ehrlichen »Ja« zu beantworten.

▶ Sind Sie endlich bereit dazu, um Ihre Gewinne zu pokern?

Nur wenn Sie mit Ihren Gewinnen spielen, können Sie das Urgesetz des Tradens – Gewinne laufen lassen, Verluste begrenzen – umsetzen.

Wie beim Pokerspiel geht es nicht darum, häufiger zu gewinnen, sondern dann zu gewinnen, wenn der Topf am größten ist. Es wird Ihnen daher passieren, dass Sie einige kleinere Töpfe (Gewinne) auf dem Tisch liegen lassen und passen müssen, damit Sie dann im richtigen Moment zuschlagen können. Sie werden nicht automatisch bei jedem Trade mehr Geld verdienen, aber im Durchschnitt werden Ihre Gewinne deutlich steigen. Diese Kunst sollen Sie bei der Entwicklung einer intelligenten Exit-Strategie lernen!

Dabei steht die Frage im Vordergrund: Wie viel Gewinn muss sein, wie viel darf und soll ein Trader mitnehmen? Sollen wir sein wie Dagobert Duck und nie genug bekommen, oder gibt es einen Punkt, an dem man sich besser zufrieden gibt? Wann lohnt es sich, um den großen Topf zu pokern, wann lässt man es lieber bleiben? Welcher Gewinn ist optimal?

Diese Frage können wir nicht beantworten, da der Gewinn ein künftiges, aber unsicheres Ereignis ist. So lässt sich im Nachhinein für jeden Trade der optimale Ausstiegszeitpunkt bestimmen, indem wir auf dem Chart nachschauen, was denn die maximale Preisbewegung nach und vor unserem Exit war. Aber diese Nachbereitung eines Trades hilft uns leider immer erst ex post, einen optimalen Exit-Punkt zu bestimmen.

Dennoch kann sich die Mühe lohnen, diesen theoretisch optimalen Exit-Punkt zu finden, denn wir erhalten dadurch ein Bild darüber, wie viel Prozent eines möglichen Gewinns wir wegen der gewählten Exit-Strategie nicht in der Lage waren einzucashen.

Dazu setzen wir einfach unseren Gewinn ins Verhältnis zu dem hypothetischen Gewinn, der entstanden wäre, wenn wir am besten Punkt aus diesem Trade gegangen wären. Die Zahl, die wir erhalten, gibt uns Aufschluss darüber, wie viel Prozent wir mit unserem Exit im Vergleich zum optimalen Exit herausgeholt haben.

Natürlich werden wir nie 100 Prozent erreichen, aber unter Umständen erkennen wir bereits zu diesem Zeitpunkt, dass unsere bisherige Exit-Strategie überarbeitungsbedürftig ist.

Aber wo liegt der optimale Exit, wenn das Ergebnis des Trades wegen der Marktentwicklung unsicher ist? Wir haben keine Kontrolle darüber, wie weit der Markt in unsere Richtung läuft. Unser Einfluss beschränkt sich darauf, zu einem von uns bestimmten Zeitpunkt den Prozess des Gewinnens oder Verlierens zu stoppen und einen bestimmten Gewinn oder Verlust zu realisieren.

Unsere Kontrollmöglichkeiten beschränken sich demnach darauf zu entscheiden, wann wir genug gewonnen oder verloren haben. Diese Entscheidung scheint auf den ersten Blick subjektiv zu sein: Der eine mag mit zehn Punkten Profit genug haben, der andere vielleicht erst mit 20.

Doch Subjektivität hat bei der Beantwortung dieser Frage nichts zu suchen. Sie führt uns in die Irre, weil die meisten Menschen risikoscheu hinsichtlich ihrer Gewinne sind, aber risikofreudig, wenn sie mit Verlusten dealen müssen. Das bedeutet: Wir nehmen lieber einen sicheren Gewinn mit, als dass wir auf einen größeren, aber dafür unsicheren Gewinn pokern, während wir im Verlustfall häufig lieber auf einen besseren Ausstieg und damit kleineren Verlust hoffen, als den sicheren Verlust umgehend zu realisieren.

Interessanterweise verfügen viele unerfahrene Trader über keine Exit-Strategie und beantworten deshalb die Frage nach dem optimalen Exit immer wieder intuitiv. Genau nach den biologisch programmierten Verhaltensvorgaben reagieren sie dann risikoavers im Gewinnfall und stellen ihre Gewinne viel zu früh glatt, während die Verluste häufig anwachsen, weil sie noch hoffen, besser aus dem Trade rauszukommen.

Dieses Dilemma können wir nur mit einer konkreten, festgelegten Exit-Strategie lösen. Doch bevor wir dazu kommen, möchte ich Ihnen eine Geschichte erzählen.

▶ Die Truthahnfalle

Stellen Sie sich vor, Sie hätten eine Truthahnfalle gebaut. Die Falle funktioniert so, dass Sie einen großen, unten offenen Käfig über dem Boden aufgehängt haben. Mittels einer Schnur können Sie den Käfig jederzeit herunterlassen und somit die Falle schließen. Unterhalb der Falle haben Sie ein paar Körner als Futter und Köder für die Truthähne ausgestreut.

Nun lauern Sie gespannt hinter einem Busch, das Seil für den Käfig in der Hand, und hoffen auf fette Beute. Sie wissen nicht genau, wie viele Truthähne in der Gegend herumlaufen, aus Erfahrung schätzen Sie aber, dass sich derzeit zumindest zwölf Hähne in Ihrem Revier aufhalten.

Am Anfang ist alles ganz einfach. Ein Truthahn findet Ihren ausgelegten Köder und beginnt eifrig unter der Falle zu picken. Es wäre nun ein Leichtes, sich mit einem Truthahn zufrieden zu geben, allerdings würden Sie, wenn die Falle zuschnappt, alle anderen Truthähne verscheuchen. Ein Truthahn scheint ein bisschen wenig für die Mühe, die Sie mit dem Bau der Falle hatten, und deshalb warten Sie weiter. Nicht viel später gesellt sich bereits der zweite Truthahn zu dem ersten und beginnt Ihren Köder zu fressen. Zwei sind besser als einer, aber drei wären noch schöner, zumal Sie sehen, wie sich bereits zwei weitere Truthähne Ihrer Falle nähern.

Genau in dem Moment, als vier Truthähne unter der Falle sind und Sie überlegen, ob Sie sich mit Ihrer Beute begnügen wollen, verlassen die ersten zwei Truthähne bereits wieder die Falle. Sie hätten vier haben können, jetzt sind es wieder nur noch zwei. Wann lassen Sie die Falle runter? Augenblicklich, bevor noch ein weiterer Truthahn entflieht? Oder hoffen Sie, dass die zwei Ausreißer wieder zurückkommen? Vielleicht sind Sie sogar so abgebrüht und warten, bis noch mehr Truthähne in Ihrer Falle sind.

Bevor Sie zu Ende gedacht haben, verlässt ein weiterer Truthahn Ihre Falle. Sie hatten schon vier, jetzt haben Sie nur noch einen, und es droht die Gefahr, dass dieser eine Truthahn ebenfalls die Falle verlässt. Vorher wollten Sie sich nicht mit einem Truthahn zufrieden geben, jetzt haben Sie Angst, diesen einen auch noch zu verlieren, und wollen Ihren Mini-Gewinn in jedem Fall noch sichern.

Voller Angst, diesen einen auch noch zu verlieren, sehen Sie gar nicht, dass sich sechs weitere Truthähne auf den Weg zu Ihrer Falle gemacht haben. Sie denken nur noch an das, was Sie verlieren können, nicht mehr an das, was Sie noch gewinnen können.

Wann war der optimale Zeitpunkt, die Falle zu schließen? Wann hätten Sie die Falle geschlossen? Bei vier Truthähnen? Woher wollten Sie wissen, dass nicht noch mehr Hähne in Ihre Falle laufen?

Das Problem, den richtigen Zeitpunkt zu finden, um die Falle zuschnappen zu lassen, können wir nicht nach Gefühl lösen. Denn unsere Emotionen werden zwischen bangem Hoffen und gieriger Freude Kapriolen schlagen.

Wir werden nur diszipliniert und emotionslos handeln können, wenn wir eine klare Regel haben, wann wir die Falle zuschnappen lassen. Ansonsten werden unsere Gefühle Achterbahn fahren. Mit jedem neuen Truthahn in der Falle steigt unsere Freude, für jeden entlaufenen dafür unsere Enttäuschung. Die Jagd nach Truthähnen wird emotional aufreibend. Irgendwann kommen wir zu dem Punkt, an dem wir uns nicht rational verhalten, sondern einfach die emotionale Achterbahnfahrt beenden wollen. Ob dieser Punkt allerdings auch der optimale Zeitpunkt ist, bezweifle ich.

Nur wenn wir eine fixe Regel entwickeln, können wir dieses Problem lösen – ohne Hoffen, Bangen und andere unproduktive Emotionen. So könnten wir zum Beispiel als Regel festlegen, dass, sobald mehr als zwei Truthähne die Falle wieder verlassen haben, wir aber mindestens noch zwei Truthähne in der Falle haben, wir die Falle zuschnappen lassen. Wir können diese Regel erweitern, dass, wenn wir eine bestimmte Summe xy an Truthähnen unter dem Käfig haben, wir die Falle bereits beim Verlassen eines Truthahns zuschnappen lassen. Der Phantasie bei der Entwicklung der Exit-Regel sind keine Grenzen gesetzt. Wichtig ist nur, dass die Exit-Regel immer auf dem Grundprinzip – Gewinne laufen lassen, Verluste begrenzen – aufbaut.

Das Truthahn-Beispiel ist ein sehr guter Vergleich mit dem Markt. Auch hier wissen wir nicht, wie viele Punkte wir noch zusätzlich verdienen können. Da dies ein unsicheres, in der Zukunft liegendes Ereignis ist, müssen wir unsere Entscheidung davon abhängig machen, wie viele Punkte (Truthähne) wir bereits verdient (gefangen) haben und wie wahrscheinlich es ist, noch x + 1 Punkte (Truthahn) zu ergattern. Auf Basis dieser Information müssen wir eine Exit-Regel entwickeln.

Diese Exit-Regel sorgt dafür, dass wir nicht mehr hin- und hergerissen sind, sondern die Entscheidungssituation entspannt meistern können. Wir haben eine feste Regel für den Exit. Das Ergebnis wird vielleicht mal kleiner, mal größer ausfallen, aber es war unsere Regel, an die wir uns gehalten haben, die das Ergebnis produziert hat, und nicht unser Gefühl. Von daher werden wir auch nicht mehr über unsere Emotionen urteilen und vermeiden so Stimmungstiefs ebenso wie schädliche Stimmungshochs.

Die Frage, die aber noch beantwortet werden muss, ist, welche Exit-Regel für die von uns verwendete Einstiegsstrategie den im Durchschnitt höchsten Output produziert. Um diese Frage zu lösen, müssen wir auf unser statistisches Grundwissen zurückgreifen.

Beginnen wir mit der Wahrscheinlichkeit, noch x + 1 Punkte zu gewinnen. Mit zunehmender Größe der Gewinne sinkt die Wahrscheinlichkeit, x + 1 Punkte zu realisieren, weil die Marktbewegung diesen Gewinn nicht mehr hergibt. Das heißt allerdings nicht, dass wir uns auf kleine Gewinne fokussieren sollen. Es ist in der Tendenz einfacher, sich auf größere Gewinne zu konzentrieren, als zu versuchen, mit vielen kleinen Gewinnen seine Performance zu erzielen.

Machen wir uns dies an einem Beispiel im DAX klar. Während die Wahrscheinlichkeit für einen Daytrader, zwei Punkte zu gewinnen, noch sehr groß ist, sinkt sie deutlich, wenn es um einen 20-Punkte-Gewinn geht.

Nehmen wir an, dass die Wahrscheinlichkeit, zwei Punkte zu gewinnen, 85 Prozent beträgt, die Wahrscheinlichkeit, 20 Punkte zu gewinnen, aber nur 30 Prozent. Um 20 Punkte zu realisieren, haben wir nun die Möglichkeit, zehnmal zwei Punkte zu verdienen oder einmal 20 Punkte. Die Wahrscheinlichkeit, zehnmal zwei Punkte hintereinander zu realisieren, beträgt 0,85 hoch 10 = 19,69 Prozent und liegt damit deutlich unter der Wahrscheinlichkeit, einmal 20 Punkte zu realisieren.

Zu beachten ist, dass diese Rechnung ohne Trading-Kosten gemacht wurde. Mit Trading-Kosten sieht sie noch schlechter aus. Weiterhin müssen wir bedenken, dass jeder Trade Zeit und Ressourcen in Anspruch nimmt, unabhängig vom Ausgang des Trades. Auch hier ist ein großer Gewinn vielen kleinen vorzuziehen.

Gehen wir davon aus, dass die Wahrscheinlichkeit, einen Sieben-Punkte-Gewinn zu erzielen, bei 67 Prozent liegt, so bräuchten wir nur dreimal zu gewinnen, um unsere 20 Punkte zu erreichen. Die Wahrscheinlichkeit für einen Gewinn wäre in diesem Fall (0,67 x 0,67 x 0,67 = 0,3) nahezu gleich. Doch selbst in diesem Fall stehen wir vor dem Problem, dass wir dreimal einen Einstieg finden müssen, das heißt, der Markt muss uns während des Tags dreimal eine Chance bieten, im Vergleich zu einer 20-Punkte-Chance.

Wir sehen an dieser Rechnung und dem Beispiel, dass die Frage nach der optimalen Gewinngröße unter anderem von der Frage nach der Wahrscheinlichkeit, einen bestimmten Gewinn zu erreichen, abhängt. Da es mit zunehmendem Gewinn immer unwahrscheinlicher wird, x + 1 Punkte zu realisieren, muss unsere Exit-Regel mit zunehmendem Gewinn ein anderes Trading-Verhalten generieren als bei kleinen Gewinnen.

Dennoch sollte sie so aufgebaut sein, dass sie auf große Gewinne ausgerichtet ist und diese ermöglicht. Eine intelligente Exit-Regel macht demnach für verschiedene Trading-Phasen unterschiedliche Vorgaben für den Trader.

▶ Meine Exit-Regeln

Meine wichtigste und erste Exit-Regel ist, dass ich meinen Stop im Aufwärtstrend an relativen Tiefs und im Abwärtstrend an relativen Hochs (siehe Zeichnung) nachziehe. Diese Exit-Regel bezeichne ich im Folgenden als Exit-Regel 1.

Ich selbst unterscheide bei meinen Exits vier Phasen.

Das erste Intervall R-1

Die erste Phase ist der Bereich zwischen Einstieg und Stop. Ich bezeichne das Intervall als R-1, da ich im Extrem in dieser Phase den riskierten Betrag vollständig verlieren kann.

In diesem Intervall ist das Trading-Ergebnis negativ, und ich habe lediglich die Wahl zwischen den Alternativen a) den Trade mit Verlust ausstoppen zu lassen, b) abzuwarten und zu hoffen, dass der Markt doch noch in meine Richtung dreht und der Trade über den Breakeven-Punkt hinweg läuft, und c) einen Teil meiner Position mit Verlust auszuscalen.

Solange sich der Markt in dieser Verlustphase befindet, bleibt mein Initial Stop unverändert. Bevor ich den Trade gemacht habe, habe ich mir diesen Stop als sinnvolle Linie im Sand gewählt und war bereit, den riskierten Betrag zu verlieren. Also sollte ich auch nicht den Stop näher an den Markt bringen und somit Gefahr laufen, vom allgemeinen Rauschen ausgestoppt zu werden.

Der Initial Stop ist immer hinter signifikanten Marktpunkten, so genannten Pivots, platziert, damit er außerhalb der Zone des normalen Rauschens liegt. Solange der Markt mir keine signifikanten Punkte anbietet, hinter denen ich meinen Stop platzieren kann, lege ich den Initial Stop in einem feststehenden Abstand vom Einstieg weg, sodass der Initial Stop in jedem Fall weiter weg liegt als das Marktrauschen.

Wichtig ist aber, für diese Phase eine oder mehrere Regeln zu entwickeln, wann Sie Ihre Position ausscalen, das heißt Teilglattstellungen vornehmen. Das Dilemma, das zu diesem Zeitpunkt besteht, liegt darin, dass Sie zwar durch Ausscalen im Schnitt kleinere Verluste erreichen, aber sich die Chance nach oben ebenfalls für die ganze Position nehmen. Deshalb sollten klare Gründe für ein Ausscalen vorliegen.

Ich überlege, dass ich beim Eingehen des Trades der Überzeugung war, unmittelbar in die Gewinnzone zu gelangen, ansonsten hätte ich mit dem Trade noch gewartet. Somit läuft in jedem Fall etwas schief, wenn der Markt meinen Trade in die Verlustzone bringt. Ich unterscheide hier erneut zwischen prozyklischen Trades und antizyklischen Trades.

Bei prozyklischen Trades scale ich eher selten eine Position aus, während ich bei antizyklischen Trades nach einer Karenzzeit, in der ich dem Markt zubillige, wieder in die Break-even-Zone zu laufen, konsequent beginne, die Position zu reduzieren.

Normalerweise teile ich die Position in drei Drittel auf und verkaufe zuerst ein Drittel davon. Läuft der Trade dann weiter in den Verlust, wird ein weiteres Drittel verkauft, und ich behalte nur das letzte Drittel. Das konsequente Ausscalen führt dazu, dass meine durchschnittlichen Verluste kleiner sind als üblich.

Bei prozyklischen Trades verkaufe ich meist nur ein Drittel der Position, wenn ich nach einer Karenzzeit noch im Verlust bin.

Die Exit-Regel für das Intervall R-1 ist hauptsächlich ein Zeitstop für einen Teil meiner Position.

An dieser Stelle stellt sich die Frage, warum ich nicht direkt einen gestaffelten Initial Stop verwende. Märkte sind häufig auf der Suche nach Stops. So sehen wir immer wieder scharfe Sell-out-Bewegungen in einer Range, die aber im Gesamtbild ohne jede Bedeutung sind. Mein Initial Stop ist ein Worst Case Stop, der mich davor schützt, zu viel Geld zu verlieren. Deshalb arbeitet er als so genannter harter Stop im Markt.

Alle anderen Stops innerhalb des Verlustintervalls liegen nicht am Markt vor, damit sie nicht Opfer von Stop-Fängern werden. Beobachte ich einen scharfen Sell-out ohne sofortiges Recovery, messe ich dieser Bewegung eine größere Signifikanz zu als den typischen Stopfänger-Manövern, die meist nur kurzlebiger Natur sind. Nur wenn ich die Bewegung für bedeutsam halte, scale ich einen Teil meiner Verlustposition aus. Außerdem will ich dem Trade immer etwas Zeit geben, sich zu entfalten, sodass Positionen erst nach längerem Verweilen in der Verlustzone ausskaliert werden.

Natürlich greift in dieser Phase bereits meine Exit-Regel, dass ich meinen Stop an relativen Tiefs im Aufwärtstrend beziehungsweise relativen Hochs im Abwärtstrend nachziehe. So kann es sein, dass ein relatives Tief/Hoch in den Bereich R-1 fällt, ich meinen Stop auf diesen Punkt nachziehen kann und somit mein Risiko verkleinere, ohne allerdings bereits in einer Marktphase zu sein, in der mein Initial-Risiko null ist.

Das zweite Intervall R1

Nach dem R-1-Intervall beginnt die Gewinnzone. In dem Bereich, in dem ich mein ursprüngliches Risiko (Differenz zwischen Einstieg und Initial Stop) noch nicht verdient habe, verhalte ich mich neutral. Der Markt gibt mir bereits Recht mit meiner Position, da sie im Gewinn ist. Es besteht also keine Notwendigkeit für eine Reduktion der Positionsgröße.

Sobald ich aber mein Initial-Risiko verdient habe (R1), will ich zumindest nicht mehr mit Verlust aus dem Markt. Deshalb ziehe ich in dem Moment, in dem ich mein Risiko verdient habe, meinen Stop in jedem Fall – unabhängig von der Marktbewegung – auf break-even.

Während der zweiten Phase ist natürlich weiterhin die Exit-Regel 1 aktiv.

Das dritte Intervall R1,5

Sobald ich das 1,5fache meines Risikos verdient habe, verwende ich einen Stop, der sicherstellt, dass unabhängig von den Marktbewegungen ein Drittel meines Gewinns gesichert wird. Ich verwende also einen Gewinnsicherungs-Stop. Liege ich zum Beispiel um 21 Punkte vorne, sichere ich in jedem Fall sieben Punkte Gewinn ab. Bei 24 Punkten geht der Stop dann auf acht Punkte und so weiter.

Das vierte Intervall – die Zielzone

Für jeden Trade habe ich bei der Bewertung des Trades unter Risikogesichtspunkten neben dem Stop und dem Einstieg eine Zielzone festgelegt. Sobald der Markt diese Zielzone erreicht, wird meine Exit-Regel automatisch aggressiver. Nun bin ich maximal noch bereit, ein Viertel meines Gewinns abzugeben. Außerdem ziehe ich meinen Stop nun nicht mehr an relativen Tiefs auf dem Fünf-Minuten-Chart nach, sondern betrachte die relativen Tiefs/Hochs auf kurzfristigeren Chartdarstellungen, wie dem Ein-Minuten-Chart.

Zu beachten ist, dass auch in der Zielzone die Gewinne nicht durch ein Limit begrenzt werden. Vielmehr lasse ich den Markt entscheiden, wann genug Geld verdient wurde, indem ich meinen Stop sukzessiv hinter dem Markt herziehe.

▶ So finden Sie Ihre perfekte Exit-Strategie

Da die Exit-Strategie einen wesentlichen Einfluss auf Ihre Performance hat, sollten Sie Ihre gesamte Energie und Konzentration auf die Entwicklung einer intelligenten Exit-Strategie für Ihr Trading-System verwenden.

Die Einstiegsstrategie ist bereits gefunden und dient lediglich dazu, dem Trade eine Richtung zu geben. Um nun die beste Exit-Strategie herauszufiltern, bedienen wir uns wieder des Konzepts der Risikovielfachen, da hier sämtliche Effekte des Position-Sizings ausgeschaltet werden.

Nehmen Sie ein Entry-Signal, achten Sie darauf, dass klare Kriterien den Entry definieren. Das ist wichtig, damit Ihre Ergebnisse eine Signifikanz für die Zukunft haben.

Finden Sie im nächsten Schritt heraus, welches Risiko Sie maximal bereit sind einzugehen. Der Abschnitt über Risk of Ruin leistet Ihnen dabei eine wertvolle Hilfestellung.

Nun müssen Sie noch wissen, wie groß das normale Rauschen des von Ihnen getradeten Markts ist, da Ihr Initial Stop niemals in dieser Zone liegen darf.

Anhaltspunkte dafür habe ich bereits gegeben. Je erfahrener Sie werden, desto einfacher wird es für Sie, das normale Rauschen eines Markts zu bestimmen.

In dem Intervall zwischen dem maximal von Ihnen akzeptieren Risiko und dem Rauschen des Markts wird Ihr optimaler Initial Stop liegen.

Testen Sie nun Ihre Entry-Regel mit dieser einen Exit-Regel. Sortieren Sie dabei Ihre Verlust-Trades in mehreren Gruppen. Die erste Gruppe umfasst alle Trades, bei denen Sie mit Verlust ausgestoppt wurden, ohne jemals bedeutend im Gewinn gewesen zu sein.

Die zweite Gruppe von Trades sind die, die zwar zwischenzeitlich im Gewinn waren, aber trotzdem mit Verlust ausgestoppt wurden, weil der Markt erneut gedreht hat.

Was Sie als signifikanten Gewinn bezeichnen, hängt davon ab, welches Initial-Risiko Sie eingegangen sind. Sobald der Markt zumindest die Hälfte Ihres Anfangsrisikos für Sie gelaufen ist, würde ich die Gewinne als signifikant klassifizieren. Beträgt also zum Beispiel Ihr Anfangsrisiko 20 Punkte, sind alle Bewegungen interessant, die zwischenzeitlich zehn Punkte oder mehr Gewinn aufweisen.

Die nächste Gruppe von Trades umfasst die Transaktionen, die zwischenzeitlich zumindest in Höhe des Anfangsrisikos im Plus waren. Für jedes Risikovielfaches bilden Sie eine weitere Gruppe. Dabei ist es unerheblich, ob die Trades am Ende des Tags oder der betrachteten Periode im Gewinn sind. Wichtig ist nur, dass die Trades in jeder Gruppe während einer Periode mindestens einmal so weit im Gewinn waren.

Nachdem Sie die einzelnen Gruppen gebildet haben, betrachten Sie alle Gruppen mit Trades, die nicht sofort mit Verlust ausgestoppt wurden. Überprüfen Sie nun, wie viele Trades aus dieser Gruppe herausfallen würden, wenn Ihr Initial Stop einen Punkt näher am Entry gewesen wäre. Wenn die Anzahl der Verlierer sich dadurch nicht wesentlich erhöht, können Sie Ihren Initial Stop generell enger fassen als im ersten Testdurchlauf.

Testen Sie danach mit dem gleichen Verfahren einen um zwei Punkte engeren Stop. Verringern Sie den Initial Stop so lange, bis Sie feststellen, dass deutlich mehr Transaktionen mit dem Initial-Risiko ausgestoppt werden, ohne vorher im Gewinn gewesen zu sein.

Bedenken Sie, dass die Änderung des Stops um nur einen Punkt wesentlichen Einfluss auf Ihre Performance haben kann. Als Daytrader gehen Sie möglicherweise zwei Transaktionen pro Tag an 250 Tagen ein. Bei 500 Trades, von denen zum Beispiel die Hälfte mit Verlust ausgestoppt wird, bedeutet eine Verringerung des Initial-Risikos um einen Punkt pro Kontrakt eine um insgesamt 250 Punkte verbesserte JahresPerformance.

Nachdem Sie nun Ihren optimalen Initial Stop gefunden haben, nehmen Sie sich die Gruppe der Trades vor, die zwar einen signifikanten Gewinn aufwiesen, aber danach mit Verlust ausgestoppt wurden.

Suchen Sie nun nach einer Regel für einen Trailing-Stop, der die Verluste in dieser Gruppe verkleinert. Wenn Sie eine Regel gefunden haben, überprüfen Sie die Auswirkung dieser Regel auf die anderen Gruppen mit R + 1 und vielfachen Gewinnen.

Nur wenn diese Regel dazu führt, dass sich keine Verschiebung zugunsten der Verlierer in den anderen Gruppen ergibt, können Sie die Exit-Regel verwenden.

Der nächste Schritt bedeutet eine Menge Arbeit und Rechnerei. Meist sind die Ergebnisse in den anderen Gruppen stark betroffen, sobald Sie eine Trailing-Stop-Regel für die Gruppe der R + 1-Gewinne entwickeln, denn durch die Exit-Regel werden viele Trades aus den Gruppen R + 2 und mehr bereits ausgestoppt, bevor sie ihren theoretischen Gewinn erreichen.

Da Sie meistens nicht verhindern können, dass durch die neue Exit-Regel viele Trades aus den hohen Gewinngruppen rausfallen, müssen Sie nun ausrechnen, welche Exit-Regel das beste Ergebnis erzielt hätte.

Natürlich kann Ihnen ein Computer mit entsprechender Software eine Menge Arbeit bei der Suche nach der Exit-Regel abnehmen. So können Exit-Regeln mit Hilfe einer Software backgetestet und optimiert werden.

Der Computer kann eine Menge Daten verarbeiten, es besteht aber die Gefahr für den Trader, dass er überoptimiert. Häufig fehlt das Verständnis für die Exit-Regeln, die durch den Computer generiert werden. Ich halte es für sehr sinnvoll, für die unterschiedlichen Phasen eines Trades verschiedene Exit-Regeln zu haben.

▸ Kapitel 10 ◂

Auf der Suche nach der »Maximum Rate of Return« Das beste System nützt nichts, wenn wir maximal drei Verlust-Trades hintereinander vertragen können, aber häufiger mit vier oder mehr Verlust-Trades in Folge rechen müssen.

▶ Das Kelly-Kriterium

Wir haben bereits erfahren, dass es wichtig ist zu erkennen, wie wir persönlich mit einer Reihe von Verlusten umgehen können. Bisher hat sich unser Risikomanagement-Ansatz darauf konzentriert, nicht bankrott zu gehen. Die optimale Wettgröße wurde immer so gewählt, dass das Risk of Ruin möglichst klein war. Betrachten wir nun die Frage nach der optimalen Wettgröße nicht aus Sicht des Risikos, sondern überlegen, mit welcher Wettstrategie wir erwarten können, die größten Gewinne zu machen.

Das Kelly-Kriterium ist ein progressives Wettsystem, bei dem Sie umso mehr einsetzen, je höher Ihre Gewinnchancen sind. Es ist auch logisch, bei höheren Gewinnchancen mehr Geld einzusetzen, denn je höher der Wetteinsatz, desto größer sind auch die Gewinne.

Ihr Einsatz ist beim Traden nichts anderes als die Positionsgröße. Sollen Sie für ein funktionierendes Trading-System bei gegebenem Kapital eher einen oder zehn Kontrakte kaufen, sollen Sie lieber 1.000 anstatt 500 Aktien erwerben? Diese Fragen beschäftigen sich mit der Positionsgröße.

Im Gegensatz zur Risikokontrolle bestimmt das Kelly-Kriterium nicht den Einsatz, der möglichst geringe Risiken für das Portfolio erwarten lässt, sondern orientiert sich daran, welcher Einsatz zum optimalen Wachstum der Kapitalkurve eines Portfolios führt.

Folgende Überlegung steht dabei im Vordergrund: Je wahrscheinlicher es ist, dass wir gewinnen, je höher also die Trefferquote ist, desto mehr sollten wir auch einsetzen, denn nur so können wir am Ende einer Serie von Trades den maximalen Gewinn erzielen. Es gilt also die Grundregel, dass wir umso mehr einsetzen, je wahrscheinlicher ein Gewinn ist.

Das Kelly-Kriterium errechnet die optimale Wettgröße ausschließlich anhand der Treffer- und Verlustquote.

Die Formel ist nach ihrem Erfinder benannt, der 1956 für das Telekommunikationsunternehmen Bell eine Problemlösung für zufällige, nicht vorhersehbare Störgeräusche bei der Übermittlung von Telekommunikationsdaten über lange Distanzen erarbeitete. Sie fand schnell Anwendung nicht nur im Telekommunikationssektor, sondern auch bei der optimalen Bestimmung von Wetteinsätzen in Casinos und auch beim Trading.

Denn das Problem ist – unabhängig davon, ob es bei der Datenübertragung, im Casino oder beim Trading auftritt – immer das gleiche. Das Ergebnis eines Prozesses mit dem Input Daten oder Geld ist unsicher. Die Akteure wissen also nicht, ob ihr Input tatsächlich den gewünschten Output bringt. Es ist ungewiss, ob die Daten, die über lange Distanzen in einem Telekommunikationssystem verschickt werden, auch in der Form ankommen, wie es sich der Akteur wünscht, oder aber durch Störgeräusche verzerrt werden. Genau dasselbe Problem hat ein Trader oder Spieler, der einen Einsatz tätigt und nicht sicher sein kann, dass dieser Einsatz zum Gewinn führt.

Die Problemlösung von Kelly sieht wie folgt aus:

F = 2xP–1

oder

F = p–Q,

wobei F der Anteil des zu riskierenden Kapitals in Prozent ist,

P die Gewinnwahrscheinlichkeit und

Q die Verlustwahrscheinlichkeit (also 1–P).

Bei einer Strategie mit einer Trefferquote von 60 Prozent sollte ein Trader also

F = 60–40 = 20 Prozent riskieren.

Dieser Einsatz würde zu dem bestmöglichen Ergebnis führen. Die Kelly-Formel ist sehr simpel. Ihre Kernaussage ist, dass ein Trader immer seinen Vorteil riskieren sollte. Der Vorteil berechnet sich aus Gewinnquote abzüglich Verlustquote (Sie kennen den Vorteil bereits vom Risk of Ruin).

Je größer der Vorteil ist, desto mehr sollte ein Trader riskieren. Bei einer Trefferquote von 80 Prozent sollte ein Trader bereits 60 Prozent seines Kapitals riskieren. Dies scheint sehr viel zu sein und widerspricht unseren Überlegungen hinsichtlich des optimalen Einsatzes, um einen Bankrott zu vermeiden.

Die aggressiven Einsätze der Kelly-Formel entstehen, weil hier zugrunde gelegt wird, dass Gewinne und Verluste immer gleich groß sind, und sie ausschließlich dafür konzipiert ist, den Gewinn zu maximieren. Gewinne zu maximieren und gleichzeitig Risiko zu reduzieren ist aber für einen Trader nicht möglich. Diese beiden Ziele widersprechen sich. Gewinnmaximierung ist nur möglich, wenn Sie auch höhere Risiken in Kauf nehmen. Wenn Sie Ihr Risiko reduzieren, werden Sie auch Ihre Gewinne nicht maximieren können.

Die Portfoliotheorie von Markowitz hat zwar einen Ansatz entwickelt, bei dem durch Diversifikation höhere Gewinne bei niedrigem Risiko möglich sind, innerhalb einer Trading-Strategie für einen Markt gibt es aber keine Möglichkeit zu diversifizieren. Sie handeln immer einen Markt, zum Beispiel den DAX, eine Aktie oder den Bund mit einem Handelssystem, und können deshalb nicht diversifizieren. Die Kombination von Handelssystemen ermöglicht zwar wiederum eine Diversifizierung, aber innerhalb eines Handelssystems ist dies nicht möglich.

Deshalb stehen Sie vor dem Dilemma, entweder Ihren Gewinn zu maximieren oder Ihr Risiko zu reduzieren. Die richtige Antwort wird ein Kompromiss sein, der Ihre Risikopräferenzen berücksichtigt. Die Kelly-Formel ist aber so aggressiv in der Gewinnmaximierung, dass die Risiken für Trader, die vor allem im Spiel bleiben wollen, zu groß sind.

Die Kelly-Formel lässt zu, dass Sie in einigen Serien von Trades möglicherweise bankrott gehen. Das Problem der ursprünglichen Formel, die davon ausging, dass Gewinne und Verluste gleich groß sind, wurde gelöst und führte zu folgender modifizierten Formel:

$F = ((b + 1) \times (P-1)) / b,$

wobei b das Payoff-Ratio, also das Verhältnis von durchschnittlichen Gewinn-Trades zu durchschnittlichen Verlust-Trades, ist.

Gehen wir wiederum von einem Handelssystem mit einer Trefferquote von 60 Prozent aus und einem Payoff-Ratio von 2 (das heißt der Trader gewinnt durchschnittlich doppelt so viel, wie er verliert), dann beträgt der optimale Einsatz

F = ((2 + 1) x 0,6-1)) / 2 = (3 x 0,6–1) / 2 = (0,8/2) = 40

Selbst dieses Ergebnis dürfte sicherlich zu aggressiv für die meisten Trader sein. Das Kelly-Kriterium kann aber interessant sein, wenn Sie in einer bestimmten Periode einen Totalverlust für das zurzeit riskierte Kapital verkraften können.

Daytrader, die zum Beispiel bereit sind, einen maximalen Drawdown von fünf Prozent ihrer Handels-Equity als Tagesverlust zu akzeptieren, können mit Hilfe der Kelly-Formel ermitteln, was sie im Laufe eines Tags pro Trade riskieren sollten. In unserem Beispiel, das eine Trefferquote von 60 Prozent und ein Payoff-Ratio von zwei vorgibt, sollte ein Trader 40 Prozent seines Kapitals riskieren. Beträgt sein Tagesverlustlimit nun fünf Prozent, sollte er pro Position zwei Prozent wetten (40 Prozent von fünf Prozent sind zwei Prozent). Dieser Einsatz wäre nach der Kelly-Formel optimal, führt aber wahrscheinlich an einigen Tagen zum Erreichen des Verlustlimits.

Die Kelly-Formel kann aber immer nur eine grobe Annäherung sein, da sie für ein Problem entwickelt wurde, bei dem es nur zwei Ausprägungen des Ergebnisses gab. Entweder wurden die Daten korrekt übermittelt (Erfolg) oder durch Störgeräusche verzerrt (Misserfolg). Die Formel geht von einer »Bernoulli-Verteilung« aus – so bezeichnet man es in der Statistik, wenn ein unsicheres Ergebnis lediglich in zwei Ausprägungen vorkommen kann.

Im Trading treten jedoch nicht nur »Erfolg« oder »Misserfolg« auf. Gewinne und Verluste haben sehr viele Ausprägungen, da sie sehr unterschiedlich groß sein können. Deshalb wurde in den 80er-Jahren von Ralph Vince ein weiterer Lösungsversuch entwickelt, der sich »Optimal-F« nennt.

▶ Optimal-F

Dieser sehr theoretische Ansatz, die optimale Wettgröße zu ermitteln, wurde erstmals 1989 im Buch *»Portfolio Management Formulas«* vorgestellt. *Ralph Vince* hat in diesem Buch eine Methode entwickelt, um festzustellen, welche Kontraktzahl das Kapitalwachstum des Portfolios optimiert. Optimal-F beantwortet die Frage, welcher Anteil des größten Verlusts aus der Vergangenheit optimal als Wetteinsatz ist. Die Formel bestimmt also, welches der ideale prozentuale Anteil des jeweils riskierten Kapitals ist, um insgesamt die beste Performance mit einer gegebenen Strategie zu erzielen.

Die beste Performance wird immer dann erreicht, wenn der Gesamtgewinn des Kontos, resultierend aus der Summe aller Trades, am größten ist. Optimal-F erlaubt es damit ebenso wie das Kelly-Kriterium, die Profitabilität eines Systems zu maximieren. Je nachdem, ob ein Trader mit einem zu hohen oder zu geringen Einsatz spekuliert hat, besteht das Risiko, dass seine Gewinn-Trades nicht groß genug waren oder seine Verlust-Trades zu stark kapitalisiert worden sind. Das Ergebnis ist eine schlechtere Performance.

Optimal-F wird durch Iteration des prozentualen Anteils des größten Verlusts in der Vergangenheit ausgerechnet und stellt einen erheblichen Rechenaufwand dar, der heutzutage aber leicht von einem Computer durchgeführt werden kann. Eigentlich rechnet die Formel aus, bei welchem Einsatz, der zwischen einem und 100 Prozent des bisher größten Verlustes schwankt, die Equity am stärksten gewachsen wäre.

Dies sei an einem einfachen Beispiel kurz erläutert. Stellen Sie sich vor, es gäbe nur zwei Trades in einer Serie. Der eine führte zu einem Gewinn von 2.000 Euro und der andere zu einem Verlust von 1.000 Euro. Die Reihenfolge, in der Gewinn und Verlusts auftreten, ist für das Problem nicht relevant.

Durch Ausprobieren beziehungsweise Iteration (Näherung) wird nun der Einsatz gesucht, der den Output maximiert. Dieser Anteil wird unabhängig von der Kontogröße gesucht. Dies funktioniert, indem der Einsatz als Anteil des größten Verlusts aus der Vergangenheit ermittelt wird.

Optimal-F gibt also nicht direkt den prozentualen Anteil des einzusetzenden Kapitals an, sondern den Anteil, der riskiert wird, sobald der größte Verlust realisiert wird. Der größte Verlust in unserem Beispiel war 1.000 Euro. Nun wird ausprobiert, wie das Ergebnis aussieht, wenn man ein Prozent des größten Verlusts einsetzt, im nächsten Schritt zwei Prozent, dann drei Prozent und so weiter.

Die Lösung dieses Problems ist akademischer Natur und hilft uns im realen Trading nicht weiter. Der Lösungsansatz ist problematisch, weil Optimal-F lediglich anhand vergangener Verluste eine Optimierung des Wetteinsatzes vornimmt.

Der Einsatz dieser Formel ist nichts anderes als Curve Fitting, denn es wird eine Optimierung anhand von Daten aus der Vergangenheit vorgenommen. Sobald auch nur kleine Veränderungen der Datenausprägungen vorgenommen werden, verändert sich auch Optimal-F. Dadurch ist der errechnete Wert sehr anfällig.

Optimal-F ist für jede Serie von Trades anders, selbst wenn die Grundparameter wie Gewinnwahrscheinlichkeit und die Range zwischen größtem Gewinn und größtem Verlust gleich bleiben. Somit ändert sich der optimale Wetteinsatz ständig.

Was zeigt uns Optimal-F? Sind die Verluste einer Strategie klein, können wir fast immer 100 Prozent des bisher größten Verlusts wetten. Beträgt zum Beispiel der größte Verlust 500 Euro bei einem 100.000-Euro-Konto, würde dies bedeuten, dass wir bei jedem Trade 500 Euro beziehungsweise 0,5 Prozent der Equity riskieren sollten.

Optimal-F beweist, dass die Aussage »Je mehr Risiko ich nehme, desto höher wird mein Gewinn« falsch ist. Es gibt einen Punkt des optimalen Risikos; wird dieser Punkt überschritten, sinkt der Output eines Systems.

Optimal-F maximiert den Output. Eine Aussage über das Risk of Ruin trifft diese Formel nicht. Damit ist der praktische Nutzen dieses theoretisch sehr schönen Lösungsansatzes sehr gering.

In 90 Prozent der Fälle steuern Sie direkt auf den Totalverlust zu, wenn Sie tatsächlich Optimal-F traden. Dennoch sollten Sie von Zeit zu Zeit das Optimal-F für Ihr Trading ausrechnen. Es zeigt Ihnen, wie weit Sie in der Vergangenheit von der optimalen Positionsgröße entfernt waren und wie riskant Ihr Trading ist. Schlägt Optimal-F nämlich zum Beispiel vor, nur ein Prozent oder zehn Prozent des bisher größten Verlusts zu riskieren, dann ist Ihre Trading-Strategie sehr gefährlich, und Sie gehen wahrscheinlich zu hohe Risiken ein. Ist Ihr Optimal-F aber im Bereich 80 bis 100 Prozent, so liegt es nahe, dass Sie bereits eine hohe Kontrolle über die Größe Ihrer Verluste gewonnen haben und Ihre Verluste klein sind.

Allgemein wird angenommen: Sie können umso mehr erwarten zu gewinnen, je mehr Sie riskieren (siehe Kelly-Kriterium). Optimal-F zeigt aber, dass dieser Zusammenhang nicht richtig ist.

Es gibt einen optimalen Einsatz. Wenn dieser überschritten wird, dann sinken die Erträge. Besonders wenn Sie mit gehebelten Instrumenten wie Futures handeln, gibt es also einen Punkt, an dem aggressive Positionsgrößen nicht mehr zu größeren Gewinnen führen. Sobald die Positionsgröße zu hoch ist, wird ein Drawdown zu stark, um in der anschließend folgenden Gewinnphase kompensiert werden zu können.

Nehmen Sie das Optimal-F nicht zu ernst. Da es anhand vergangener Trading-Serien bestimmt wird, kann bereits ein großer Drawdown oder eine Gewinnserie zu einer starken Verzerrung führen. Optimal-F und das Kelly-Kriterium sind also keine klaren Handlungsanweisungen dahingehend, welchen Betrag Sie optimalerweise riskieren sollten. Sie maximieren zwar den Output, geben aber wenig Information über das Risiko.

Deshalb müssen wir uns auf der Suche nach der maximalen Rate of Return noch einmal mit dem Risk of Ruin eines Systems beschäftigen.

▶ So berechnen Sie das Risk of Ruin eines Systems

Einige Systeme weisen eine tolle Performance auf – insbesondere, wenn sich der Systementwickler des Curve Fittings bedient hat. Ein genauer Blick auf die einzelnen Trades ist deshalb notwendig, um ein System beurteilen zu können.

Stellen Sie sich als Beispiel ein DAX-Trading-System vor, bei dem Sie durchschnittlich 20 Punkte verdienen und im Verlustfall 20 Punkte verlieren. Lassen Sie uns im ersten Schritt überlegen, wie viele Verlust-Trades in Folge dieses System verkraftet, bevor der Trader sein ganzes Konto in Höhe von 10.000 Euro verliert. Der Trader könnte 20 Mal hintereinander verlieren; sein Konto lässt sich also in 20 Verlusteinheiten aufteilen.

Um das Risk of Ruin auszurechnen, müssen wir nun noch die Gewinnwahrscheinlichkeiten einberechnen. Nehmen wir an, das System hat eine sehr gute Trefferquote von 60 Prozent. Damit beträgt die Verlustquote 40 Prozent. Der Vorteil errechnet sich wie bei der Kelly-Formel aus der Trefferquote abzüglich der Verlustquote und beträgt hier 20 Prozent. Die Wahrscheinlichkeit des Risk of Ruin liegt demnach bei 0,03 Prozent.

$RoR = ((1-A) / (1 + A))^c$

A = der Vorteil (Trefferquote – Verlustquote),
C = die Anzahl der Einheiten, die ich verlieren kann. 1 geteilt durch den prozentualen Anteil, den ich riskiere. Wenn Sie also vier Prozent riskieren wollen, dann teilen Sie 1/0,04 = 25.

Liegt die Trefferquote desselben Systems nur bei 55 Prozent, steigt das Risk of Ruin deutlich an. Es liegt plötzlich bei 1,81 Prozent und ist damit 60-mal größer geworden, obwohl die Trefferwahrscheinlichkeit nur knapp gesunken ist.

Die Formel geht allerdings davon aus, dass wir unendlich lange traden.

Problematisch an dieser Formel ist, dass sie voraussetzt, dass Gewinner und Verlierer immer gleich groß sind. Genau das wollen wir aber nicht bei unserem Handelsansatz. Wir wünschen uns vielmehr, dass unsere Gewinne im Durchschnitt deutlich größer sind als unsere Verluste. Deshalb ist diese Formel nur eine grobe Annäherung und kann das Risk of Ruin deutlich überzeichnen. Sobald unterschiedlich hohe Auszahlungen berücksichtigt werden, wird das Problem für exakte mathematische Lösungen zu komplex. Es gibt allerdings Näherungsformeln.

Klar zu erkennen ist selbst an der einfachen Formel, dass das Risk of Ruin deutlich steigt, je größer unser Einsatz ist. Für ein gegebenes Handelssystem mit bestimmten Trefferquoten und Verlustquoten können Sie für jeden beliebigen Einsatz das Risk of Ruin bestimmen.

Sie können das Risk of Ruin für Ihren Optimal-F-Einsatz ausrechnen. Meist wird dieses Risiko nicht akzeptabel sein. Wenn Sie einen geringeren Einsatz als den Optimal-F-Einsatz wählen, sinkt Ihr Risk of Ruin, Sie traden aber dann eine Positionsgröße, die nicht zum optimalen Wachstum des Portfolios beiträgt.

► Maximum Rate of Return

Die Schlussfolgerung aus dem Vergleich des Risk of Ruin mit Optimal-F lautet: In Phasen, in denen unser Handelsansatz sehr gut funktioniert, sollten wir idealerweise Optimal-F traden. Sobald aber der Handelsansatz Schwierigkeiten mit dem Markt bekommt, sollte die Positionsgröße so klein gewählt werden, dass das Risk of Ruin nur marginal ist.

Anders formuliert: Ein Trader muss erkennen, wann er den Markt pushen kann und wann er Vorsicht walten lassen sollte. Den Markt ständig zu pushen (Kelly oder Optimal-F zu wetten) führt zum Verlust des Kontos. Ein zu vorsichtiger Trader dagegen, der in guten Phasen den Markt nicht pusht, behindert das Kapitalwachstum des Portfolios durch eine zu kleine Positionsgröße.

Wir müssen also eine Methode finden, mit der wir in Gewinnphasen schnell eine große Positionsgröße erreichen, die dann aber bei den kleinsten Schwierigkeiten verringert wird.

Üblicherweise haben Trader nach einer Treffer- oder Gewinnserie ihre größte Positionsgröße, was dazu führt, dass der Trader auch seine Verlustserie immer mit der größten Positionsgröße beginnt. Denn irgendwann folgt jeder Gewinnserie naturgemäß auch eine Verlustserie. Zögert der Trader hier zu lange, seine Positionsgröße zu reduzieren, wird der Beginn des Drawdowns so stark ausfallen, dass ein späteres Reduzieren der Positionsgröße dazu führt, dass der Trader Schwierigkeiten bekommt, mit der nächsten Gewinnserie neue Kapitalhochs in seinem Portfolio zu erreichen. Seine Gewinn-Trades werden dann unterkapitalisiert sein.

Häufig wollen Trader dieses Problem vermeiden und traden deshalb immer eine zu kleine Positionsgröße. Das hilft zwar, längere Drawdowns gut zu überstehen, ist aber in Gewinnphasen suboptimal. Anfänger hingegen traden üblicherweise eine zu große Positionsgröße, die in Gewinnphasen zwar phantastische Zuwächse bringt, aber das Konto dann in Verlustphasen an den Ruin-Punkt führt.

Die Regel lautet also: Pushe den Markt, wenn es die Bedingungen zulassen, ansonsten sei so vorsichtig, wie es geht.

Konkretisieren wir nun, welche Bedingungen vorliegen müssen, damit wir den Markt pushen können.

1) Der Handelsansatz sollte ideal zu den Marktgegebenheiten passen. Verwenden Sie zum Beispiel eine trendfolgende Handelsstrategie, sollte der Markt auch starke Trends aufweisen.

2) Ihre Ergebnisse sind ein Hinweis darauf, ob die Marktgegebenheiten für Ihre Handelsstrategie günstig sind. Sowohl die Trefferquote als auch das Payoff-Ratio sollten über dem Durchschnitt liegen. Beträgt Ihre Trefferquote etwa für alle bisherigen Trades 45 Prozent, liegt aber die Trefferquote für die letzten zehn Transaktionen bei 60 Prozent, scheinen die Marktgegebenheiten günstig zu sein. Das Gleiche gilt für das Payoff-Ratio beziehungsweise Ihre Risk Multiple. Realisieren Sie üblicherweise ein durchschnittliches Risikovielfaches von 2,2 und haben Ihre letzten zehn Trades dagegen einem Risikovielfachen von drei geführt, befinden Sie sich in einem günstigen Marktumfeld.

3) Unabhängig von den Marktgegebenheiten zeigen uns neue Equity-Hochs in unserer Kapitalkurve, dass wir günstige Bedingungen vorfinden, den Markt zu pushen.

4) Es wäre aber ein Fehler, nur bei neuen Kapitalkurvenhochs den Markt zu pushen, weil natürlich nach jedem Drawdown irgendwann eine Gewinnserie folgt, wir uns aber nach einem Drawdown nicht an einem Maximalpunkt der Kapitalkurve befinden. Deshalb liegen bereits dann günstige Bedingungen vor, wenn Ihre Kapitalkurve von einem beliebigen Tief aus signifikant und stetig steigt.

Wenn diese Bedingungen vorliegen, ist es Zeit, dass Sie Ihre Positionsgröße maximieren. Sie können dafür eine Formel ausarbeiten oder aber diskretionär (von Fall zu Fall) entscheiden, wann Sie den Markt pushen wollen. Der Vorteil eines diskretionären Ansatzes ist es, dass er flexibler ist, also schneller auf günstige oder ungünstige Gegebenheiten reagiert.

Er berücksichtigt auch die Stimmung des Traders, denn nur wenn Sie in einer produktiven Stimmung sind, sollten Sie auch die Positionsgröße pushen.

Wer die Fähigkeit hat, sich selber gut zu beobachten und zu kennen (Ihr psychologisches Tagebuch hilft Ihnen dabei), kann häufig, lange bevor es statistisch messbar ist, erkennen, dass die Marktgegebenheiten für den eigenen Handelsansatz günstig sind und es sinnvoll ist, die Positionsgröße zu erhöhen.

Ein guter diskretionärer Trader berücksichtigt bei seinem Positionsgrößenmanagement nicht nur die Kapitalkurve und die Marktbedingungen in Verbindung mit dem Handelsansatz, sondern auch seine Stimmung. Wenn er fühlt, dass er sich nach einer Gewinnserie nicht mehr in einem Spitzenzustand befindet, wird er sofort die Positionsgröße reduzieren.

Der Nachteil eines diskretionären Positionsgrößenmanagements ist, dass Sie sehr diszipliniert sein müssen. Diese Leistung erreichen meist nur erfahrene Trader. Wenn Sie nicht merken, dass Sie sich zurzeit nicht in einer produktiven Stimmung befinden, werden Sie unweigerlich mit einer zu großen Positionsgröße in die nächste Verlustphase hineinschlittern und einen drastischen Drawdown erleben.

Ich selber manage meine Positionsgrößen diskretionär, aber es war ein sehr langer Weg dahin, intuitiv zu wissen, wann welche Positionsgröße ideal ist.

Es gibt jedoch auch Algorithmen, um Positionsgrößen zu bestimmen. Das sind Formeln, die dem Trader sagen, wie groß seine Positionsgröße zu einem bestimmten Zeitpunkt sein sollte. Mein diskretionärer Ansatz besteht darin, mehrere Algorithmen zu Rate zu ziehen und von Fall zu Fall zu entscheiden, wann welche Formel zum Einsatz kommt.

In Kapitel 7 habe ich bereits einige Hinweise gegeben, wie Sie einen Positionsgrößen-Algorithmus entwickeln. Im Folgenden wollen wir diesen Ansatz vertiefen und weiterführen.

»Pushe den Markt, wenn es die Bedingungen zulassen.« Um diese Regel mit Inhalt zu füllen, werden wir die bereits oben spezifizierten Bedingungen nun in einfache Formeln fassen und eine Positionsgrößenmatrix entwickeln. Anhand dieser Matrix können wir ablesen, wann wir mit welcher Positionsgröße handeln sollten.

	Equity-Kurve	**Trefferquote**	**Risk Multiple**	**Stimmung**
Über Durchschnitt	vergrößern	vergrößern	vergrößern	halten
Steigt	Risiko vergrößern	Risiko vergrößern	Risiko vergrößern	Risiko vergrößern
Fällt	Risiko verkleinern	Risiko verkleinern	Risiko verkleinern	Risiko verkleinern
Unter Durchschnitt	Risiko verkleinern	Risiko verkleinern	Risiko verkleinern	Risiko verkleinern

Die Matrix unterscheidet nicht nur, ob die aktuelle Performance gerade positiv ist, sondern auch, ob wir uns mit den wichtigen Variablen über oder unter unserem Durchschnitt befinden. Welchen Durchschnitt Sie verwenden wollen, hängt davon ab, wie aggressiv Sie Ihre Positionsgrößen ändern wollen. Je kürzer der Durchschnitt, desto häufiger werden Sie Signale erhalten, Ihre Positionsgröße zu vergrößern oder zu verkleinern.

Es gibt verschiedene Situationen, in denen es sinnvoll ist, das Risiko zu vergrößern. Wenn Sie ein höheres Risiko für eine Position wählen, steigt üblicherweise die Positionsgröße. In einer Trading-Situation, in der Sie zum Beispiel einen Stop von zehn Punkten im DAX bei einem Konto von 100.000 Euro verwenden, traden Sie bei einem Risiko von einem Prozent (1.000 Euro) vier Kontrakte (1.000/250 = 4). Wollen Sie aber ein höheres Risiko in Kauf nehmen, zum Beispiel 1,5 Prozent, dann müssen Sie auch eine höhere Positionsgröße traden (1.500/250 = 6), in diesem Fall sechs Kontrakte.

In welchen Fällen Sie das Risiko erhöhen, ist bereits aus der Matrix ersichtlich – allerdings nicht, um welchen Faktor Sie das Risiko erhöhen. Deshalb müssen Sie für jeden Fall angeben, wie stark Sie das Risiko erhöhen wollen.

Sagen wir, Ihre durchschnittliche Positionsgröße ist 0,5 Prozent. Wenn Ihre Kapitalkurve nun über Ihrem Durchschnitt liegt, ist es Ihre Entscheidung, ob Sie bereit sind, ein doppelt so großes Risiko in Kauf zu nehmen, oder aber Ihr Risiko nur marginal erhöhen.

Um wie viel Sie Ihr Risiko erhöhen, ist Aufgabe Ihres Positionsgrößen-Algorithmus. Dieser kann zum Beispiel festlegen, dass das Risiko um 0,25 Prozentpunkte steigen soll, oder Sie können angeben, dass Ihr Risiko um fünf Prozent steigen soll. In diesem Fall wäre das Ergebnis 0,525 Prozent (0,5 Prozent x 1,05). Sie erhalten eine konkrete Handlungsanweisung.

Bedenken Sie aber, dass dieser Schritt nach jeder Transaktion durchgeführt wird. Deshalb sind zu starke Sprünge nach oben im Risiko sehr gefährlich.

Ich ziehe es vor, das Risiko prozentual steigen zu lassen, lege aber Obergrenzen fest. Für den Fall »Kapitalkurve über dem Durchschnitt« wähle ich zum Beispiel, dass das Risiko um zehn Prozent steigen soll, aber maximal auf drei Prozent meines Kapitals. Wenn ich also drei Prozent Risiko erreicht habe, wird das Risiko, selbst wenn alle Umstände günstig sind, nicht mehr erhöht.

Beispiel Matrix

	Equity-Kurve	**Treffer-quote**	**Risk Multiple**	**Stimmung**
Über Durchschnitt	+10 % max. 3 % EQ	+5 % max. 3 % EQ	±0 % max. 1 % EQ	
Steigt	+25 %	+10 %	+5 %	+10 %
Fällt	- 10 %	- 10 %	- 10 %	- 15 %
Unter Durchschnitt	- 20 %	- 5 %	- 5 %	- 20 %

Die oben abgebildete Matrix zeigt nun konkrete Handlungsanweisungen auf. Nehmen wir an, ich trade gerade ein Risiko von 1 Prozent. Nun liegt meine Equity-Kurve über dem Durchschnitt (+10 Prozent) und steigt (+25 Prozent), die Trefferquote steigt ebenfalls (+5 Prozent), liegt aber noch unter dem Durchschnitt (-5 Prozent), und meine Risk Multiples liegen über dem Durchschnitt (+5 Prozent), aber sie steigen nicht, sondern fallen (-10 Prozent).

Ich sollte dann meine Positionsgröße wie folgt vergrößern:

1 % *(1 + 0,25 + 0,5 + 0,5 - 0,5 + 0,5 - 1) = 0,01 x 1,25 = 0,0125 = 1,125 %

Der Schritt von 1 Prozent auf 1,25 Prozent erscheint wenig. Bedenken Sie aber, dass diese Berechnung nach jedem Trade angestellt wird. Eine kleine Gewinnserie von drei Trades unter den eben genannten Bedingungen erhöht das Risiko um fast 100 Prozent (0,01 x 1,25 x 1,25 x 1,25 = 0,01953 = 1,953 Prozent).

Ein weiteres Beispiel: Nehmen wir an, wir traden erneut 1 Prozent Risiko. Nun fällt aber die Equity-Kurve unter den Durchschnitt (–20 Prozent), bei fallender Trefferquote (–10 Prozent) und fallenden Risk Multiples

(-10 Prozent), die wie die Trefferquote (-10 Prozent) unter ihrem Durchschnitt (10 Prozent) liegen. Es empfiehlt sich, das Risiko um 60 Prozent zu reduzieren. Anstatt 1 Prozent würden wir nur noch 0,4 Prozent der Equity traden. Bringt der nächste Trade erneut einen Verlust, sodass Equity-Kurve, Trefferquote und Risk Multiple weiter fallen, reduziert sich die Positionsgröße erneut um 60 Prozent auf 0,24 Prozent.

Beachten Sie bitte, dass die hier gemachten Angaben nur beispielhaft sind. Welche Werte Sie sinnvollerweise in die Matrix einsetzen, hängt von Ihren persönlichen Risikopräferenzen und von Ihrem Trading-Stil ab.

Wenn Ihr System viele Signale generiert, sollten die Schritte zur Positionsgrößenänderung eher klein bemessen sein. Erhalten Sie aber nur wenige Signale in einem Jahr, können Sie die Positionsgröße schneller ändern.

Wichtig ist, dass Sie in der Lage sind, schnell die Positionsgröße nach oben zu bringen, wenn Ihre Equity-Kurve steigt, und nach Performance-Tops die Positionsgröße zu Beginn einer Verlustserie genauso schnell wieder zu verkleinern.

Damit Sie Ihre Positionsgröße nach einer Verlustserie überhaupt steigern können, müssen die Werte so gewählt sein, dass sich das Risiko auch erhöhen lässt, wenn sich Ihre Equity-Kurve unter dem Durchschnitt befindet, aber zu steigen beginnt.

Befindet sich Ihre Equity-Kurve über dem Durchschnitt, fällt aber, sollte der Algorithmus dazu beitragen, dass sich Ihr Risiko nicht mehr erhöht. Beachten Sie also immer, dass der Algorithmus einem Anti-Martingale-Prinzip folgt. Das ist eigentlich die einzige Bedingung für den Positionsgrößen-Algorithmus.

Seien Sie experimentierfreudig, wenn Sie Ihren Positionsgrößen-Algorithmus entwickeln. Probieren Sie anhand Ihrer vergangenen Performance unterschiedliche Positionsgrößenformeln aus und prüfen Sie, welches Positionsgrößenmanagement das für Sie beste ist.

Die Entwicklung eines Positionsgrößen-Algorithmus ist sehr viel Arbeit. Dieser Punkt ist aber wichtiger als jedes Prognoseverfahren und jede Einstiegsstrategie. Verwenden Sie Ihre Energie darauf, einen optimalen Algorithmus zu entwickeln.

▶ Kapitel 11 ◀

Monte-Carlo-Simulationen. Nur wer sein Trading vorher simuliert, ist auf alles vorbereitet. Monte-Carlo-Simulationen helfen, Risiken zu verstehen.

▶ Was unterscheidet eine Simulation vom Backtesting?

Wenn Sie ein Auto kaufen, werden Sie es bestimmt vorher Probe fahren. Denn Sie wollen wissen, wie es sich anfühlt, dieses Auto zu fahren. Sie wollen wissen, ob die Versprechungen des Verkäufers oder des Prospekts wahr sind.

Genauso wie Sie ein Auto Probe fahren, sollten Sie Ihr System testen, damit Sie wissen, was Sie erwartet. Ist ein Drawdown von mehr als drei Monaten normal, oder bedeutet das, dass Ihr System nicht funktioniert? Wie heftig darf ein Drawdown in Ihrem System ausfallen? Wie häufig müssen Sie mit einem Drawdown rechnen? Welche Kursgewinne sind in einer bestimmten Periode zu erwarten?

Alle diese Fragen sollten Sie beantwortet haben, bevor Sie sich für ein System entscheiden.

Wir können die Zukunft nicht vorhersagen, aber wir müssen uns in die Lage versetzen, informierte und realistische Entscheidungen fällen zu können. Die quantitative Risikoanalyse gibt uns dazu die notwendigen Mittel in die Hand. Um realistische Erwartungen bilden zu können, müssen wir unser System simulieren.

Was aber unterscheidet eine Simulation vom Backtesting? Reicht es nicht aus, wenn wir unser System anhand vergangener Kursdatenreihen testen? Dieses so genannte Backtesting ist eine Möglichkeit herauszufinden, ob ein bestimmter Handelsansatz funktioniert.

Das Problem beim Backtesting ist aber, dass im Gegensatz zu einer Simulation nur ein Testdurchlauf mit einer historischen Datenreihe möglich ist. Außerdem provoziert ein solches Testverfahren häufig den Trader dazu, Änderungen an seinem System vorzunehmen, um die Performance-Kurve so zu verbessern, dass bei einem Test mit historischen Datenreihen sehr gute Werte erzielt werden.

Dieses so genannte Curve Fitting muss noch nicht einmal bewusst geschehen. Häufig sind es einfach einige wesentliche Informationen (wie die Marktvolatilität oder das Trendverhalten), die ein Systementwickler aus der historischen Kursreihe nutzt, um seinen Handelsansatz zu optimieren.

Kleinste Veränderungen von Systemparametern können einen dramatischen Einfluss auf die Performance haben. So kann bereits eine Anpassung des Initial Stops von 15 auf 18 Punkte ein Verlustsystem in ein Gewinnsystem im Backtesting verwandeln. Backtesting ist eine Spielerei. Es kann einem Trader allerhöchstens eine Ahnung vermitteln, ob das verwendete System funktioniert.

Besser als Backtesting ist es, das System zu simulieren. Dazu gibt es zwei Möglichkeiten:

die Datensimulation und die Systemsimulation.

Bei der Datensimulation wird mittels Zufallszahlengenerator eine künstliche Kursreihe erzeugt, die sich zwar von der realen unterscheidet, aber dem gleichen statistischen Muster folgt. Das Handelssystem wird dann anhand dieser zufällig erzeugten Kursreihe getestet.

Es ist sinnvoll, mehrere Kursreihen nach diesem Prinzip zu generieren, um verschiedene Simulationsergebnisse zu erhalten. Die Betrachtung der Simulationsergebnisse ermöglicht es dann, einigermaßen zuverlässig zu schätzen, wie sich das System in Zukunft verhalten wird.

Die zweite Möglichkeit, das System zu testen, ist die Systemsimulation. Man lässt einen Computer alles simulieren, was überhaupt schief gehen könnte, und schaut sich an, ob eines der Resultate so unerträglich erscheint, dass man die gesamte Strategie überdenken sollte. Dieses Verfahren nennt man Monte-Carlo-Simulation.

Um ein System simulieren zu können, müssen einige wenige Systemparameter bekannt sein. Das sind die Trefferquote (und damit die Verlustquote) und die Verteilung der Gewinner und Verlierer nach ihrer Größe.

▶ So simulieren Sie Ihr System

Wenn Sie Ihr System simulieren wollen, dann reicht es aus, dass Sie die Risikovielfachen der letzten 100 Transaktionen bilden und in Gruppen sortieren.

Nehmen wir an, Sie hatten 100 Transaktionen, die zu einem Gesamtergebnis von 5.820 Euro geführt haben. Schauen Sie für jeden Trade in Ihrem Trading-Tagebuch nach, welches Risiko Sie eingegangen sind und das Wievielfache Ihres Risikos Sie realisiert haben. Sie werden Trades haben, bei denen Sie zum Initial Stop ausgestoppt wurden. Diese Trades fallen in die Gruppe R–1, da Sie Ihr Risiko verloren haben. Dann wird es Trades geben, bei denen Sie ungefähr Ihr Risiko verdient haben, die R + 1-Trades (dies sind Trades, bei denen Sie zum Beispiel 500 Euro riskiert und dann 500 Euro gewonnen haben).

Möglicherweise haben Sie Trades, bei denen Sie das Zwei- oder Dreifache, vielleicht auch das Vier- oder Fünffache Ihres Risikos gewonnen haben. Je nachdem, wie viel Sie gewonnen haben, klassifizieren Sie diese Trades als R + 2- oder R + 3-, R + 4- oder R + 5-Trades.

Es wird sicherlich auch Trades geben, bei denen Sie nicht genau das Doppelte Ihres Risikos gewonnen haben, sondern zum Beispiel das 1,7fache (Risiko 500 Euro, Gewinn 850 Euro). Schreiben Sie zuerst diese Trades auch als R + 1,7 auf. Später aber sollten Sie Gruppen bilden, um die Simulation zu vereinfachen. Dafür können Sie zum Beispiel alle R + 1- bis R + 1,5-Trades zusammenfassen.

Achten Sie nur darauf, dass Sie bei der Gruppenbildung einheitlich verfahren. Ein Fehler wäre es zum Beispiel, am Anfang Gruppen in Schritten von 0,5 zu bilden und für die Risikovielfachen über 5 nur noch eine Gruppe zu bilden. Das würde das Ergebnis sehr ungenau machen und verzerren.

Nachdem Sie die Gruppen gebildet haben, können Sie im Prinzip mit der Simulation starten. Das Einzige, was Sie dafür noch brauchen, sind verschiedenfarbige Murmeln und einen undurchsichtigen Murmelsack. Jeder Gruppe ordnen Sie eine Murmelfarbe zu.

Gruppe	**Anzahl Trades**	**Murmel-farbe**	**Prozentualer Anteil**	**Anzahl Murmeln bei 100 Murmeln**
R - 2	3	Rot	3 %	3
R - 1	47	Blau	47 %	47
R + 1	33	Grün	33 %	33
R + 2	8	Gelb	8 %	8

Gruppe	Anzahl Trades	Murmel-farbe	Prozentualer Anteil	Anzahl Murmeln bei 100 Murmeln
R+3	5	Schwarz	5 %	5
R+4	4	Weiß	4 %	4
Gesamt	100			

In den Sack füllen Sie nun von jeder Farbe so viele Murmeln, dass der prozentuale Anteil der Gruppe am Gesamtergebnis exakt durch die Verteilung der verschiedenen Murmelfarben nachgebildet wird. Wenn Sie also drei Prozent R–2-Trades hatten, sollten Sie bei 100 Murmeln genau drei Murmeln in den Sack legen, die für die R–2-Trades stehen.

In Ihrem Murmelsack befindet sich nun Ihr Handelssystem. Wenn Sie eine Murmel aus dem Sack ziehen, ist das nichts anderes, als ob Sie dem nächsten Signal aus Ihrem Handelssystem folgen. Dabei ist es vollkommen unwichtig, ob das Signal ein Long- oder Short-Signal war. Da Sie weder beim Murmelziehen noch am Markt in die Zukunft schauen können, wissen Sie nicht, ob Ihr nächster Trade ein Gewinner oder Verlierer sein wird.

Somit gilt das erste und wichtigste Trading-Gesetz:

Ob ein Trade ein Gewinner oder Verlierer ist, ist zufällig.

Niemand auf der Welt hat darauf Einfluss, solange er nicht die Zukunft voraussehen kann. So auch bei der Murmelsimulation. Niemand kann voraussehen, welche Farbe die nächste Murmel hat. Wird es ein Gewinner oder Verlierer sein? Wir wissen es nicht. Was wir wissen, ist, dass wir in unserem Beispiel mit einer 50-prozentigen Wahrscheinlichkeit erwarten können, dass der Trade ein Verlierer ist (R–1 und R–2 = 50 Prozent)

Wie viel Geld werden Sie aber gewinnen, wenn Sie eine bestimmte Murmel aus dem Sack ziehen? Die Farbe der Murmeln gibt Ihnen nur an, dass Wievielfache des Risikos Sie realisieren; deshalb müssen Sie vor jedem Zug (Trade) Ihr Risiko bestimmen. Beim Traden ist unser Risiko (Einsatz) die Differenz zwischen Kauf und Stopkurs, multipliziert mit der Anzahl der Aktien oder Kontrakte, die wir erwerben wollen. Handelt es sich um Futures, müssen wir das Ergebnis noch mit dem Punktwert des Future-Kontrakts multiplizieren. Dazu ein Beispiel:

Wenn wir den DAX bei 4.000 kaufen wollen und unser Stop bei 3.990 liegt, dann ist die Differenz zwischen Kauf und Stop zehn Punkte. Unser Risiko beträgt pro Kontrakt zehn Punkte. Da ein Kontrakt 25 Euro im DAX wert ist, beträgt das Risiko pro Kontrakt 250 Euro. Wenn wir entscheiden, dass wir zehn Kontrakte kaufen wollen, dann beträgt das Risiko 2.500 Euro.

Sobald wir unser Risiko (Einsatz) bestimmt haben, können wir, nachdem wir eine Murmel gezogen haben, feststellen, dass Wievielfache unseres Risikos (Einsatz) wir gewonnen haben. Ziehen wir zum Beispiel eine rote Kugel, hätten wir das Doppelte unseres Risikos verloren. Bei einem Risiko von 2.500 Euro hätten wir 5.000 Euro verloren.

So wie in dem Beispiel können wir nun weiter fortfahren. Wir bestimmen jedes Mal vor dem Trade unseren Einsatz (das ist unser Risiko) und ziehen dann eine Kugel. Das Ergebnis können wir dann notieren und zu unserem Handelskapital dazuzählen oder davon abziehen – je nachdem, ob es ein Gewinn oder Verlust war. Wir erhalten nach einigen Dutzend Zügen eine Performance-Kurve für diesen Simulationslauf. Wie lange Sie Ihren Simulationslauf gestalten, hängt von Ihnen ab. Ich würde aber pro Simulation mindestens 100 Trades vorschlagen.

Sie ahnen schon, dass diese Art der Simulation sehr zeitaufwändig ist. Der Vorteil aber, jedes Mal den Einsatz selber zu bestimmen und die Simulation per Murmelzug durchzuführen, ist, dass die emotionalen Regungen, die beim Traden spürbar sind, durch so eine Simulation ebenfalls häufig hervorgerufen werden. Somit kann der Trader besser einschätzen, wie er emotional mit einer Verlustreihe umgehen wird. Idealerweise sollten Sie nicht nur eine Simulation laufen lassen, sondern mehrere Durchgänge, damit Sie ein durchschnittliches Simulationsergebnis erhalten.

Diese Form der Simulation hilft Ihnen zu erkennen, auf welche Phasen Sie sich beim Traden einstellen müssen und was Sie zu erwarten haben.

▶ So entwickeln Sie eine Simulation auf Excel

Eine weitere Möglichkeit ist es, die Trades nicht mit Murmeln zu simulieren, sondern mit Excel oder einem anderen Zufallszahlengenerator. Über das Internet gibt es mittlerweile einige Monte-Carlo-Simulationsprogramme. Wer allerdings ein wenig Programmieraufwand nicht scheut, kann sich sehr schnell und günstig mit Hilfe des Zufallszahlengenerators unter Excel seine eigene Monte-Carlo-Simulation basteln. Ein einfaches Beispiel will ich im Folgenden vorstellen.

Unter Excel gibt es eine Analysefunktion, die »Zufallszahlengenerierung« heißt. Diese Analysefunktion finden Sie unter dem Menüpunkt Extras. Vorher müssen Sie aber ebenfalls unter dem Menüpunkt Extras im Add-Ins-Manager die Analyse-Funktionen und Analyse-Funktionen-VBA auswählen. Sobald Sie diese Funktionen installiert haben, können Sie den Zufallszahlengenerator benutzen.

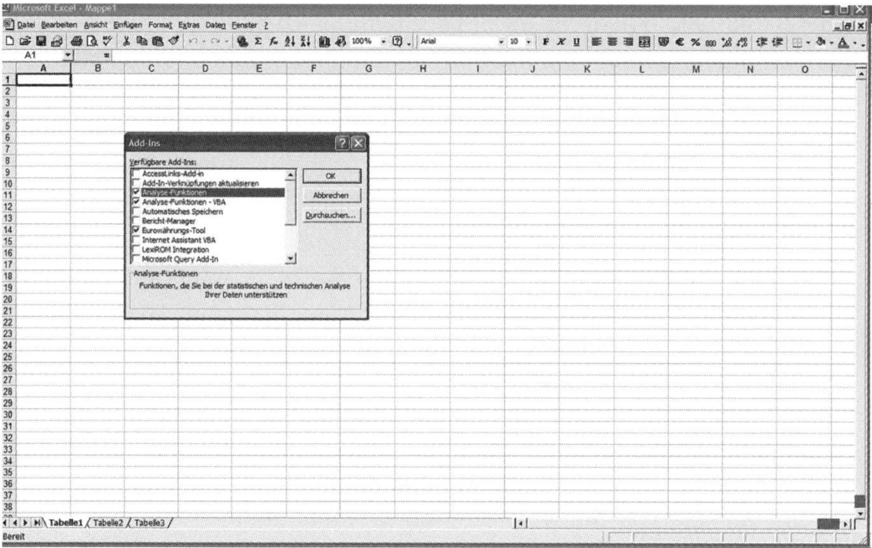

Wir wollen im Folgenden ein einfaches Handelssystem simulieren. Dieses Handelssystem arbeitet antizyklisch und versucht, von Fehlausbrüchen zu profitieren. Deshalb werden Orders über wichtigen Widerständen und unter Support-Zonen platziert mit dem Ziel, dass der Markt nach einem Ausbruch wieder unter den Widerstand zurückfällt oder in die Support-Zone hineinläuft. Jedes Mal, wenn das System erfolgreich ist, verdient es sechs Ticks im Bund. Falls es zu einem Fehltrade kommt, werden nach zwölf Ticks die Verluste realisiert. Somit gibt es in diesem System eigentlich nur zwei Varianten: entweder sechs Ticks Gewinn oder zwölf Ticks Verlust.

Back-Tests haben gezeigt, dass dieses System eine Trefferquote von 80 Prozent aufweist. Wir wollen aber nun dieses System nicht anhand des Back-Tests analysieren, sondern mit einer Simulation. Im ersten Simulationsschritt erzeugen wir eine Zufallszahlenreihe, bei der 80 Prozent Treffer und nur 20 Prozent Verluste entstehen.

Dazu rufen Sie unter dem Menüpunkt Extras die Zufallszahlengenerierung auf. Dort werden Sie aufgefordert, die Anzahl der Variablen festzulegen. Da wir nur den Faktor Erfolg oder nicht Erfolg, also Gewinn oder Verlust, kennen, brauchen wir nur eine Variable. Als Anzahl der Zufallszahlen wählen wir zum Beispiel 1.000 für 1.000 Trades.

Danach müssen wir festlegen, welcher statistischen Verteilung die Zufallszahlen unterliegen sollen. Dazu wählen Sie bitte eine Bernoulli-Verteilung. Eine Bernoulli-Verteilung muss immer dann gewählt werden, wenn die Variablen zwei sich gegenseitig ausschließende Ergebnisse widerspiegeln (zum Beispiel Erfolg oder Misserfolg).

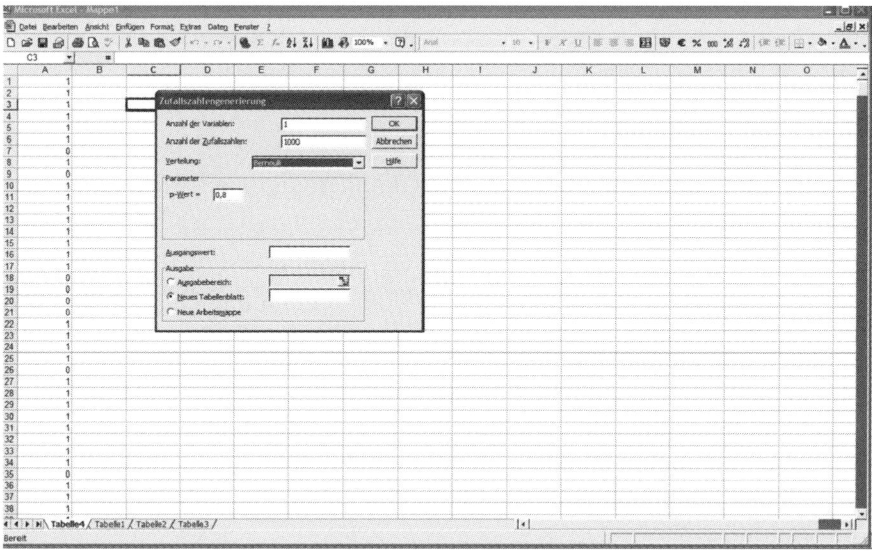

Außerdem werden Sie nach dem p-Wert gefragt. Dieser Wert gibt die Wahrscheinlichkeit für einen Erfolg im Sinne des Tests an. Erfolg bedeutet dabei keine Bewertung des Ergebnisses, sondern stellt nur die Seite der Betrachtung dar.

Wird beispielsweise im Rahmen einer Qualitätskontrolle geprüft, ob die Produkte fehlerhaft sind oder nicht, kann der Erfolg im Sinne der Bernoulli-Verteilung die Fehlerhaftigkeit sein.

In unserem Beispiel steht der Erfolg für einen positiven Trade (allerdings ist dies von uns so definiert worden). Die Zufallszahlengenerierung schafft dann entweder auf einem neuen Tabellenblatt oder in dem von uns vorher bestimmten Ausgabebereich 1.000 Zufallszahlen mit der gewünschten Verteilung. Wir erhalten also eine Zahlenreihe mit 1.000 Zahlen, wobei die Zahl entweder null (für einen Verlust) oder eins (für einen Gewinn) lautet.

Wir können nun wieder anhand der Ergebnisse eine Performance-Kurve aufstellen, wenn wir vorher festgelegt haben, was wir bereit sind zu riskieren. Sagen wir der Einfachheit halber, wir wollten jeweils einen Kontrakt kaufen, und der Tickwert beträgt zehn Euro. So hätten wir jedes Mal, wenn die Zufallszahl eins wäre, 60 Euro gewonnen und bei einer Null 120 Euro verloren.

Damit wir unsere Equity-Kurve nicht von Hand ausrechnen müssen, können wir eine Formel verwenden. Dazu wählen wir den Formeleditor und hier eine Funktion aus der Funktionskategorie Logik aus. Die Funktion erlaubt es, den Inhalt einer Excel-Zelle zu untersuchen und dann aufgrund des Ergebnisses bestimmte Werte festzulegen. Wir wählen aus, dass, wenn die nebenstehende Zelle den Wert eins hat, in der aktuellen Zelle der Wert 60 erscheinen soll. Wenn die Funktion nicht wahr ist, also die Zelle nicht den Wert eins hat, dann soll das Ergebnis -120 sein.

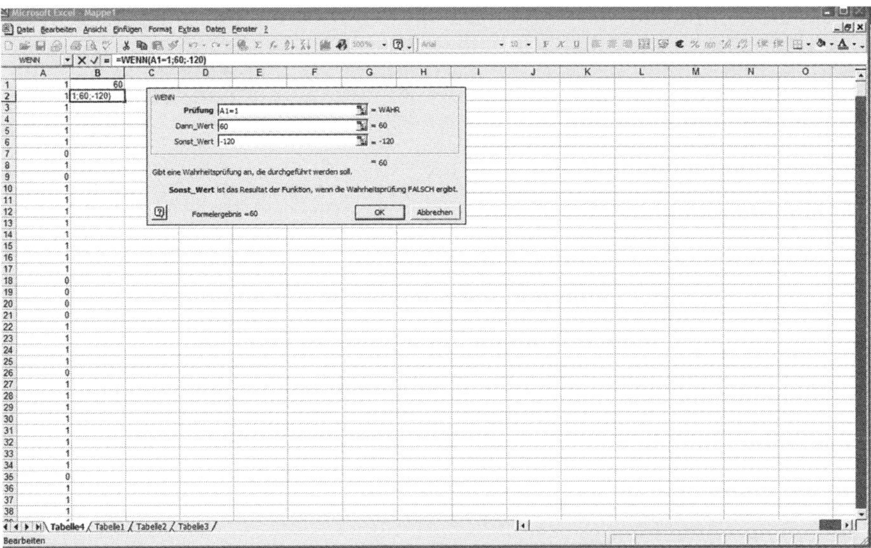

Diese Berechnung führen wir für jede Zufallszahl durch. In der dritten Spalte addieren wir dann die Ergebnisse, indem wir eingeben, dass der Zellinhalt sich aus dem Wert der Zelle über und links neben ihr zusammensetzt. Wir erhalten eine Performance-Reihe.

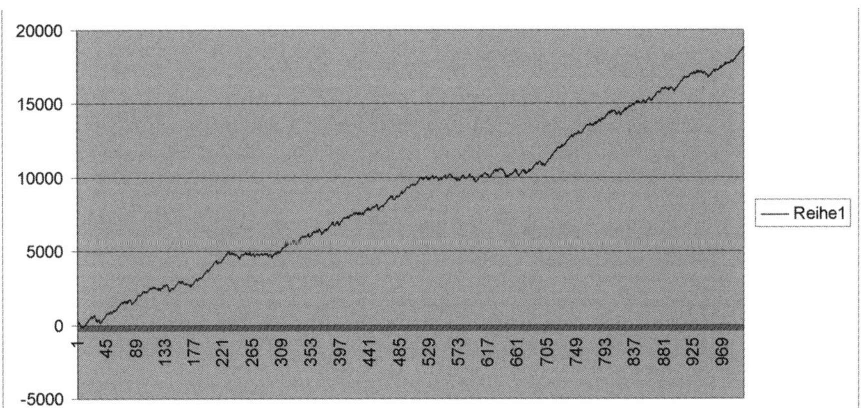

Diese Performance-Reihe ist das Resultat einer Simulation. Nun können wir die Simulation erneut durchführen, dabei aber eine schlechtere Gewinnquote annehmen, zum Beispiel anstelle von 80 Prozent nur noch 70 Prozent. Die Ausgabe der Zufallszahlen wählen wir genau für den Bereich aus, in dem unsere alten Zufallszahlen standen.

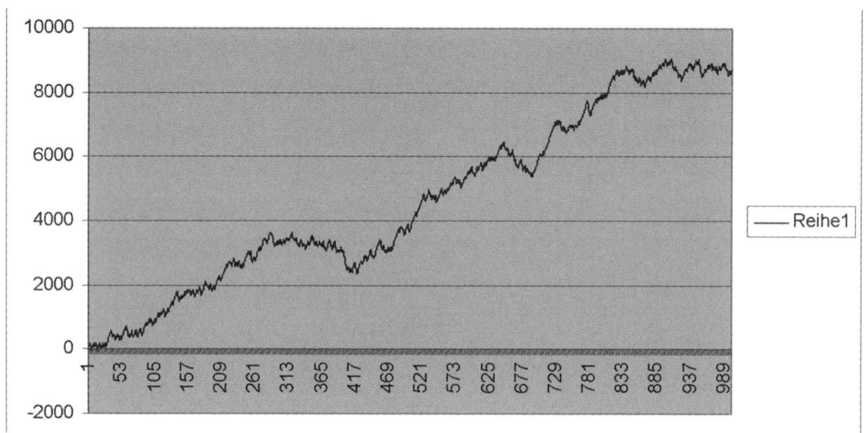

Die neue Performance-Kurve spiegelt eine Simulation unter der Annahme wider, wir würden nur noch in 70 Prozent der Fälle gewinnen. Es ist immer noch eine tolle Performance-Kurve. Doch achten Sie einmal auf die nächste Abbildung: Würden Sie in dieses System investieren wollen?

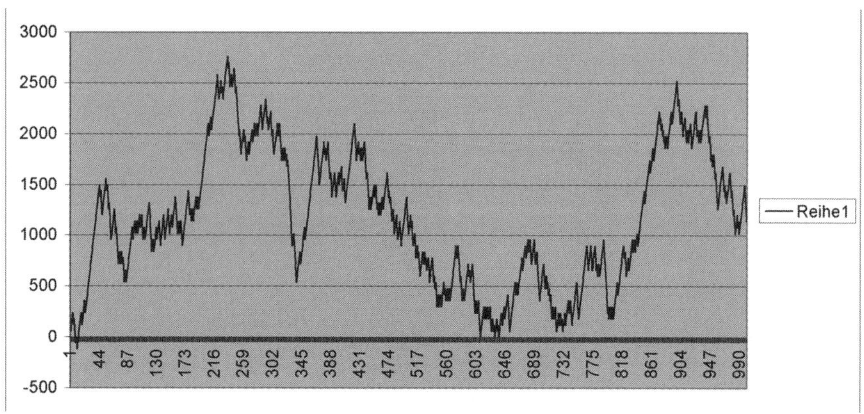

Erstaunlicherweise ist es das gleiche System unter denselben Bedingungen: 70 Prozent Trefferquote – aber dieses Mal verteilen sich die Gewinnreihen ein wenig anders. Das System hat immer noch eine positive Performance, aber einen langen Drawdown. Die Simulation zeigt, welche Drawdowns möglich sind.

Hier liegt ein entscheidender Vorteil zum Backtesting, das meist nur den Drawdown anhand einer Kursreihe aufzeigt. Je häufiger Sie Simulationen durchführen, desto besser sehen Sie, wie Drawdowns auftreten und was normal für das System ist. Es wurden im zweiten Lauf über 750 Trades gemacht, die nicht mehr zu einem neuen Performance-Hoch führten. Überlegen Sie: Würden Sie in der Realität einem solchen System folgen können? Wie wahrscheinlich ist ein derartiges Ereignis?

Um das herauszufinden, müssen Sie mehrere Simulationen durchlaufen und die Ergebnisse notieren. Dafür können Sie eine Tabelle wie abgebildet verwenden. Am Ende mehrerer Simulationsdurchläufe können Sie dann ausrechnen, was Sie durchschnittlich zu erwarten haben.

Simulation	Hoch	Tief	Längster Drawdown	Größter Drawdown	Ende
1	8.500	0	150 Trades	1.800	8.300
2	2.700	- 80	750 Trades	2.800	1.250
....					
100	6.500	- 100	400 Trades	2.400	3.600
Durchschnitt	6.233	- 420	411 Trades	2.200	4.500

Die oben beschriebenen Simulationen waren sehr einfach. Natürlich können Sie die Simulationen viel komplexer gestalten. Je detaillierter Sie den Trading-Ablauf eines Handelssystems simulieren, desto besser werden Sie auf den Trading-Alltag vorbereitet sein. Dieses Kapitel kann nicht mehr als eine Einführung in dieses komplexe Thema sein.

Beachten Sie bitte, dass dieser Simulation kein Money-Management-Algorithmus zugrunde liegt. Anhand von Simulationen können Sie aber perfekt die Auswirkungen verschiedener Money-Management-Strategien testen. Der Test eines Handelssystems macht erst dann Sinn, wenn Sie auch Ihre Money-Management-Strategie testen.

Festzuhalten bleibt, dass Simulationen unersetzlich sind, wenn Sie sich optimal auf den Trading-Alltag vorbereiten wollen.

▸ Kapitel 12 ◂

Position-Sizing. Die Wahrscheinlichkeit, dass ein Lot die optimale Positionsgröße ist, ist gering. Master-Trader variieren ihre Positionsgröße je nach Herausforderung.

▶ Ein-Lot-Trader handeln suboptimal

Gerade Trading-Anfänger glauben, dass sie erst einmal mit einem Kontrakt erfolgreich sein müssen, bevor sie ihre Positionsgröße ausweiten können. Dabei ist die Positionsgröße einer der wenigen Parameter, über die wir beim Traden völlige Kontrolle haben. Kein Bereich des Tradens lässt sich so leicht ändern wie die Positionsgröße.

Dennoch verzichten viele Trader auf diese Möglichkeit der Einflussnahme. Entweder, weil ihr Konto zu klein ist und sie deshalb gar nicht die Möglichkeit haben, mehr als einen Kontrakt zu traden, oder aber, weil es ihnen an Wissen und Mut fehlt, ihre Positionsgröße zu verändern.

Falls Ihr Konto zu klein ist, um mehr als einen Kontrakt zu traden, sollten Sie das Handeln umgehend stoppen oder einen Markt auswählen, der es Ihnen erlaubt, zumindest zwei Kontrakte zu handeln. Die Positionsgröße ist ein so wichtiger Faktor für eine gute Trading-Performance, dass es sich kein Trader leisten kann, ihr keine besondere Aufmerksamkeit zu schenken.

Es ist sehr unwahrscheinlich, dass ein Lot (Lot = Kontrakt) Ihre optimale Positionsgröße ist, denn üblicherweise unterscheiden sich Ihre Einstiege dadurch, dass der Initial Stop mal näher am aktuellen Preis ist, mal weiter weg. Mal bietet sich Ihnen vielleicht eine Möglichkeit, mit einem Zehn-Punkte-Stop im DAX zu arbeiten, mal müssen Sie den Stop aber 20 Punkte entfernt legen. Wenn Sie in solchen Situationen immer nur einen Kontrakt kaufen, gewichten Sie Ihre Transaktionen unterschiedlich. Im ersten Fall nehmen Sie für einen unbestimmten Gewinn ein kleineres Risiko auf sich als im zweiten Fall, wenn Sie einen 20-Punkte-Stop verwenden. Im ersten Fall beträgt Ihr Risiko 250 Euro, im zweiten 500 Euro (im DAX ist ein Punkt 25 Euro wert : (- 10) x 25 = 250).

Realistischerweise müssen wir davon ausgehen, dass die Wahrscheinlichkeit, mit dem nächsten Trade zu gewinnen, immer gleich hoch (gleich niedrig) ist. Es ist unsinnig anzunehmen, dass es Situationen mit einer höheren Gewinnwahrscheinlichkeit gibt als andere. Denn das würde bedeuten, dass wir Prognosen für die Zukunft treffen könnten. Niemand weiß jedoch, ob er gerade einen guten oder schlechten Trade vor sich hat; deshalb ist es auch nicht sinnvoll anzunehmen, man könne die Gewinnwahrscheinlichkeiten eines einzelnen Trades bestimmen.

Lediglich die Gewinnwahrscheinlichkeit einer Strategie (Serie von Trades) lässt sich aus der historischen Performance ableiten, allerdings auch nur, wenn wir davon ausgehen, dass der Markt sich in Zukunft genauso verhält, wie er es in der Vergangenheit getan hat.

Bei einer gleich hohen Gewinnwahrscheinlichkeit unterschiedliche Risiken einzugehen macht unter normalen Umständen aber keinen Sinn. In Kapitel 10 haben wir bereits gesehen, dass es für eine gegebene Strategie und Risikoneigung des Investors eine optimale Wettgröße gibt. Die optimale Wettgröße errechnet sich aus dem Risiko eines einzelnen

Trades, das vergleichbar mit einem Wetteinsatz ist. Trader, die nicht ihren optimalen Einsatz wetten, handeln somit suboptimal.

Gehen wir beispielsweise davon aus, dass ein Trader immer ein Prozent seines 100.000 Euro betragenden Depots riskieren will. Er könnte bei einem Zehn-Punkte-Stop im DAX vier Kontrakte kaufen (4 x 250 = 1.000 Euro = 1 % von 100.000 Euro). Liegt der Stop aber weiter weg, zum Beispiel 20 Punkte entfernt, darf er nur zwei Kontrakte kaufen. Kauft er immer nur zwei Kontrakte, handelt er in Situationen, in denen er nach seiner Ein-Prozent-Money-Management-Regel vier Kontrakte kaufen dürfte, suboptimal.

Stellen Sie sich vor, Sie müssten von Düsseldorf nach Frankfurt City fahren. Ein Großteil der Strecke besteht aus einer breiten Autobahn, aber leider nicht die gesamte Strecke. Es geht auch über Landstraßen mit engen Kurven. Wenn Sie diese Strecke mit einem Auto fahren würden, bei dem Sie weder bremsen noch Gas geben dürften und sich deshalb nur einmal für eine Geschwindigkeit entscheiden müssen, müssten Sie sich für ein Tempo entscheiden, mit dem Sie überall ohne zu verunglücken fahren könnten. Demnach würden Sie also die Geschwindigkeit wählen, mit der Sie auch beim schwierigsten Teil der Strecke noch durch die Kurven kommen, ohne aus der Bahn zu fliegen. Dieses Tempo ist aber viel zu langsam für die Strecke auf der Autobahn. Sie werden also einen großen Teil der Strecke mit einer suboptimalen Geschwindigkeit fahren.

Ähnlich ist es beim Trading. Wenn Sie nicht die Möglichkeit haben zu pushen, wenn es gut für Sie läuft, und Ihnen die Bremse fehlt, wenn es schlecht läuft, dann werden Sie die meiste Zeit mit einer suboptimalen Position handeln.

Trader, die nur ein Lot handeln, haben keine Möglichkeit, auf die Bremse zu treten. Ihre einzige Wahl ist es, den Trade mit einem Lot oder gar nicht durchzuführen.

Ein Rennen, bei dem man aussteigt, wenn es etwas schwieriger wird, kann man aber nicht gewinnen. Deshalb ist es wichtig, dass Ihre durchschnittliche Positionsgröße mehr als einen Kontrakt umfasst. Nur so können Sie steuern und in schwierigen Zeiten bremsen, in guten Zeiten aber voll aufs Gaspedal treten und Ihren Vorteil ausnutzen. Trader, die das Positionsgrößenmanagement nicht für sich ausnutzen können, sind unflexibel.

Jeder Trader kennt Zeiten, in denen der Handelsansatz ideal zu den aktuellen Marktgegebenheiten passt und die Strategie scheinbar nur noch Gewinne erwirtschaftet. Wer die Möglichkeit hat, die Positionsgröße in diesen Zeiten hochzufahren, kann seinen temporären Vorteil nutzen. Es ist wichtig, dass ein Trader weiß, wann er den Markt pushen kann, wann er Gas geben muss.

Allerdings gibt es auch Zeiten, in denen offensichtlich gar nichts funktioniert. Die vom Trader verfolgte Strategie hat deutliche Schwierigkeiten mit dem Markt. Beispielsweise ist bei einer Trendfolgestrategie zu erwarten, dass sie in Seitwärtsphasen des Markts Schwierigkeiten bekommt – weil sich eben kein Trend entfaltet. Die Performance des Systems wird in Seitwärtsphasen leiden.

Ein-Lot-Trader

1) handeln suboptimal
   denn es ist unwahrscheinlich, dass zufällig ein Lot die optimale Positionsgröße ist;

2) handeln ineffizient
   denn sie bewerten jede Chance am Markt gleich;

3) handeln unflexibel
   denn sie verzichten darauf, Gas zu geben, wenn das Trading läuft, und auf die Bremse zu treten, wenn sich der Markt schwierig gestaltet.

Wenn der Trader hier die Möglichkeit hat, auf die Bremse zu treten und mit weniger Kontrakten zu handeln, werden seine durchschnittlichen Verluste geringer sein, als wenn er stetig die gleiche Anzahl von Kontrakten handelt.

Der häufig geäußerte Vorschlag, in einem Seitwärtsmarkt einfach das Trendfolgesystem auszusetzen und nur auf dem Papier zu traden, ist wenig hilfreich, denn der Trader wird erst wissen, dass die Seitwärtsphase beendet ist, wenn sich bereits ein Trend neu gebildet hat. Dies geschieht meist durch einen dynamischen Ausbruch aus einer Trading-Range.

Diesen Ausbruch zu verpassen (weil der Trader ja nur virtuell gehandelt und sein System ausgesetzt hat) wird der Gesamt-Performance deutlich schaden. Besser ist es, mit wenigen Kontrakten im Markt zu bleiben und bei einem Ausbruch dann umgehend zu pyramidisieren. Wie das funktioniert, wird in diesem Kapitel noch gezeigt.

▶ Position-Sizing – der Turbo für Ihre Performance

Zwei Trader können dieselben Handelssignale befolgen und dennoch eine unterschiedliche Performance erzielen. Dies ist der beste Beweis dafür, dass die Einstiegsstrategie beim Traden am unwichtigsten ist. Dazu folgendes Beispiel:

Wir stellen uns ein System vor, das zehn Signale innerhalb eines Jahrs hervorgebracht hat. Der Stop ist abhängig vom Tagestief (bei Longs) oder Tageshoch (bei Shorts) am Tag des Signals. In unserem Beispiel wären folgende Signale generiert worden:

Nummer	Signal	Stop	Risiko pro Lot	Ergebnis
1	+4.200	4.180	20	+140
2	+3.800	3.750	50	- 50
3	- 4.500	4.530	30	þ- 30
4	+4.500	4.475	25	þ+50
5	- 4.800	4.900	100	- 100
6	+4.300	4.290	10	80
7	+4.600	4.540	40	- 40
8	+4.900	4.860	40	- 40
9	- 5.100	5.140	40	- 40
10	+4.900	4.860	40	20
			Summe	- 10

Auf den ersten Blick sieht dieses Trading-System nach einem Flop aus. Denn wer immer nur mit einem Lot tradet, wird nach zehn Transaktionen das Jahr mit insgesamt zehn Punkten Verlust beenden.

Was passiert aber, wenn der Trader eine Money-Management-Regel verwendet? Seine Regel lautet, immer ein Prozent seiner Equity zu riskieren.

Nehmen wir an, ein Punkt sind zehn Euro, und sein Konto beträgt 100.000 Euro. Wenn er, wie in Trade 1, ein Risiko von 20 Punkten eingeht, riskiert er, pro Lot 200 Euro zu verlieren. Da er maximal ein Prozent vom Konto riskieren will, beträgt sein Risiko beim ersten Trade maximal 1.000 Euro. Er kann sich also fünf Kontrakte kaufen. In der folgenden Tabelle haben ich das Ergebnis mit dieser Money-Management-Regel aufgeführt.

Nummer	**Risiko pro Lot in Punkten**	**1% des Kontos**	**Gewinn/Verlust**	**Kontos**
				100.000 Euro
1	20	1.000	5 x 1.400 = 7.000	107.000
2	(-500)	1.070	2 x (-500) = - 1.000	106.000
3	(-300)	1.060	3 x (-300) = -900	105.100
4	25	1.050	4 x 500 = 2.000	107.100
5	100	1.070	1 x 1.000 = - 1.000	106.100
6	10	1.060	10 x 800 = 8.000	114.100
7	(-400)	1.140	2 x (-400) = - 800	113.300
8	(-400)	1.132	2 x (-400) = - 800	112.500
9	(-400)	1.124	2 x (-400) = - 800	111.700
10	40	1.160	2 x 200 = 400	12.100
			Ergebnis	12.100 Euro

Indem der Trader seine Positionsgröße an das Risiko anpasst, gewichtet er jeden Trade unter Betrachtung des Risikos gleich. Der Trader riskiert also immer ein Prozent seines Kontos.

Diese Regel führt aber zu unterschiedlichen Positionsgrößen. Wenn Trader also dasselbe Handelssystem mit unterschiedlichen Positionsgrößen handeln, werden sie nicht nur absolut, sondern häufig auch prozentual unterschiedliche Ergebnisse erzielen. Deshalb kann es vorkommen, dass Trader Signale eines anderen Händlers nachtraden und der eine wegen seiner variablen Positionsgröße damit Geld verdient, der andere aber Geld verliert.

Die Positionsgröße ist der Schlüssel zum Erfolg. Wie wir bereits wissen, können wir nicht in die Zukunft schauen und uns an der Erfolgswahrscheinlichkeit eines Trades orientieren, sondern müssen die Positionsgröße anhand des Risikos bestimmen. Neben dem Risiko gibt es aber auch andere Anhaltspunkte, die uns helfen können, unsere Positionsgröße festzulegen.

Die einfachste Möglichkeit ist es, die Positionsgröße an den Erfolg oder Misserfolg des Kontos zu koppeln. Das bedeutet: Wenn es gut läuft, sollte der Trader die Kontraktzahl erhöhen; läuft es schlecht für ihn, sollte er das Risiko und damit die Kontraktzahl reduzieren.

Dieses Konzept lässt sich einfach umsetzen, wenn der Trader immer einen bestimmten Prozentsatz seines Kontos riskiert. Denn je besser seine Performance, desto höher der Kontostand, desto mehr Risiko.

In der folgenden Abbildung sehen Sie die Simulation eines Handelssystems. Die flache Linie wäre das Ergebnis dieses Systems, wenn der Trader niemals seine Kontraktzahl variiert hätte, die volatilere Linie ist die Performance-Kurve bei einem Risiko von jeweils einem Prozent.

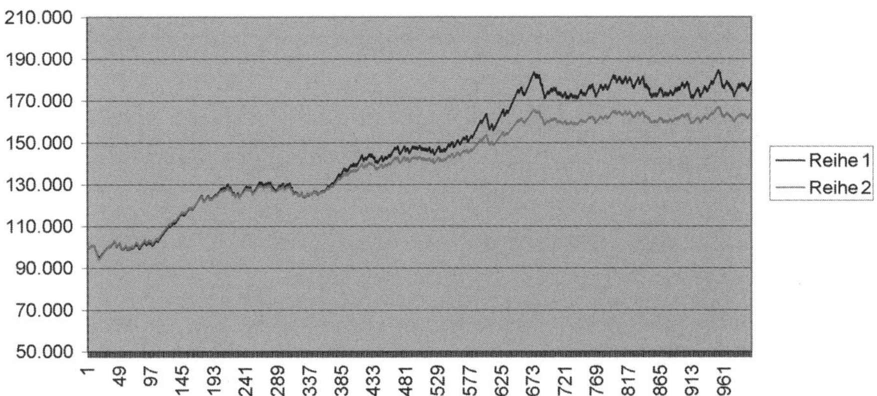

Wie deutlich zu erkennen ist, wirkt die Ein-Prozent-Regel wie ein Turbo, sobald die Performance die Equity vergrößert hat, weil das System automatisch mehr Kontrakte kaufen kann. Wurden beim Start des Systems nur sieben Kontrakte gekauft, da die Ein-Prozent (= 1.000 Euro)-Regel bei einem Risiko von 130 Euro pro Kontrakt maximal sieben Kontrakte als Positionsgröße zulässt, steigert sich schon nach wenigen Gewinnen die Kontraktgröße. Je besser die Performance, desto mehr Kontrakte können gekauft werden.

Natürlich funktioniert diese Regel auch im negativen Fall, dann wirkt sie allerdings nicht wie ein Turbo, sondern wie eine Bremse. Je schlechter die Performance, desto weniger Kontrakte werden gekauft.

Eine Position-Sizing-Strategie, die nach dem Prinzip verfährt, den Wetteinsatz im Gewinnfall zu erhöhen und im Verlustfall zu reduzieren, nennt man Anti-Martingale. Möglicherweise kennen Sie aus dem Roulettespiel die Strategie, nur auf eine Farbe zu setzen und bei einem Verlust einfach den Einsatz zu verdoppeln. Sollte ein weiterer Verlust folgen, verdoppeln Sie weiter Ihren Einsatz, da irgendwann die Farbe, auf die Sie gesetzt haben, kommen muss.

Sagen wir, Sie entscheiden sich für Schwarz und setzen fünf Euro. Leider kommt Rot, Sie müssen also beim nächsten Mal zehn Euro setzen. Wenn Sie gewinnen, bekommen Sie 20 Euro und erzielen einen Gesamtgewinn von fünf Euro, denn die Summe Ihrer Einsätze betrug 15 Euro. Falls erneut Rot kommt, müssen Sie nun bereits 20 Euro setzen, um fünf Euro zu gewinnen. Bei einem weiteren Verlust 40 Euro, dann 80, 160, 320 Euro und so weiter. Nach neun Verlusten in Folge müssten Sie bereits 1.280 Euro setzen, um insgesamt 5 Euro Gewinn zu erzielen.

Weil natürlich irgendwann einmal Schwarz fällt, haben Casinos eine Strategie entwickelt, sich vor dieser Taktik zu schützen. Jeder Roulettetisch hat ein Tischlimit, einen maximalen Betrag, den der Spieler setzen kann. Deshalb ist diese Strategie, die theoretisch funktioniert, praktisch nicht umzusetzen. Erfunden wurde diese Strategie von Martingale, nach dem das Prinzip, im Verlustfall zu verdoppeln, auch benannt wurde.

Beim Trading gibt es kein Tischlimit, sodass wir theoretisch einfach mit jedem Trade das Risiko so lange erhöhen könnten, bis wir wieder im Gewinn sind.

Zwei Gründe sprechen aber in der Realität dagegen. Zum einen ist uns durch unser Konto und die Margin-Anforderungen der Börsen ein Limit gesetzt. Wir haben nicht unendlich Geld zur Verfügung. Zum anderen steht ein Trader üblicherweise nach zehn Verlusten in Folge so stark unter Druck, dass er auch psychisch wohl kaum die Kraft aufbringen wird, nochmal zu verdoppeln.

Alle mir bekannten Trader, die eine Martingale-Strategie verwendeten, wurden früher oder später vom Markt aus dem Spiel geholt und haben das Risk of Ruin ihres Kontos erlebt, häufig sogar nach mehrmaligem Nachschießen von erheblichen Beträgen.

Martingale-Strategien funktionieren nicht. Manchmal verstecken sich diese Strategien aber hinter einem Handelsansatz, sodass der Trader gar nicht erkennt, dass er eigentlich eine Martingale-Strategie verwendet. Wenn Sie zum Beispiel Ihre Kauflimits gestaffelt platzieren, um einen günstigen Einstiegskurs zu erhalten, handeln Sie bereits nach einer Martingale-Strategie, denn Sie werden zuerst auf dem höchsten Kauflimit ausgeführt. Erst nachdem Sie mit Ihrem ersten Limit bereits im Buchverlust sind, kaufen Sie weitere Kontrakte hinzu.

Somit erhöhen Sie Ihr Risiko im Verlustfall – typisch Martingale. Sie haben immer Ihre volle Kontraktzahl, wenn der Markt gegen Sie läuft und weiter fällt, da alle nach unten gestaffelten Kauflimits abgeräumt wurden.

Leider sind Sie, wenn der Markt nicht bis zum untersten Limit läuft, nur mit einer geringeren Kontraktzahl dabei. Im Durchschnitt werden Sie eine geringere Positionsgröße haben, wenn der Markt für Sie läuft, als wenn Sie mit Verlust ausgestoppt werden.

► So entwickeln Sie einen optimalen Money-Management-Algorithmus

Das Prinzip, dem wir bei der Entwicklung unseres Money-Management-Algorithmus folgen müssen, ist nun bekannt. Wir müssen darauf achten, dass alle Strategien nach dem Anti-Martingale-Prinzip funktionieren.

Solange Sie dieses Prinzip berücksichtigen, sind Ihrer Kreativität keine Grenzen gesetzt. Der Money-Management-Algorithmus sagt aus, wie viele Kontrakte Sie zu einem gegebenen Zeitpunkt kaufen können. Er beantwortet also die Frage nach der Positionsgröße.

Es gibt ein paar Standardvarianten, die im Folgenden kurz vorgestellt werden.

Fixed Bet Size

Bei der Fixed Bet Size » wettet«, das heißt riskiert der Trader immer die gleiche Summe, zum Beispiel 1.000 Euro. Erst wenn er bestimmte Gewinnschwellenwerte erreicht hat, zum Beispiel die Verdopplung seines Kontos, erhöht er auch seinen Wetteinsatz.

Prozent Bet Size

Diese Variante habe ich schon vorgestellt. Der Trader riskiert immer einen bestimmten Prozentsatz seiner Equity, zum Beispiel ein Prozent.

Prozent-Volatilitäts-Modell

Dieses Modell funktioniert fast genauso wie das Prozent-Bet-Size-Modell, berücksichtigt aber die durchschnittliche Vola des Trading-Markts innerhalb einer bestimmten Zeitperiode. Wie im Prozent-Bet-Size-Modell hat der Trader eine Regel, wie viel Prozent seiner Equity er bereit ist zu riskieren, er passt aber den riskierten Prozentbetrag an die Marktvolatilität an. Dies kann auf zweierlei Art erfolgen.

Eine Möglichkeit ist, dass der Trader den Stop volatilitätsabhängig wählt. Er errechnet die durchschnittliche Schwankung einer bestimmten Zeiteinheit und entscheidet, das Wievielfache der durchschnittlichen Schwankung dieser Zeiteinheit der Stop vom Markt weg sein soll.

Dazu ein Beispiel: Ein Trader hat ausgerechnet, dass die durchschnittliche Stundenschwankung im DAX 20 Punkte beträgt. Er ist bereit, maximal das Doppelte der durchschnittlichen Stundenschwankungen als Risiko zu akzeptieren. Sein Stop ist also 40 Punkte entfernt. Wenn dieser Trader maximal ein Prozent seines Kontos riskieren will und seine Equity 100.000 Euro beträgt, darf er maximal einen Kontrakt handeln. 1 % = 1.000 Euro, 40 Punkte = 1.000 Euro.

Die andere Möglichkeit besteht darin, eine Funktion festzulegen, die besagt, bei welcher Vola der Trader welchen Prozentsatz seines Kontos riskieren will. So könnte er zum Beispiel festlegen, dass er in einem Markt, der eine geringe Vola von zehn Prozent innerhalb einer bestimmten Zeitperiode aufweist, immer zwei Prozent seines Kontos riskiert. Sobald der Markt mehr als zehn Prozent, aber weniger als 15 Prozent schwankt, riskiert er nur noch ein Prozent, zwischen 15 und 20 Prozent Schwankung sinkt sein Risiko auf 0,5 Prozent des Kontos, und über 20 Prozent will er nur noch maximal 0,25 Prozent pro Transaktion riskieren.

Jede der beschriebenen Methoden hat Vorteile und Nachteile. So folgen viele kleine Trader ausschließlich der Fixed Bet Size, da ihr Konto keinen Spielraum für die anderen Regeln lässt. Zu viele Trades würden wegen des Money-Managements abgelehnt werden. Bei der Fixed Bet Size kommen die Vorteile eines intelligenten Money-Managements nicht zum Tragen, da die automatische Bremse oder das Gaspedal nur in großen Intervallen, zum Beispiel bei Kontoverdopplung, ins Spiel kommt. Eine Bremse ist meist nur eingebaut, wenn der Trader bereits erheblich verloren hat.

Dynamischer ist es deshalb, den Money-Management-Algorithmus nach der Prozentmethode zu entwickeln. Jeder Verlust oder Gewinn wird bereits bei der Planung des nächsten Trades mit berücksichtigt. Es können schnell mehr Kontrakte gekauft werden, wenn es gut läuft, und sobald es schlechter läuft, handelt der Trader weniger Kontrakte.

Der Nachteil dieser Methode ist, dass sie sich ausschließlich an der eigenen Performance orientiert und nicht am Markt. Eine Kombination aus einer Orientierung am Markt und der eigenen Performance bieten beide Prozent-Volatilitäts-Modelle.

Weil der Stop nach der Volatilität des Markts ausgerichtet ist, werden hier Marktbewegungen mit berücksichtigt. Ebenso beim anderen Prozent-Volatilitäts-Modell: Je volatiler der Markt hier ist, desto weniger wird riskiert.

Natürlich können Sie jede Anti-Martingale-Strategie für Ihr Depot übernehmen. Die vorgestellten Grundprinzipien lassen sich aber optimieren. Mit dem Prozent-Betting haben Sie bereits automatisch Gas und Bremse in Ihren Algorithmus integriert.

Es kann aber auch sehr lange dauern, bis Sie wegen guter Performance tatsächlich mehr Kontrakte handeln können. Sagen wir zum Beispiel, Sie wollen maximal ein Prozent Ihres Depots riskieren und traden im DAX mit einem 20-Punkte-Stop. Ihr Konto ist 100.000 Euro groß. Nach dieser Regel können Sie maximal zwei Kontrakte (25 x 20 x 2 = 1.000 Euro) traden, da ein Punkt 25 Euro wert ist und Sie maximal 1.000 Euro mit dem ersten Trade verlieren wollen. Um einen dritten Kontrakt handeln zu können, brauchen Sie einen Performance-Zuwachs von 50.000 Euro beziehungsweise 50 Prozent. Das Gaspedal kann also erst relativ spät getreten werden.

Ich bevorzuge deshalb Regeln, die es dem Trader ermöglichen, schnell Gas zu geben. Dazu bestimme ich zuerst mein mittleres Risiko. Das ist das Risiko, das ich eingehen will, wenn ich ganz normal performe – sagen wir beispielsweise ein Prozent meiner Equity.

Sobald es aber gut für mich läuft – wenn meine Strategie also gut mit dem Markt zurechtkommt und ich einen bestimmten Betrag x in einer vorgegebenen Periode verdient habe –, will ich stufenweise das Risiko erhöhen und steigere mein Risiko auf 1,5 Prozent.

Wenn es weiter gut läuft und ich in der nächsten vorgegebenen Periode zusätzlich den Betrag y verdient habe, geht mein Risiko hoch auf zwei Prozent und so weiter. Sobald die Equity durch realisierte Verluste von ihrem Höchststand um einen bestimmten Betrag z geschrumpft ist, trade ich sofort wieder nur noch mein mittleres Risiko, in diesem Fall ein Prozent.

Genauso funktioniert der Algorithmus auf der negativen Seite. Sobald ich einen bestimmten Teil meiner Equitiy verloren habe, riskiere ich nur noch 0,5 Prozent, dann 0,25 Prozent und so weiter. Läuft es dann wieder besser, und ich habe einen vorher festgelegten Betrag verdient, trade ich wieder mit meinem mittleren Risiko von einem Prozent.

Ich nenne den Betrag, der mich auf mein mittleres Risiko bringt, »Trigger-Betrag«. Dieser Trigger-Betrag kann entweder eine feste Größe sein (etwa ein Gewinn von 5.000 Euro seit dem Performance-Tief), er kann aber auch ein prozentualer Betrag sein (zum Beispiel zwei Prozent Profit seit dem Performance-Tief).

Wichtig ist, dass der Trigger-Betrag im Verhältnis zu den anderen Stufen nicht zu groß gewählt ist. Denn Ziel soll es sein, auch im Gewinnfall schnell wieder auf das normale Risiko zurückzukommen, wenn etwas nicht mehr nach Plan läuft. Der Algorithmus soll nicht erst wieder mit dem mittleren Risiko traden, wenn bereits alle Gewinne wieder abgegeben wurden, sondern wenn noch eine deutliche Performance im Depot verbleibt.

Dazu ein Beispiel:

Nehmen wir an, der Betrag x zur ersten Stufe beträgt 4.000 Euro, der Betrag y x+6.000 Euro. Der Betrag z, der die negativen Abstufungen bestimmt, ist 3.000 Euro. Mein Trigger-Betrag beträgt 2.000 Euro. Das Konto startet bei 100.000 Euro.

Nachdem also ein Kontostand von 104.000 Euro erreicht ist, erhöhe ich das Risiko um 0,5 Prozent auf 1,5 Prozent. Sobald aber nun mehr als 2.000 Euro wieder verloren gehen, trade ich wieder mit dem mittleren Risiko von einem Prozent. Im Verlustfall reduziere ich mein Risiko auf 0,5 Prozent, sobald ich bei 97.000 Euro bin, da der Betrag z = 3.000 Euro verloren wurde. Das Risiko darf erst wieder auf das mittlere Risiko erhöht werden, wenn der Trigger-Betrag verdient wurde.

Der oben genannte Algorithmus ist lediglich ein Beispiel. Die Ausgestaltung der Stufen und wann Sie auf Ihr ursprüngliches Risiko zurückgehen hängt sehr stark von Ihrer Trading-Strategie und Risikoneigung ab. Was aber deutlich werden soll, ist, dass im Gegensatz zu den herkömmlichen Modellen, die ausschließlich mit demselben prozentualen Risiko arbeiten, hier bereits viel schneller Gas gegeben oder auf die Bremse getreten werden kann.

Daytrader sollten zusätzlich noch überlegen, ob sie ihren Position-Sizing-Algorithmus an die unterschiedlichen Trading-Phasen zu den Handelszeiten anpassen. Bekanntlich ist die Volatilität im Laufe eines Tags sehr unterschiedlich. Während die Eröffnungsphase sehr hektisch verläuft, ist es mittags im Markt eher ruhig. Bei Veröffentlichung von Wirtschaftsdaten wird es dann wieder hektisch.

Ob Sie zu den unterschiedlichen Handelszeiten das Risiko erhöhen oder reduzieren sollten, können Sie mit Ihrem Trading-Tagebuch herausfinden. Zu welcher Tageszeit gewinnen Sie häufiger?

Ich selber trade normalerweise im Mittagsmarkt und bei Wirtschaftsdaten mit einem geringeren Risiko und habe mein größtes Risiko in der Eröffnung. Einerseits, weil ich gerade mit meinen Eröffnungs-Trades eine gute Performance habe, andererseits aber auch, weil ich gerne am Anfang aggressiv in den Markt gehe und dann, falls ich einen Dämpfer bekomme, mein Risiko reduziere.

Wie Sie sehen, kann ein guter Position-Sizing-Algorithmus sehr komplex sein. Er berücksichtigt Marktvolatilitäten, Kontostand, vergangene kurzfristige Performance und Handelszeiten. Sie werden in Interviews mit Top-Tradern immer wieder den Satz finden: »Ein guter Trader weiß, wann er den Markt pushen muss.«

▶ Regeln des Position-Sizings

Position-Sizing ist sehr einfach, doch leider werden immer wieder die gleichen wesentlichen Fehler begangen. Deshalb achten Sie immer darauf, dass Sie die folgenden Regeln einhalten:

▶ Verbillige nie

Jede Strategie, bei der verbilligt wird, und sei es nur, weil der Trader gestaffelt kauft, folgt einem Martingale-Prinzip. Dieses Prinzip führt aber niemals dazu, dass unsere durchschnittlichen Gewinne groß sind und unsere Verluste klein bleiben.

▶ Erhöhe niemals dein Initial-Risiko

Das Anfangsrisiko ist der maximale Betrag, den Sie bereit sind zu verlieren. Wenn Sie dieses Anfangsrisiko übersteigen, dann handeln Sie gegen Ihre Strategie. Einzige Ausnahme dieser Regel ist, wenn Sie von Anfang an planen, erst mit einer kleinen Position in den Markt zu gehen und diese dann auf eine bestimmte Größe mit einem vorher feststehenden Risiko zu steigern, wenn sich der Markt für Sie entwickelt.

Nehmen wir an, Sie wollen insgesamt vier Kontrakte kaufen mit einem Stop bei 3.980. Der DAX notiert derzeit bei 3.995. Wenn Ihre Strategie darin besteht, erst zwei Kontrakte zu kaufen und weitere zwei, wenn der Markt die 4.000 durchbricht, ist das weder eine Martingale-Strategie, noch handeln Sie gegen Ihren Plan.

Anders sieht es aus, wenn Trader ihr Anfangsrisiko erhöhen, indem sie nachträglich den Stop weiter wegsetzen. Ein solches Verhalten bedeutet, dass Sie kein strategisches Money-Management betreiben.

▶ Übertrade nicht

Auch wenn Sie immer nur 0,5 Prozent Ihrer Equity riskieren – als Daytrader besteht für Sie immer die Gefahr zu übertraden. Wenn Sie 20 Transaktionen am Tag mit jeweils 0,5 Prozent Risiko machen, kann das ein Gesamtrisiko von bis zu zehn Prozent Ihres Kontos bedeuten. Kluges Money-Management sieht für jeden Tag eine maximale Verlustobergrenze vor. Dieser Betrag kann absolut formuliert sein, indem Sie sich etwa vornehmen, maximal 2.000 Euro am Tag zu verlieren, es kann aber auch eine prozentuale Zahl sein.

Planen Sie Ihren Tag bereits vor Handelseröffnung. Wenn Sie maximal 2.000 Euro verlieren wollen und bei einem 100.000-Euro-Depot ein Prozent zu riskieren bereit sind, könnten Sie nur zwei Trades machen. Das kann zu wenig sein, wenn Sie zum Beispiel unglücklich ausgestoppt wurden und noch einmal einen Re-Entry in eine Position wagen wollen.

Je nach Handelsstil sollten Sie Ihr Einzelpositionsrisiko so wählen, dass Sie nicht zu häufig wegen einiger Fehlsignale am Tag Ihr Verlustlimit erreichen. Beträgt zum Beispiel Ihr Verlustlimit pro Tag 2,5 Prozent Ihres Depots, und Sie handeln drei Märkte, dann wäre es sicherlich zu viel, ein Prozent pro Transaktion zu riskieren. In diesem Fall könnte es nämlich sein, dass Sie bereits nach jeweils einem Verlust-Trade in zwei Märkten nicht mehr Ihre Wunschpositionsgröße für ein Signal im dritten Markt wählen können, da Ihnen nach zwei Verlusten von jeweils einem Prozent nur noch 0,5 Prozent Risiko für den Tag übrig bleibt.

► Sei diszipliniert

Letztendlich nützen die besten Position-Sizing-Regeln nichts, wenn der Trader sich nicht an seine Regeln hält. Money-Management ist der wichtigste Bereich beim Traden. Bereits ein Trade kann reichen, Sie für Wochen aus dem Spiel zu bringen, wenn Sie deutlich mehr als üblich verloren haben. Regelverstöße gegen Entry- und Exit-Regeln sind meist harmlos, solange Sie nicht zu oft passieren.

Money-Management-Regeln dürfen Sie aber niemals verletzen, denn häufig reicht ein großer Verlust, Sie emotional zu destabilisieren, was meist Folgeverluste nach sich zieht. Wie Sie diszipliniert bleiben, wissen Sie bereits!

▶ So pyramidisiert man

Die hohe Kunst des Tradens ist es zu pyramidisieren. Damit ist gemeint, die ursprüngliche Positionsgröße während eines Trades auszuweiten. Dazu kauft der Trader in verschiedenen Stufen weitere Kontrakte. Der Erwerb der weiteren Kontrakte erfolgt nach denselben Prinzipien und Regeln wie der Erwerb der Initial Position. Er muss also die gleichen bekannten Entry-, Exit- und Money-Management-Regeln beachten, die er auch für den Aufbau seiner Initial Position benötigt.

Das Prinzip des Pyramidisierens ist es, Gewinnpositionen weiter zu verstärken und somit die durchschnittlichen Gewinner zu vergrößern. Das wiederum verbessert das Payoff-Ratio und somit den Erwartungswert einer Strategie. Wichtig: Sinnvoll ist es nur, Gewinnpositionen zu pyramidisieren. Verlustpositionen durch weitere Zukäufe zu verstärken bedeutet praktisch zu verbilligen und ist, wie bereits erwähnt, ein großer Trading-Fehler.

Eine typische Pyramidisierungsstrategie ist es, nachdem die Ursprungsposition im Gewinn ist, in der nächsten Stufe die halbe Größe der Ursprungsposition dazuzukaufen. Ist der Zukauf wiederum im Gewinn, wird in einer weiteren Stufe noch einmal die Hälfte der zugekauften Position erworben.

Zum Beispiel kauft ein Händler erst vier Kontrakte, erweitert seine Position dann auf sechs Kontrakte, indem er im Gewinn noch zwei Kontrakte zukauft, und legt dann noch einen weiteren Kontrakt nach. Nun hält er insgesamt sieben Kontrakte. Die Strategie heißt pyramidisieren, weil in jeder Stufe die Größe der zugekauften Kontraktzahl kleiner wird. Die Pyramide wächst mit jeder Stufe (siehe Abbildung).

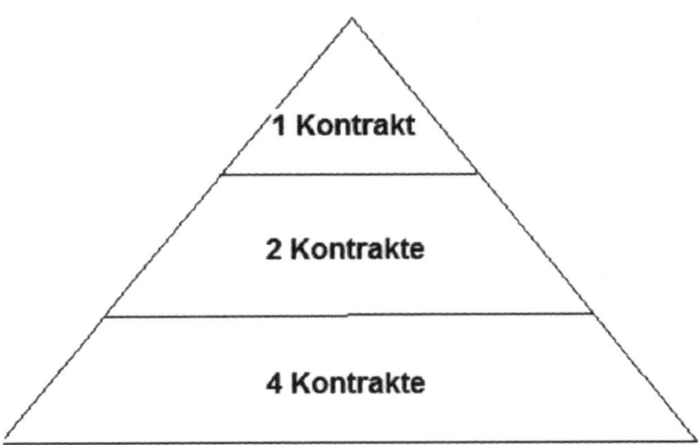

Es gibt auch umgekehrte Pyramiden, bei denen auf jeder Stufe die zugekaufte Position die vorherige in der Größe der Kontraktzahl übersteigt. Das Problem von umgekehrten Pyramiden ist es, dass der durchschnittliche Einkaufskurs aller Kontrakte sehr nahe am Markt liegt, weil die zuletzt erworbenen Kontrakte mengenmäßig am stärksten vertreten sind und der zuletzt bezahlte Preis sich so am stärksten bei der Durchschnittspreisbildung auswirkt.

Die Wahrscheinlichkeit, dass solch eine Pyramide ausgestoppt wird, ist einfach zu groß, als dass man sie dauerhaft anwenden kann. Dennoch kann es in der Praxis vorkommen, dass ein Trader wegen günstiger Marktverhältnisse eine umgekehrte Pyramide bauen kann, ohne dabei sein Risiko zu vergrößern. Im Daytrading-Bereich ist dies aber eher unwahrscheinlich. Umgekehrte Pyramiden sind nur in ganz starken Trendmärkten beim Positions-Trading überhaupt vertretbar.

Um sinnvoll zu pyramidisieren, müssen ein paar Regeln beachtet werden:

Zunächst einmal darf jeder Zukauf nur erfolgen, wenn der letzte Zukauf oder der ursprüngliche Kauf bereits im Gewinn ist.

Zweitens darf das Anfangsrisiko nicht mehr überstiegen werden.

Drittens: Behandeln Sie den Einstieg auf jeder Stufe isoliert, als ob es sich um eine einzelne neue Position handelt. All Ihre Einstiegskriterien sollten weiterhin erfüllt sein.

Viertens sollte die Kontraktanzahl auf jeder höheren Stufe der Pyramide kleiner werden.

Die letzte Regel ist kein Muss, aber eine Empfehlung. Letztendlich bleibt es dem Trader überlassen, ob er wegen des näheren Durchschnittspreises riskieren will, dass der Trade eher ausgestoppt wird.

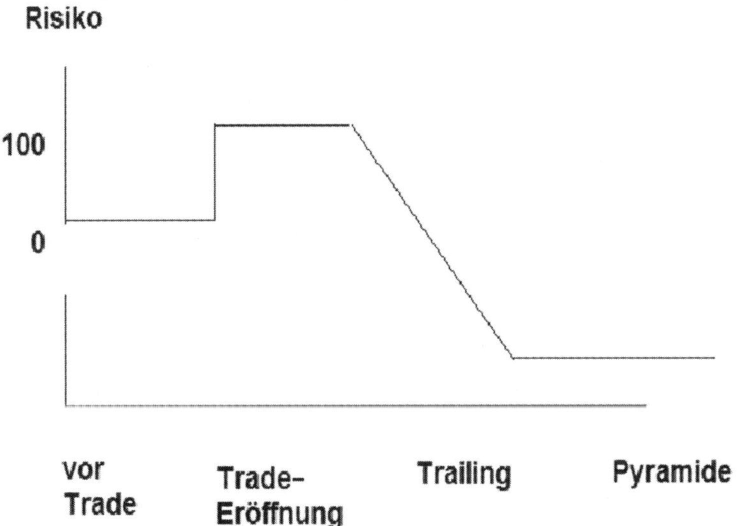

Eine weitere Frage, die sich dem Trader stellt, ist, wann er überhaupt eine Pyramide aufbauen soll. Generell ist das nur sinnvoll, wenn der Markt stark in eine Richtung tendiert, also ein kräftiger Trend zu beobachten ist. Außerdem muss es Ihnen möglich sein, nach dem Aufbau der

Initial Position weitere Kontrakte zu kaufen, ohne das Initial-Risiko zu übersteigen.

Vor einem Trade ist Ihr Risiko null. Sobald Sie den Trade eingehen, haben Sie neben dem Einstiegskurs hoffentlich auch einen Initial Stop. Die Differenz zwischen Einstieg und Stop, multipliziert mit der initialen Kontraktzahl, ergibt Ihr Anfangsrisiko. Zu keinem anderen Zeitpunkt während des Tradens sollte dieses Anfangsrisiko überschritten werden. In der Abbildung habe ich deshalb 100 Prozent als Skalierung gewählt, um zu verdeutlichen, dass dies das maximale Risiko ist.

Natürlich entsprechen diese 100 Prozent nicht 100 Prozent Ihrer Equity, sondern 100 Prozent Ihres maximal akzeptierten Risikos. Sobald der Markt Ihren Exit-Regeln zufolge eine Möglichkeit bietet, einen Trailing-Stop nachzuziehen, sinkt Ihr Anfangsrisiko.

Ich halte es für sinnvoll, mit dem Aufbau einer Pyramide so lange zu warten, bis Ihr Anfangsrisiko auf null gesunken ist. Das ist immer der Fall, wenn Ihre ursprüngliche Position bereits mit einem Break-even-Stop abgesichert werden kann. Diese Regel soll Sie davor schützen zu übertraden. Je nach Trading-Strategie und Handelsansatz mag es aber auch Fälle geben, in denen Sie bereits weitere Kontrakte zukaufen können, bevor Sie die Ursprungsposition auf break-even absichern, ohne dabei ein höheres Gesamtrisiko für Ihre Pyramide zu haben als zu Beginn der ersten Position.

Wenn das Risiko in Stufe eins der Pyramide durch einen Break-even-Stop auf null gesunken ist, können Sie mit dem Aufbau der zweiten Stufe beginnen. Beachten Sie bitte, dass es keinen Sinn macht, für die zweite Stufe einen anderen Stop zu wählen als den Break-even-Stop der ersten Stufe. Das heißt also, die zweite Position hat den gleichen Stop wie die erste.

Läge der Stop näher am Markt, wäre es sinnvoll, auch den Stop für die erste Position näher an den aktuellen Preis zu ziehen. Läge der zweite

Stop weiter weg als der Stop der ersten Stufe, würde es sich beim zweiten Einstieg eher um ein multiples Signal als um eine Pyramide handeln, denn der Sinn einer Pyramide ist es, einen Gewinn-Trade weiter auszubauen.

Um einen hohen Durchschnittsgewinn sicherzustellen, dürfen Sie Ihre Position niemals gestaffelt glattstellen (siehe dazu später auch die taktische Trading-Regel Nummer 9).

Der Stopkurs für Stufe zwei ist durch den Stopkurs für Stufe eins bereits gegeben. Der Einstieg sollte so gewählt werden, dass Sie wieder ein Chance-Risiko-Verhältnis haben, das durch die von Ihnen verwendete Trading-Strategie und die damit verbundene historische Trefferquote zu einem positiven Erwartungswert für den Trade führt. Nur wenn das Chance-Risiko-Verhältnis weiter attraktiv ist, gehen Sie eine Pyramide ein und bauen die zweite Stufe auf.

Wie viele Kontrakte Sie kaufen, können Sie wieder mit Hilfe Ihres Money-Management-Algorithmus ausrechnen. Wenn Sie keine gesonderten Regeln für den Aufbau von Pyramiden entwickelt haben, kann es durchaus sein, dass die zweite Stufe größer oder genauso groß wie die erste Stufe ist. Theoretisch können Sie ja wieder so viele Kontrakte kaufen, bis Sie maximal Ihr Anfangsrisiko erreichen.

War das Anfangsrisiko zum Beispiel ein Prozent in der ersten Stufe bei einem 20-Punkte-Stop, und liegt in Stufe zwei der Stop nur zehn Punkte entfernt, könnten Sie in Stufe zwei doppelt so viele Kontrakte kaufen, wenn Sie wieder Ihr Anfangsrisiko aufbauen wollen. Wie oben erwähnt, empfiehlt es sich aber, in jeder Stufe ein geringeres prozentuales Risiko einzugehen. Meiner Ansicht nach sollte das Risiko in jeder Stufe kleiner sein als in der vorherigen. Wenn Sie also ein Prozent für den ersten Trade riskiert haben, sollten Sie in Stufe zwei vielleicht nur noch 0,75 Prozent riskieren, in Stufe drei 0,5 Prozent und so weiter.

Wie viele Stufen Sie Ihrer Pyramide hinzufügen können, hängt davon ab, wie lange Sie mit jedem weiteren Einstieg noch ein gutes Chance-Risiko-Verhältnis traden können. Sollte es unter Ihren Sollwert sinken, müssen Sie auf weitere Stufen verzichten.

Der Exit bei einer Pyramide erfolgt so wie bei einer einzelnen Position. Ihre Exit-Regel für die Initial Position gilt während der ganzen Pyramide für alle Kontrakte. Demnach stellen Sie Ihre Pyramide auf einen Schlag glatt.

Der Einstieg Ihrer Pyramide sollte immer in ein Retracement erfolgen, denn die zusätzlich erworbenen Kontrakte erhöhen den Durchschnittspreis der Position. Je teurer die zusätzlich erworbenen Kontrakte gekauft werden, desto höher wird der Durchschnittspreis sein. Es ist logisch, dass wir hohe durchschnittliche Erwerbspreise vermeiden wollen.

Im Gegensatz zu einer isolierten Position sind Sie taktisch mit einer Pyramide in einer vorteilhaften Lage, denn selbst wenn der Markt kein Retracement mehr vollzieht, sind Sie ja bereits mit Ihrer Anfangsposition dabei. Deshalb bietet es sich an, auf ein Retracement zu warten.

► Psychologische Überlegungen beim Aufbau einer Pyramide

Wie Sie erfahren haben, ist es eigentlich nicht schwierig, eine Pyramide aufzubauen – zumindest wenn der Trading-Horizont über die nächsten Stunden hinausgeht und der Trader auch einem Trend folgen will. Dass wir im Daytrading natürlich wenige Tage haben, an denen es so starke Trends gibt, dass der Aufbau von Pyramiden lohnt, dürfte klar sein. Dennoch sollte man die wenigen Chancen, die sich einem bieten, nutzen.

Egal aber, ob Positions- oder Daytrader, die meisten Trader trauen sich nicht zu pyramidisieren.

Meist sind diese Trader noch im Zustand des Habens gefangen und fürchten um ihre bereits mit der Initial Position erzielten Gewinne. Diese Trader legen zu großen Wert auf das Ergebnis des einzelnen Trades. Tatsächlich zählen die Summe der Trades und vor allem das Verhältnis der durchschnittlichen Gewinne zu den durchschnittlichen Verlusten. Häufig sind mehrere Versuche nötig, um eine Pyramide aufzubauen. Das ist aber nicht weiter schlimm, denn Sie verlieren niemals mehr als das Initial-Risiko, das Sie für jeden anderen Trade eingehen. Denn, wie gesagt, eine der Grundregeln für das Pyramidisieren lautet, niemals mehr als das Initial-Risiko einzugehen. Somit bleibt die durchschnittliche Verlustgröße gleich. Hat aber einmal eine Pyramide Erfolg, dann haben Sie eine riesig große Kontraktzahl während eines Gewinn-Trades. Das wirkt sich natürlich sehr positiv auf die durchschnittlichen Gewinne aus.

Wer aber immer nur das Ergebnis des einzelnen Trades optimieren will, wird niemals den Mut haben zu pyramidisieren. Um erfolgreich zu pyramidisieren, ist der Zustand des Seins eine absolute Voraussetzung. Wer finanziellen Druck hat, Ziele erfüllen muss oder unbedingt bestimmte Benchmarks schlagen will, der ist selten im Zustand des Seins und wird nicht die emotionale Ruhe und Stärke zum Aufbau einer Pyramide haben.

Wenn Sie pyramidisieren wollen, nutzen Sie folgende Glaubenssätze, um die mentale Stärke dafür zu entwickeln:

Der einzelne Trade hat keine Bedeutung.

Ich will die durchschnittlichen Gewinne optimieren, nicht einen einzelnen Trade.

Sieger brauchen Home-Runs.

▶ Beispiel einer Pyramide

Zum Abschluss dieses Kapitels möchte ich Ihnen anhand eines Trades noch einmal den Aufbau einer Pyramide anhand einer Bund-Position verdeutlichen.

Pyramide im Bund

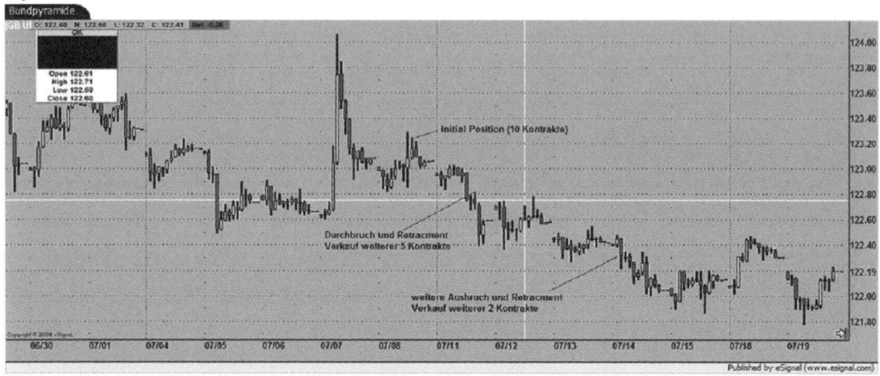

Der Aufbau der ersten zehn Kontrakte erfolgte bei 123,20 mit 20 Ticks Stop (Risiko = 200 Ticks). Beim Durchbruch unter die Unterstützung konnte der Initial Stop bereits auf 123,03 nachgezogen werden, sodass erneut Kontrakte bei 122,80 mit 23 Ticks Stop geshortet wurden. (Das Risiko für die neuen Kontrakte betrug (115 Ticks). Die Gesamtposition 15 Kontrakte waren bereits sicher im Gewinn, da der durchschnittliche Short-Kurs rund 123,08 betrug. Beim erneuten Ausbruch aus der Trading-Range wurden dann nochmals zwei Kontrakte geshortet. Das Risiko für diese Position ist niemals über das Anfangsrisiko hinausgegangen, und die Pyramide wurde so gewählt, dass ein Verlust nicht möglich war. Natürlich wurde um die Gewinne gepokert, indem eine bestehende Gewinnposition weiter ausgebaut wurde.

► Kapitel 13 ◄

Trading-Krisen erfolgreich überwinden. Auch Master-Trader kommen irgendwann an einen Punkt, an dem sie in einer Verlustphase festhängen. Doch sie haben spezielle Techniken, um Krisen zu überstehen und sich schnell zu regenerieren.

► Regel 1: »Stay in Business«

Trading-Krisen sind gefährliche Zeiten für jeden Trader. Niemand wird je ein System entwickelt haben, bei dem er keinen Drawdown verkraften musste. In dieser Phase rückläufiger Performance wird der Trader nicht nur finanziell, sondern auch emotional stark belastet. Dabei gibt es für diesen Fall eine einfache Trading-Regel.

»Stay in Business« – Wem es gelingt, diesem Prinzip zu folgen, der wird zweifelsohne zu den professionellen Tradern gehören. Die Trading-Maxime »Stay in Business« ist keine Selbstverständlichkeit, auch wird hier nicht Ursache mit Wirkung verwechselt. Gemeint ist mit dieser Regel ein Ziel, das realistisch ist und dem Trader ermöglicht, emotional ausgeglichen zu agieren.

Als erfahrener Trader und Eigentümer einer Brokerfirma, in der ich die Karrieren Hunderter Trader beobachten konnte, habe ich immer wieder festgestellt, dass dieses Prinzip, obwohl es so simpel, logisch und selbstverständlich ist, häufig nicht die oberste Maxime ist. Besonders in Krisenzeiten setzen Trader andere Schwerpunkte, wie zum Beispiel weitere Verluste zu vermeiden.

Wo ist der Unterschied zwischen der Maxime »Verluste vermeiden« und »Stay in Business«?

Die Maxime, **Verluste zu vermeiden, ist eine unmögliche Forderung.** Der Trader stellt damit sein Handeln unter einen unerfüllbaren Anspruch, denn es gibt keinen Handelsansatz, bei dem 100 Prozent der Transaktionen Gewinner sind.

Die Konsequenzen aus dieser rigiden Forderung, Verluste zu vermeiden, sind vielfältig:

Der Trader überfordert sich

Indem er sich einem unerfüllbaren Wunsch unterwirft (»Keine Verluste mehr«), beginnt er zu hoffen, statt ein ordentliches Krisenmanagement zu betreiben. Hoffnung ist aber ein schlechter Ratgeber. Wer hofft, will häufig nicht mehr den Markt entscheiden lassen, ob der Trade ein Gewinner oder Verlierer wird. Deshalb verzichten hoffende Trader auf Stops oder platzieren diese unverhältnismäßig weit weg. Trader, die hoffen, verlassen sich auf ihr Glück. Trading-Erfolg ist aber nicht abhängig von Glück, sondern von einem vernünftigen Risikomanagement.

Da der Trader sein kurzfristiges Ziel »Keine Verluste mehr« niemals erreichen kann, fühlt er sich in Verlustphasen nicht nur gestresst, sondern auch enttäuscht. In einem überforderten gestressten Zustand ist der Trader sehr anfällig für irrationale Verhaltensweisen.

Dazu gehört vor allem die Tendenz, schlechte Wetten einzugehen. Transaktionen werden entweder mit zu hohem Risiko getätigt, oder aber der Händler orientiert sich während des Trades nicht am Markt, sondern lediglich an seinem Ziel, keine Verluste mehr zu produzieren. In dieser Stimmung kann er seine Gewinne nicht laufen lassen und wird häufig sehr viele kleine Gewinne einstreichen und bei Verlusten hoffen, dass der Markt sich doch noch in seine Richtung dreht. Viele kleine Gewinne reichen aber meistens nicht aus, um große Verluste zu kompensieren, sodass der überforderte Trader weiter in die Verlustspirale hineinläuft.

Der Trader produziert negative Stimmungen, die optimale Entscheidungen behindern

Wie wir bereits wissen, ist eine der unentbehrlichsten Qualitäten Ausgeglichenheit. Dieser Zustand des geistigen Gleichgewichts, der den Trader befähigt, jedweder Situation gelassen gegenüberzutreten und unbeeindruckt von Hoffnungen und Ängsten zu agieren, ist eine unbedingte Voraussetzung, um Krisen überwinden zu können.

Wer aber gestresst und überfordert ist, der wird niemals ausgeglichen sein. Wenn ein Trader ständig seine Ziele nicht mehr erreicht, führt das zu negativen Stimmungen. Es bedarf keiner großen Erklärungen, dass Trader in einer negativen Stimmung wesentlich schlechtere Entscheidungen treffen als in einer guten Stimmung.

Die Hauptaufgabe eines Traders ist es aber, ständig Entscheidungen zu treffen: Wann wird die Position eingegangen? Mit wie vielen Kontrakten? Welche Exit-Regel verwende ich wann? Wo wird der Trade geschlossen?

Diese und viele andere Fragen muss der Trader beantworten. Um sich optimal zu verhalten, ist jedoch die entsprechende Stimmung unbedingt nötig (siehe dazu den Abschnitt über Disziplin auf Seite 101 ff.). Es ist sehr unwahrscheinlich, dass ein Trader sich in einer produktiven Stimmung befindet, wenn er fortwährend sein Ziel (»Keine Verluste mehr«) nicht erreicht. Entscheidet sich der Trader aber für das Ziel »Stay in Business«, führen Verluste nicht unbedingt zu einem Zielkonflikt. Der

Trader ist eher in der Lage, in einem emotional stabilen Zustand zu bleiben, und wird deshalb bessere Entscheidungen treffen.

Es entwickelt sich eine Polarität des Habens und Nicht-Habens

Das ständige Denken in Gewinnen und Verlusten führt in einer Verlustphase automatisch in den Zustand des »Habens«. Wie Sie bereits in den vorherigen Kapiteln erfahren haben, ist dieser Zustand nicht sehr produktiv, denn die Konzentration auf Gewinne bedeutet gleichermaßen eine Fokussierung auf den Gegenpol Verluste.

Um es in Worten von Wilhelm Busch zu formulieren: »Wo man am meisten drauf erpicht, gerade das bekommt man nicht.«

Es ist nahezu unmöglich für einen Trader, der bekanntesten Trading-Regel – Gewinne laufen zu lassen und Verluste zu begrenzen – zu folgen, wenn er sich im Zustand des Habens befindet. Um einen Gewinn laufen zu lassen, muss man dem Trade genügend Raum geben. Das heißt, der Markt kann mehrere deutliche Retracements machen, bei denen Buchgewinne wieder kleiner werden.

Wenn die Stops so platziert sind, dass sie nicht bei jedem natürlichen Retracement ausgelöst werden, kann ein Trader einem Trend lange folgen und seine Gewinne laufen lassen. Sobald der Trader aber im Zustand des Habens ist, hat er Angst um seine Buchgewinne und wird versuchen, diese sehr aggressiv zu sichern.

Das führt häufig dazu, dass Gewinne zu schnell mitgenommen werden und Stops zu eng am Markt platziert sind. Der Trader, der auf einen großen Gewinn erpicht ist, bekommt diesen nicht.

Aber auch das Gegenteil dieses Verhaltens ist häufig im Zustand des Habens sichtbar. Der Trader lässt zwar Gewinne laufen, sichert diese aber gar nicht ab, weil er noch mehr Gewinne haben möchte. Er ist auf ein weit entferntes Kursziel fixiert und nicht bereit, vor Erreichen dieses Ziels seinen Trade zu beenden. Damit sein Trade nicht vorher ausgestoppt wird, verzichtet der Trader darauf, einen Teil der Buchgewinne abzusichern. So kommt es häufig vor, dass der Trader zwar deutlich im Gewinn war, dann aber doch mit Verlust ausgestoppt wird, weil er nicht einen Teil seiner Gewinne mit einer vernünftigen Exit-Regel abgesichert hat.

Handelssysteme werden nicht mehr konsequent durchgezogen, und Trading-Regeln werden missachtet

Dieser Punkt ist eng mit den ersten drei Punkten verknüpft. Häufig ist es dem Trader nicht möglich, seinem Trading-Plan während einer Trading-Krise zu folgen, weil er sich in einer unproduktiven Stimmung befindet. Da er das unrealistische Ziel »Keine Verluste mehr« verfolgt, wird er sich anders verhalten als üblich und damit von seinem Handelssystem abweichen.

Das äußert sich vor allem darin, dass er nicht mehr alle Signale seines Systems befolgt, weil sein Vertrauen in das Handelssystem nachgelassen hat. Das mangelnde Vertrauen resultiert meist aus einer emotionalen Destabilisierung des Traders, die dadurch begünstigt wird, dass er sich, wie unter Punkt 1 erwähnt, mit unrealistischen Zielen völlig überfordert fühlt. Aber auch der Zustand des Haben-Wollens führt wie beschrieben dazu, dass der Trader nicht mehr konsequent nach seinem System handelt.

Die Perspektive verengt sich auf den nächsten Trade und auf Gewinne

Das größte Problem in jeder Trading-Krise ist aber, dass sich die Perspektive häufig ausschließlich auf den nächsten Trade richtet. Die Bedeutung einer Transaktion wird so gewaltig, dass der Trader mental verkrampft. Die verengte Perspektive wirkt verstärkend auf Gefühle wie Hoffnung und Angst, sodass diese Gefühle das Handeln dominieren.

All die genannten Punkte sind so genannte **»losing attitudes«** – Verhaltensweisen, die auf Dauer zum sicheren Verlust des Kontos führen. Niemand kann sicher ausschließen, dass er diesen Verhaltensweisen zum Opfer fällt.

Viele Trader versuchen, in automatisierte Handelssysteme zu flüchten, weil sie glauben, so nicht Opfer von falschen Entscheidungen zu werden, die durch unproduktive Stimmungen hervorgerufen worden sind. Meist verschiebt sich das Trading-Problem aber nur auf eine andere Ebene. Statt dem einzelnen Signal nicht mehr zu trauen, wächst in Drawdown-Phasen häufig der Zweifel am eigenen Handelssystem. Der Trader entscheidet sich dann häufig, das komplette System auszusetzen, um erst dann weiterzutraden, wenn das System auf dem Papier wieder positive Ergebnisse aufzeigt.

Die Konsequenz ist aber die gleiche wie bei einem diskretionären Trader, der einzelne Signale auslässt. Es wird der Punkt kommen, an dem das ausgelassene Signal einen sehr großen Gewinn gebracht hätte. Dieser Gewinn hätte die Gesamt-Performance des Systems deutlich verbessert. Da aber dieser Gewinn nur auf dem Papier stattfand, kann der Trader davon nicht profitieren.

Ich hege große Zweifel, dass es sinnvoll ist, während eines Drawdowns nur noch auf dem Papier zu traden, bis das System wieder positive Ergebnisse zeigt. Denn damit ein System positive Ergebnisse zeigt, muss es bereits einige Gewinntransaktionen durchlaufen haben. Da die negativen Trades bis zum Aussetzen des Systems real waren, die positiven aber leider nicht zum Ergebnis beitragen, wenn sie nur virtuell stattgefunden haben, wird es für das Handelssystem deutlich schwieriger sein, wieder zurück in den Gewinnbereich zu kommen.

Besser ist es, in Verlustphasen die Positionsgröße zu reduzieren und damit ein wenig »vom Gas zu gehen«. Das komplette Aussetzen eines Systems zeugt nur vom Misstrauen des Traders in sein System.

Entscheidet sich allerdings ein diskretionärer Trader, eine Trading-Pause zu machen, weil er sich in einer desolaten emotionalen Lage befindet, hat das nichts mit Misstrauen in sein Handelssystem zu tun. Die Phase der Regeneration ist wichtig, um stetig eine gute Leistung bringen zu können.

▶ Regel 2: »Frage nicht warum, sondern wie«

»Wenn alles gut läuft, lässt sich herrlich entscheiden ... Das Pech in Krisenzeiten ist aber, dass selbst richtige Entscheidungen falsch sein können.«

Winfried M. Bauer (*1928), deutscher Management-Autor

Wie wichtig es ist, seine Ziele richtig zu formulieren, haben die Beispiele in diesem Kapitel deutlich gezeigt. Sie sollen so abgefasst sein, dass sie den Trader beim Handeln unterstützen und nicht behindern.

Von großer Bedeutung für das Traden ist es aber auch, die richtigen Fragen zu stellen. Leider neigen wir dazu, immer wieder die Frage nach der Ursache eines Problems zu stellen. Dahinter steht die Hoffnung, das Problem leichter lösen zu können, wenn wir seine Ursache kennen – indem wir zum Beispiel die Ursache beseitigen. Die Frage nach der Ursache ist eine **Warum**-Frage.

Die wichtigste Frage, die während einer Krise gestellt werden muss, ist aber nicht die Frage nach dem Warum, sondern die Frage: »Wie kann ich diese Krise bewältigen?« »**Warum**«-Fragen stellen im Gegensatz zu »**Wie**«-Fragen nicht den Lösungsweg in den Vordergrund, sondern orientieren sich an der Schuldfrage. Deshalb erhalten wir häufig nicht die richtigen »ehrlichen« Antworten. Denn oft sind nicht die Handelssysteme schuld an der Trading-Krise, sondern der Trader selber, weil er sich falsch verhalten hat.

Sich dieses Versagen einzugestehen ist sehr schwer. Statt eine ehrliche Antwort zu finden und 100 Prozent Verantwortung für das Ergebnis zu übernehmen, schiebt der Trader die Verluste auf den Markt oder auf das Handelssystem. Deshalb sind »Warum«-Fragen sehr gefährlich.

»Wie«-Fragen können dagegen sehr produktiv sein, denn sie zeigen **Alternativen** zu bisherigen Verhaltensweisen auf. Erfolgreich traden bedeutet Verhaltenskontrolle; deshalb sollten Sie gerade in Krisenzeiten Ihr Verhalten überprüfen. Häufig gibt es andere Möglichkeiten als die bisher genutzten, die produktiver sind und Ihnen aus der Krise besser heraushelfen. Stellen Sie sich die Frage, wie Sie Ihre durchschnittlichen Gewinne vergrößern können oder **wie** Sie Trading-Fehler reduzieren können.

Wichtig ist, dass Sie Alternativen zu bisherigen Verhaltensweisen finden! Je kreativer Sie sind, desto mehr Optionen haben Sie. Je mehr Möglichkeiten Sie haben, desto besser werden Sie agieren können.

▶ Wege aus der Krise

Es gibt verschiedene Möglichkeiten, eine Krise zu bewältigen. Wichtigstes Ziel ist aber immer, in einen Zustand der emotionalen Ausgeglichenheit zurückzufinden. Dies ist der Idealzustand, den ein Trader so häufig und lange wie möglich aufrechterhalten soll. Im Folgenden habe ich Sofortmaßnahmen aufgeführt, die dazu führen sollen, dass der Trader sich emotional stabilisiert und gelassener wird.

▶ Sofortmaßnahmen

Fünf Schritte zur Gelassenheit (Ausgeglichenheit)

Machen Sie eine kurze Trading-Pause

Eine Trading-Pause ist deshalb notwendig, damit Sie Abstand zu dem vorliegenden Problem gewinnen. Häufig hat sich Ihre Perspektive während einer Trading-Krise deutlich verengt, und Sie sind nicht mehr in einem Zustand, in dem Sie die wesentlichen Punkte erkennen. Die verengte Perspektive führt häufig dazu, dass Sie beginnen, Trading-Fehler zu machen, das heißt von Ihrem ursprünglichen Trading-Plan und -Konzept abweichen.

Nehmen Sie einen disassoziierten Standpunkt ein

Sie merken am besten, dass Sie sich in einer Krise befinden, wenn es Ihnen schwer fällt, einen disassoziierten Standpunkt einzunehmen. Die verengte Perspektive ist ein typisches Zeichen des assoziierten Zustands. In einem solchen Zustand nehmen wir unsere Gefühle deutlicher wahr und werden damit stärker von ihnen geleitet.

Es ist besser, in einem disassoziierten Zustand zu sein, um objektivere Entscheidungen treffen zu können. Wie Sie sich in einen disassoziierten Zustand versetzen können, habe ich im ersten Teil des Buchs bereits beschrieben.

Wechseln Sie die Perspektive

Weil das Augenmerk während einer Krise meist ausschließlich auf den nächsten Trade gerichtet ist, kommt diesem Trade mental eine Bedeutung zu, die er nicht hat.

Als Daytrader werden Sie wahrscheinlich im Jahr 500 bis 2.000 Transaktionen tätigen. Statistisch gesehen hat somit der einzelne Trade keine Bedeutung. Deshalb ist es auch unrealistisch anzunehmen, dass der nächste Trade, den Sie eingehen, wichtiger ist als der Trade davor oder danach. Wenn Sie die Perspektive wechseln, werden Sie leichter realisieren, dass ein einzelner Trade keine Bedeutung für Ihr Ergebnis hat.

Verringern Sie das Risiko so lange, bis Sie einen Gewinn-Trade realisieren

Die wohl wichtigste Regel ist, während eines Drawdowns kontinuierlich das Risiko zu senken. Dass Sie Geld verlieren, ist das beste Zeichen, dass Sie derzeit mit Ihrem Handelsansatz nicht im Einklang mit dem Markt sind. Solange Ihr Handelsstil nicht zu den aktuellen Bewegungen am Markt passt, ist es ratsam, das Risiko kontinuierlich zu reduzieren.

Steigern Sie langsam das Risiko bis zur gewohnten Größe

Sobald Sie merken, dass Sie wieder Vertrauen in Ihren Handelsansatz gefasst haben und dies auch durch verbesserte Ergebnisse bestätigt wird, sollten Sie das Risiko wieder erhöhen, um auf Ihre gewohnte Trading-Größe zurückzukommen. Orientieren Sie sich bei der Größe Ihrer Position dabei nicht ausschließlich am Trading-Ergebnis, sondern vor allem auch an Ihrem Selbstvertrauen.

Ich persönlich trade, sobald ich mein Selbstvertrauen zurückgewonnen habe, sofort wieder meine gewohnte Positionsgröße. Erst wenn dann ein neuer Rückschlag erfolgen sollte, beginne ich erneut, die Positionsgröße zu reduzieren.

Die erwähnten Schritte zur Ausgeglichenheit sollten Sie verinnerlichen und automatisch schon frühzeitig, bevor sich eine Trading-Krise zu stark ausweitet, durchführen. Je besser Sie sich selber kennen, desto wirkungsvoller können Sie mit geschickten Trading-Pausen Ihre Performance steigern. Nicht etwa, weil Sie dann in der Lage wären, Verlust-Trades auszulassen, sondern weil Sie einen Spitzenzustand der Ausgeglichenheit häufiger und länger als andere Trader für sich selber produzieren können, ohne dass Sie dabei auf Gewinne angewiesen sind.

▶ Generelle Maßnahmen

Als generelle Maßnahmen, Trading-Krisen zu überwinden, sind die in den vorausgegangenen Kapiteln erwähnten Prinzipien der internen und externen Kontrolle wichtig. Im Folgenden werden die wesentlichen Punkte deshalb nur kurz wiederholt.

▶ Externe Kontrolle

Risikokontrolle ist die einzige Möglichkeit zur externen Kontrolle. Wir haben keinen Einfluss auf das Ergebnis des einzelnen Trades oder auf die Bewegungen des Markts. Der Einstieg in eine Position gibt uns zwar das Gefühl der Kontrolle, ist aber vergleichbar mit einem Lottospieler, der auch nur selber glaubt, mit der Wahl seiner Kreuzchen auf dem Lottoschein Einfluss auf seinen Gewinn zu haben.

Ähnlich wie bei der Auswahl der Lottozahlen, bei denen wir das Ergebnis der Ziehung nicht kennen, wissen wir bei der Wahl des Einstiegspunkts für unseren Trade nicht, ob wir eine erfolgreiche Transaktion durchführen werden. Das Einzige, was wir wissen können, ist unser geplantes Risiko, das sich aus der Differenz zwischen Kauf und Initial Stop errechnet (selbst das kennen aber einige leichtsinnige Trader nicht.) Verbunden mit dem Initial-Risiko ist die Frage nach der Positionsgröße (Money-Management).

Initial Stop und Positionsgröße bestimmen das Gesamtrisiko einer Transaktion, über das wir echte Kontrolle haben.

Über den Ausstieg einer Position haben wir nur vermeintlich Kontrolle. Zwar können wir den Trade jederzeit beenden, es fragt sich allerdings, ob es sinnvoll ist, Positionen abweichend von Exit-Regeln zu liquidieren. Verwenden wir eine Exit-Regel, entscheidet dagegen der Markt, wann unsere Position beendet wird, und wir haben darüber keine Kontrolle.

▶ Interne Kontrolle

Neben der externen Risikokontrolle können wir nur noch uns selbst kontrollieren (interne Kontrolle).

»If you can handle your emotions, you can handle trading.«

Wenn es Ihnen gelingt, Ihre Gefühle und Stimmungen zu kontrollieren, dann können Sie auch traden. Im Abschnitt über Disziplin haben wir gelernt, wie unsere Gefühle entstehen und wie wir sie steuern können.

Disziplin heißt nicht etwa, nur Regeln zu befolgen, sondern es bedeutet mehr.

Disziplin ist die Fähigkeit, sich jederzeit in eine für die gerade zu bewältigende Aufgabe produktive Stimmung zu versetzen.

Wie wichtig Stimmungskontrolle ist, zeigt sich gerade in Trading-Krisen, denn in diesen Zeiten ist es besonders wichtig, optimale Entscheidungen zu treffen. Optimale Entscheidungen können wir aber nur treffen, wenn wir in einer produktiven Stimmung sind.

Zwei wichtige Hilfsmittel stehen uns als Trader zur Verfügung, um unsere Stimmungen zu kontrollieren.

1) Führen Sie ein Trading-Tagebuch, um Verhaltensmuster zu erkennen.
2) Entwerfen Sie einen Verhaltenskompass, um sich zu disziplinieren.

Wenn es Ihnen gelingt, die interne Kontrolle zu bewahren bei einem vernünftigen Risk-Management (externe Kontrolle), werden Sie in Zukunft jede Trading-Krise meistern und gestärkt aus ihr hervorgehen. Mit jeder überwundenen Trading-Krise wird Ihr Selbstvertrauen zunehmen, und es wird Ihnen in Zukunft leichter fallen, weitere Krisen zu überwinden.

▸ Kapitel 14 ◂

Trading bedeutet, strategisch zu denken. Um die richtigen Entscheidungen zu treffen, brauchen Sie ganz bestimmte Taktiken.

▶ Trading-Taktiken

Strategische Gedanken beim Traden sind wegen der komplexen Situation und Unsicherheit über das Ergebnis (Gewinn oder Verlust) meist äußerst kompliziert. Aber auch schon simple Denkfehler können bereits zu dramatisch schlechterer Performance führen, weil ein Trader eine suboptimale Entscheidung getroffen hat. Oft genug merken wir während des Tradens gar nicht, dass eine bessere Option bestanden hätte.

Stellen Sie sich folgende Situationen vor: In Situation A stehen wir davor, zwischen 15 und 20 Punkte zu verdienen, weil unser Stop bereits 15 Punkte Gewinn gesichert hat und wir bei 20 Punkten Gewinn verkaufen würden. In Situation B können wir zwischen 16 und mehr als 20 Punkte verdienen (zum Beispiel indem wir den Stop nachziehen und das Verkaufslimit höher setzen).

In diesem Vergleich stellt B die »dominante Strategie« dar. Als »dominante Strategie« bezeichnen wir ein eindeutiges Optimum bei verschiedenen Entscheidungsmöglichkeiten. In unserem Beispiel ist das eindeutige Optimum offensichtlich. Häufig aber erkennen wir dominante Strategien nicht.

Das hat vor allem drei Gründe:

Die Situation ist so kompliziert, dass wir sie nicht durchschauen.
Wir kennen die einfachsten Regeln der Statistik nicht.
Wir scheitern an der Unvollkommenheit unserer Denkgewohnheiten.

Interessanterweise finden wir dieses Optimum häufig nicht durch unsere Intuition.

Was sagt Ihnen Ihre Intuition zum Beispiel in folgender Situation:

Sie haben eine Short-Position im Bund bei 118,07 aufgebaut. Ihr Kursziel ist 117,98. Der Markt erreicht die 117,99, sodass Ihr Eindeckungslimit leider nicht zur Ausführung kommt. Sie warten einige Minuten und überlegen, ob Sie Ihr Limit ändern sollen. In dieser Zeit ist der Markt auf 118,04 zurückgelaufen. Ihr Stop ist mittlerweile bei 118,08.

Sie haben nun die Wahl, zum aktuellen Kurs bei 118,04 den Trade mit drei Ticks Profit zu beenden oder aber Ihr Limit bei 117,98 unverändert gegen den Stop bei 118,08 arbeiten zu lassen. Sie schätzen die Wahrscheinlichkeiten, dass der Markt Ihr Kursziel bei 117,98 erreicht, als genauso groß ein wie die Wahrscheinlichkeit, dass Sie mit einem Tick Verlust bei 118,08 ausgestoppt werden.

Intuitiv würden wir dazu neigen, unseren Gewinn mitzunehmen. Das rationale Optimum liegt aber darin, um den Gewinn zu pokern, denn der Erwartungswert dieser Strategie ist höher als der sichere Gewinn von drei Ticks. Wir sehen also, dass wir nicht immer intuitiv dominante Strategien erkennen. Das liegt daran, dass unsere Intuition zwar rationalen Entscheidungsmustern und Zielen folgt, diese aber nicht unbedingt rational im Sinne eines gewinnmaximierenden Handelns sind.

▶ Trading-Taktik 1: Pokere um deine Gewinne

Ein Trader will eine Gewinnposition nicht mehr in den Verlust laufen lassen und stellt deshalb lieber glatt, als dass er um den Gewinn pokert. Obwohl er sich in einem gewissen Sinne rational verhält, indem er konsequent sein Risiko reduziert, schafft er es doch nicht, seinen Gewinn zu maximieren. Richtig würde der Trader sich nur dann verhalten, wenn er um seinen Gewinn pokert. Denn der Erwartungswert des Pokerspiels ist größer als der Gewinn, den er einstreichen würde, wenn er sofort glattstellt.

Rechnen wir kurz nach. Pokert der Trader um seinen Gewinn, dann kann er mit einer Wahrscheinlichkeit von 50 Prozent sechs Ticks mehr verdienen – oder vier Ticks weniger realisieren, ebenfalls mit einer Wahrscheinlichkeit von 50 Prozent. Der Erwartungswert dieses »Spiels« liegt bei 6 x 0,5+ (–4) x 0,5 = 1 Tick und ist somit positiv. Solange wir einen positiven Erwartungswert haben, lohnt es sich, die Wette einzugehen.

Anders formuliert: Der Trader kann sicher drei Ticks Gewinn realisieren oder pokern und im positiven Fall neun Ticks gewinnen, im negativen Fall einen Tick verlieren. Der Erwartungswert für den Fall, dass er pokert, liegt bei 0,5 x 9 + 0,5 x (– 1) = 4 Ticks und ist somit größer als die drei Ticks Gewinn, wenn er nicht mehr pokert. Ein Daytrader, der immer wieder vor solch einer Situation steht, kann erwarten, dass er im Durchschnitt mehr verdient, wenn er pokert.

Die Möglichkeit, einen Gewinn-Trade noch im Verlust zu beenden, beunruhigt viele Trader und verleitet sie zu falschen Entscheidungen. Dadurch handeln sie suboptimal!

Was aber, wenn wir argumentieren, dass wir nicht Gewinne maximieren, sondern unser Risiko reduzieren wollen? Hätten wir in diesem Fall nicht anders entscheiden müssen?

Gewinn maximieren und Risiko reduzieren sind zwei sich gegenseitig ausschließende Strategien.

Gewinn maximieren bedeutet, dem Trade Raum zu geben, sich zu entfalten, und möglicherweise die Kontraktzahl zu erhöhen, während Risikoreduzierung stets mit einer Verringerung der Kontraktzahl bis hin zur Glattstellung des Trades oder einem engeren Stop einhergeht.

Während das Risiko bei direkter Glattstellung des Trades auf null sinkt, bleibt es bei vier Ticks, wenn der Stop unverändert auf der 118,08 platziert wird und wir unsere Equity zu jedem Zeitpunkt market to market bewerten. Market to market bedeutet, dass wir zu jedem Zeitpunkt (quasi jede Sekunde) auch unrealisierte Gewinne oder Verluste zu unserem Trading-Kapital hinzuzählen oder im Falle des Verlusts abziehen.

▶ Trading-Taktik 2: Reduziere dein Risiko nur im Verlust

Ohne jeden Zweifel dominiert unter der Zielsetzung Risikominimierung die Entscheidungsalternative, den Trade direkt glattzustellen, statt dem Risiko ausgeliefert zu sein, dass die Gewinne wieder kleiner werden. Ist es deshalb aber die richtige Entscheidung, den Trade unmittelbar zu schließen, um das Risiko zu reduzieren?

Nein! Da sich die Strategien »Risiko reduzieren« und »Gewinn maximieren« gegenseitig ausschließen, müssen wir entscheiden, wann wir welcher Strategie den Vorrang geben sollten. Betrachten wir dazu die drei verschiedenen Möglichkeiten, die wir während eines Trades unterscheiden.

Der Trade ist entweder break-even, im Verlust oder im Gewinn. Würden wir bei einem Gewinn-Trade die Zielsetzung verfolgen, das Risiko zu reduzieren, müssten wir im Extremfall jeden Gewinn unmittelbar realisieren, was offenkundig keinen Sinn macht. Das bedeutet im Umkehrschluss, dass, sobald wir mit unserem Trade im Gewinn sind, unsere Maxime Gewinnmaximierung lautet.

Im Verlustfall sieht dies anders aus. Der Markt zeigt uns, dass unsere Wette derzeit schlecht für uns läuft. Würden wir zu diesem Zeitpunkt den Gewinn maximieren wollen, müssten wir im Extremfall weitere Kontrakte kaufen, da dies unseren Break-even-Punkt näher an den aktuellen Marktpreis bringt.

Damit würden wir aber unsere Position, die sowieso gegen uns läuft, vergrößern. Unsere durchschnittlichen Verluste würden auf diese Weise tendenziell steigen. Eine Strategie, die offensichtlich nicht richtig ist. Deshalb scheidet im Verlustfall die Zielsetzung Gewinnmaximierung aus.

Stattdessen muss sich der Trader auf Risikominimierung konzentrieren. Im Extremfall bedeutet das, den Trade unmittelbar glattzustellen. Da wir aber einen kleinen Verlust nicht als signifikant betrachten, werden wir nicht sofort bei jedem Verlust unsere Position glattstellen. Es ist aber durchaus angebracht, im Verlustfall den Trade allmählich auszuskalieren und somit das Risiko zu reduzieren.

Wir sehen also, dass die Strategie Risikoreduzierung eine adäquate Zielsetzung im Verlustfall ist. Sobald wir uns aber in einem Gewinnszenario befinden, muss die Maxime Gewinnmaximierung heißen.

▶ Trading-Taktik 3: Versuche nicht, den Gewinn eines Trades, sondern die Summe aller Gewinn-Trades zu maximieren

Da wir nicht nur ein einziges Mal traden, sondern als Daytrader eine nahezu unendliche Folge von Transaktionen durchführen, darf unsere Zielsetzung auch nicht auf der Gewinnmaximierung des einzelnen Trades liegen, sondern wir müssen versuchen, unseren durchschnittlichen Gewinn zu maximieren. Diese Ziele, so nahe sie auch beieinander liegen, implizieren unterschiedliche Verhaltensweisen.

Ein Verhalten, das in einem speziellen Fall den Gewinn maximiert, kann dazu führen, dass der Output der Summe aller Gewinn-Trades nicht maximiert wird.

Dazu ein Beispiel: Stellen Sie sich vor, ein Trader stellt den Trade immer an seinem Kursziel mit einem Limit glatt. Vergleichen wir dies mit dem Verhalten, einen aggressiven Gewinnsicherungs-Stop zum Beispiel nur drei Ticks vom Markt entfernt zu platzieren. Wahrscheinlich wird der Trader mit diesem Verhalten in 80 Prozent der Fälle weniger Gewinn machen, da er drei Ticks weniger verdient.

Gelingt es ihm aber, in den verbleibenden 20 Prozent der Fälle 15 Ticks mehr zu verdienen, hat diese Exit-Strategie einen höheren Gewinnerwartungswert als die Strategie, die Gewinne mit einem Limit zu begrenzen.

Intuitiv wird ein Trader selten auf diese Möglichkeit kommen, da er in acht von zehn Fällen schlechter abschneidet, also insgesamt 21 Ticks weniger verdient. Die zwei Fälle, in denen er besser abschneidet, kompensieren aber die acht negativen Fälle. Sie führen zu einem größeren durchschnittlichen Gewinn, weil der um 30 Punkte höhere Gewinn die Mindereinnahmen aus den acht anderen Fällen mehr als nur ausgleicht. Durchschnittlich verdient der Trader also 0,9 Ticks mehr pro Trade.

Ist ein durchschnittlicher Gewinn von nur 0,9 Ticks es wert, achtmal enttäuscht zu werden?

Die meisten Trader stehen diese Frustration nicht durch. Unterstellen wir ihnen Ziele wie emotionale Ruhe, definiert als »Bitte, Markt, frustriere mich nicht!«, handeln sie sogar rational im Sinne ihrer Ziele. Aber häufig sind gerade diese Maßnahmen, die dem Trader ein besseres Gefühl geben sollen, weit davon entfernt, rational und gewinnmaximierend zu sein!

Was wäre Ihnen das gute Gefühl, in acht von zehn Fällen besser mit Ihrem Trade abzuscheiden, wert? 5.000, 10.000 oder 20.000 Euro? In unserem Beispiel ist dieses irrationale Verhalten für einen Zehn-Lot-Trader noch teurer.

Für einen Daytrader, der zum Beispiel im Durchschnitt mit zehn Bund-Kontrakten handelt und zwei Gewinn-Trades am Tag hat, bedeutet die rationale Verhaltensweise einen Performance-Unterschied von 0,9 Ticks pro Kontrakt – bei 250 Handelstagen 45.000 Euro. Sie sind nur ein Lot-Trader? Nicht schlimm, Sie verdienen so immer noch 4.500 Euro mehr im Jahr.

Diese Beispiele sollen Ihnen zeigen, dass wir uns häufig deshalb am Markt falsch verhalten, weil wir eine optimale Entscheidungsalternative gar nicht kennen beziehungsweise wegen intuitiver Verhaltensmuster falsche Zielsetzungen benutzen. Für einen Trader ist es sehr schwer, zwischen den sich gegenseitig ausschließenden Kriterien Gewinnmaximierung und Risikoreduzierung in jeder Situation die richtige Entscheidung zu treffen.

Bedenken Sie bitte, dass wir hier keinen portfoliotheoretischen Ansatz à la Markowitz verfolgen, in dem eine Kombination dieser Ziele wegen Diversifizierung möglich ist. Ein Trader kann in einem Trade nicht diversifizieren, sodass er sich in jedem Stadium des Trades zwischen Gewinnmaximierung und Risikoreduzierung entscheiden muss.

▶ Trading-Taktik 4: Verwende gemischte Strategien

Kommen wir zu einem anderen Problem. Wie verhalten wir uns optimal bei jedem Trade?

Nachdem wir einen Trade eingegangen sind, können wir mit jeder Kursveränderung, quasi also mit jedem Tick, zwischen vier Entscheidungen wählen: Halten, Glattstellen, Reduzieren, Pyramidisieren. Ein Trade besteht somit aus einer Kette von Entscheidungen.

Die Entscheidungen lassen sich unter zwei Zielkategorien zusammenfassen: entweder den Gewinn zu maximieren oder aber das Risiko zu minimieren. Dabei ist es zu einem bestimmten Zeitpunkt immer nur möglich, einem dieser Ziele zu folgen, da sie sich gegenseitig ausschließen.

Wenn Sie Ihr Risiko reduzieren wollen, müssen Sie entweder die Positionsgröße reduzieren oder sogar auf null absenken (sprich aussteigen) oder aber den Stop enger nachziehen. Je kleiner aber Ihre Position ist, desto kleiner wird auch der Gewinn sein. Und je näher der Stop am Markt liegt, desto wahrscheinlicher ist es, dass Sie ausgestoppt werden und der Trade somit nicht sein gesamtes Gewinnpotenzial entfalten kann. Deshalb können Sie, wie bereits erwähnt, nicht gleichzeitig der Maxime Risikominimierung und Gewinnmaximierung folgen.

Ebenso müssen Sie, wenn Sie Ihren Gewinn maximieren wollen, entweder die Positionsgröße erhöhen oder aber dem Trade mehr Raum geben, sich weiter zu entwickeln (also einem Trend länger folgen). Diese Regel verstößt aber gegen eine Zielsetzung, die Risikoreduzierung als Leitlinie hat.

Welcher Regel sollen wir nun als Trader folgen?

Auf dem abgebildeten Ereignisstrahl sehen Sie die verschiedenen optimalen Verhaltensmaximen eines Traders:

Stop	Einstieg	Risiko verdient	Kursziel
I------------------------	I----------------------	I----------------------	I---------
Risiko- minimierung	Gewinn- maximierung, Stop nach Marktlage	Gewinn- maxierung, Stop auf break-even	Gewinn- maximierung nicht des einzelnen Trades, sondern der Summe aller Gewinn- Trades

Im Verlustfall gilt es immer, das Risiko zu reduzieren. In der Spanne, in der der Trade zwar im Gewinn ist, aber das ursprüngliche Risiko noch nicht verdient hat, muss man ihm eine Chance geben, sich zu entfalten, sodass weiterhin das alleinige Ziel Gewinnmaximierung ist. Wurde das Initial-Risiko verdient, so bleibt das Ziel Gewinnmaximierung, aber die Position sollte nicht mehr Geld verlieren, als wir zu Beginn des Trades bereit waren zu verlieren. Somit geht der Stop hier auf break-even. Zuletzt müssen wir bei Erreichen des Kursziels sicherstellen, dass wir nicht den Gewinn eines einzelnen Trades maximieren, sondern die Summe aller Gewinn-Trades.

Die Haupterkenntnis besteht darin, dass ein Optimum häufig nicht durch eine, sondern durch das Mischen von Zielsetzungen und damit Strategien erreicht wird. Diese gemischten Strategien sind häufig erfolgreicher als logisch reine Strategien.

Eine reine Strategie ist zum Beispiel die Folge aller Einzelentscheidungen allein nach dem Gesichtspunkt Gewinnmaximierung des einzelnen Trades. Eine andere reine Strategie ist Risikominimierung.

Eine gemischte Strategie könnte nun so aussehen, dass wir unsere Entscheidung zunächst unter den Gesichtspunkt der Risikominimierung stellen, dann aber in der nächsten Entscheidungsrunde unsere Taktik ändern. Wenn der Trade bereits in den Gewinn gelaufen ist, stellen wir die Gewinnmaximierung in der Vordergrund, und später nicht die Gewinnmaximierung des einzelnen Trades, sondern der Summe aller Trades.

► Trading-Taktik 5: Pokere immer, wenn der Erwartungswert des Pokerspiels positiv ist

Als Trader müssen Sie wissen, wie Sie sich verhalten, wenn Ihre Kursziele knapp verfehlt werden. Eine typische Situation ist, dass ein profitabler Trade sich Ihrem Verkaufslimit oder Kursziel nähert. Nehmen wir zunächst einmal an, Sie hätten ein Limit im Markt, um eine DAX-Long-Position bei 4.380 zu verkaufen, und der Markt erreicht einen Kurs von 4.379,50. In diesem Moment werden Sie sicherlich noch hoffen, dass gleich auch Ihr Verkaufslimit abgeräumt wird. Wenig später müssen Sie aber realisieren, dass der Markt vier Punkte zurückgekommen ist und Ihr Kauflimit um 0,5 Punkte verfehlt wurde.

Wie verhalten Sie sich nun? Sie haben die Wahl, weiter darauf zu setzen, dass der Markt noch die 4.380 erreicht, Sie können aber auch sofort glattstellen. Da der Markt aktuell bei 4.376 vier Punkte unter dem Verkaufslimit tendiert, müssen Sie nicht nur entscheiden, ob Sie weiterhin das Limit beibehalten, sondern auch, wo Ihr Stop nun optimal platziert ist.

Wie viel von dem Gewinn dürfen Sie sich noch abnehmen lassen, wenn Sie sich nicht umgehend für einen Verkauf entschließen? Sich umgehend für den Verkauf zu entschließen würde Ihnen einen sicheren Profit bescheren, auf Ihr Verkaufslimit zu pokern, aber vier Punkte mehr Profit pro Kontrakt. Deshalb muss der Erwartungswert der Variante, auf einen höheren Gewinn zu pokern, mindestens so groß sein wie der Gewinn bei sofortiger Glattstellung des Trades.

Wie Sie bereits wissen, bilden wir den Erwartungswert aus der Gewinnwahrscheinlichkeit, multipliziert mit dem Gewinn zuzüglich dem Produkt aus Verlustwahrscheinlichkeit und Verlust. Der Gewinn definiert sich in dieser Situation aus dem Mehrerlös der Pokerstrategie, während der Verlust die Größe der Mindereinnahme in dem Szenario, in dem wir ausgestoppt werden, beziffert.

Leider hängt die Wahrscheinlichkeit, ausgestoppt zu werden, stark davon ab, wie weit unser Stop vom Markt entfernt ist. Je näher der Stop ist, desto wahrscheinlicher werden wir ausgestoppt. Das Gleiche gilt für unser Kursziel. Je näher der Markt am Kursziel gehandelt wird, desto wahrscheinlicher wird das Verkaufslimit erreicht. Gehen wir erneut davon aus, dass der Markt sich zufällig bewegt, so könnten wir erwarten, dass, wenn unser Kursziel vier Punkte entfernt ist und wir unseren Stop ebenfalls vier Punkte vom aktuellen Kurs platzieren, die Wahrscheinlichkeit für das Erreichen des Kursziels, ohne vorher ausgestoppt zu werden, ebenso 50 Prozent beträgt, wie die Wahrscheinlichkeit, vorher ausgestoppt zu werden.

Würden wir die Wahrscheinlichkeit schlechter als 50 Prozent einschätzen, dass unser Kursziel erreicht wird, halten wir das Szenario für unwahrscheinlich (schlechter als wir es zufällig erwarten können), wäre es sicher die beste Alternative, die Position sofort zum aktuellen Kurs glattzustellen. Die Wahrscheinlichkeit von 50 Prozent bezeichnet somit eine minimale Erwartung, die wir haben müssen, um überhaupt auf unser Kursziel zu pokern. In diesem Fall (50 Prozent) darf aber unser Stop nicht weiter vom aktuellen Marktpreis entfernt sein als unser Kursziel. Denn sonst hätte die Pokerstrategie einen schlechteren Erwartungswert als die Variante, sofort die Gewinne mitzunehmen.

Haben wir unser Kursziel verpasst und müssen uns nun zwischen Gewinnmitnahme oder Pokern auf das Kursziel entscheiden, muss unser Stop mindestens so nahe an den aktuellen Preis nachgezogen werden, dass die Entfernung zwischen aktuellem Preis und Kursziel genauso groß ist wie die Differenz aktueller Preis / Stop. Dies gilt aber nur für den Fall, dass wir es für gleich wahrscheinlich erachten, welchen Punkt der Markt zuerst erreicht.

Gehen wir davon aus, dass es wahrscheinlicher ist, dass unser Kursziel noch erreicht wird (zum Beispiel weil der Markt sich in einem Trend befindet), können wir den Stop sogar noch etwas weiter entfernt lassen.

Wahrscheinlichkeit zusätzlicher Gewinne	**Minimum Entfernung des Stops (abrunden)** 5	10	15	20
10%	0,56	1,11	1,67	2,22
25%	1,67	3,33	5,00	6,67
50%	5,00	10,00	15,00	20,00
70%	11,67	23,33	35,00	46,67

Doch Vorsicht: Unsere Schätzung, warum wir es für wahrscheinlicher, wenngleich auch nicht für sicher halten, dass der Markt in die von uns favorisierte Richtung weiter läuft, darf nicht einfach auf Wunschdenken beruhen. Es ist wichtig, dass Sie wirklich einen Grund haben zu erwarten, dass die Wahrscheinlichkeiten für das vorzeitige Erreichen des Kursziels größer sind als dafür, dass zuerst der Stop erreicht wird.

Wenn Sie die Logik hinter den obigen Überlegungen verstanden haben, dann können wir daraus nun eine taktische Handlungsanleitung entwickeln. Dazu müssen wir den Trade und unser Entscheidungsmuster wieder in einen mehrstufigen Prozess zerlegen.

Bei der Entwicklung des Trades haben wir ein Kursziel definiert. Dieses benötigten wir, um zu erkennen, ob es sich bei dem Trade um eine sinnvolle Wette handelt. Erreicht der Markt nun dieses Kursziel, haben wir die Möglichkeit, den Gewinn zu realisieren oder um einen größeren Gewinn zu pokern. Wie Sie bereits aus den vorherigen Kapiteln wissen, ziehe ich es vor, um den Gewinn zu pokern. Allerdings muss der Erwartungswert des Pokerspiels um den Gewinn größer sein als der Gewinn, den ich bei direkter Glattstellung am Kursziel realisiere.

Wie groß der Erwartungswert ist, hängt wiederum von der Wahrscheinlichkeit ab, einen weiteren Kursgewinn von xy Punkten zu erreichen.

Auf der linken Seite der Tabelle haben wir die Wahrscheinlichkeiten für einen zusätzlichen Gewinn über das Kursziel hinaus aufgeführt, in der oberen Reihe verschiedene Kursgewinne.

Diese Matrix gibt für jede Kombination Kursgewinn mit entsprechender Wahrscheinlichkeit die Entfernung des Stop-Punkts an, an dem der Erwartungswert der Pokerstrategie gleich groß ist wie die sofortige Realisierung des Gewinns.

Erwarten wir zum Beispiel nur mit einer zehnprozentigen Wahrscheinlichkeit, dass der Markt noch fünf Punkte weiterläuft, müssten wir unseren Stop 0,5 Punkte unter dem Kursziel platzieren. In diesem Fall wäre es wohl praktischer, den Trade direkt am Kursziel glattzustellen.

Die Tabelle zeigt aber auch, dass der Stop fünf Punkte entfernt sein darf, wenn wir nur zu 25 Prozent erwarten, dass der Markt noch weitere 15 Punkte in unsere Richtung läuft. Legen wir also unseren Stop vier Punkte entfernt, haben wir bereits eine dominante Strategie, die auf Dauer zu einem höheren Ergebnis führt als die direkte Glattstellung.

Nun zur Taktik: Pokern Sie immer dann, wenn der Erwartungswert der Pokerstrategie größer ist als die unmittelbare Glattstellung.

Gehen wir bei Erreichen des Kursziels davon aus, dass die Wahrscheinlichkeit für einen weiteren Fünf-Punkte-Anstieg 50 Prozent beträgt, können wir den Stop auf fünf Punkte unseres Kursziels ziehen. Läuft der Markt tatsächlich weitere fünf Punkte in unsere Richtung, müssen wir im nächsten Schritt erneut überlegen. Wir gehen davon aus, dass ein weiterer Anstieg von zehn Punkten nur eine Wahrscheinlichkeit von 25 Prozent hat, sodass der Stop drei Punkte unter den aktuellen Marktpreis gelegt wird.

Sollten wir immer noch nicht ausgestoppt sein, gehen wir für den nächsten Anstieg nur noch von einer Wahrscheinlichkeit von zehn Prozent aus, sodass der Stop einen Punkt unter dem Markt-Level liegt. Wir ziehen also langsam, aber sicher die Schlinge zu, ohne uns jedoch aller Chancen zu berauben. Bitte beachten Sie, dass dies natürlich nur ein Beispiel ist.

Ihre Trading-Erfahrung spielt hier eine sehr wichtige Rolle, da sie Ihnen hilft, die richtigen Wahrscheinlichkeiten für einen weiteren Move in Ihre Richtung zu finden. Beachten Sie bitte, dass wir immer nur Wahrscheinlichkeiten von weniger oder maximal 50 Prozent für die von uns favorisierte Richtung angenommen haben. Selbst dann lohnt es sich zu pokern.

Ich halte es für taktisch unklug, beim Pokern darauf zu setzen, dass der Markt für einen läuft. Deshalb ist die höchste Wahrscheinlichkeit für ein positives Szenario maximal 50 Prozent, was einer zufälligen Bewegung entspricht.

Diese Taktik legt auch nicht nahe, dass wir den Markt voraussagen können, weil wir anfänglich von einem zufälligen Ergebnis ausgehen und dann langsam immer geringere Wahrscheinlichkeiten annehmen, um die Schlinge enger zu ziehen.

Wenn unser Kursziel erreicht wird, sollten wir mit dem Stop aggressiver werden. Diese Regel kennen wir bereits. Wie aggressiv, zeigt uns die Tabelle.

▶ Trading-Taktik 6: Da wir als Trader immer ein Risiko eingehen müssen, sollten wir es eingehen, so früh es geht

Eine weitere wichtige taktische Regel ist, dass wir Risiken immer zum frühestmöglichen Zeitpunkt eingehen sollten. Je weiter wir den Zeitpunkt hinausschieben, desto schwieriger wird es für uns, wenn sich das Risiko gegen unsere Erwartungen realisieren sollte.

Dazu ein Beispiel: Als Daytrader wollen wir am Ende des Tags immer flat sein. Unsere Positionsgröße schwankt zwischen 0,5 und 1,5 Prozent unserer Equity. Wann sollten wir das höchste Risiko eingehen?

Wir sollen das größte Risiko immer morgens eingehen. Denn wenn wir verlieren, haben wir noch den ganzen Tag Zeit, die Verluste aufzuholen.

Ein anderes Beispiel. Der Markt tradet in einer Range. Ihre Trading-Strategie legt einen Kauf nahe. Sie haben nun die Möglichkeit, entweder bei einem Ausbruch nach oben aus der Range zu kaufen oder aber in der Range. Da die Kurse sich nicht deterministisch bewegen, also der Kurs x + 1 nicht von seinem vorherigen Kurs abhängt, bringt der Ausbruch keine zusätzliche Information. Deshalb sollten wir die Entscheidung für den Kauf bereits vor dem Ausbruch fällen und durchführen. Nur wenn der Ausbruch tatsächlich eine zusätzliche Information bringt, die die Ungewissheit über den Ausgang des Trades vermindert, lohnt es sich zu warten.

Viele Trader warten aber gerne, weil sie glauben, dass der Ausgang eines Trades umso sicherer ist, je mehr Informationen sie haben. Dieser Einstellung liegt die Annahme zugrunde, dass das Ergebnis eines Trades bestimmbar sei.

Meiner Einschätzung nach ist das Ergebnis aber zufällig, sodass ein Zögern oder Warten auf den Ausbruch keine zusätzliche Information mit sich bringt. Deshalb funktionieren die meisten Ausbruchsstrategien im Daytrading nicht!

Nur wenn sich den Exit-Regeln zufolge durch den Ausbruch ein neuer Stop-Punkt ergibt, der insgesamt zu einem geringeren Risiko führt, lohnt es sich, auf den Ausbruch zu warten.

▶ Trading-Taktik 7: Sorgfältige Planung bringt Vorteile in unsicheren Situationen

Wir können die Zukunft nicht voraussehen, aber wir können uns optimal auf bestimmte Trading-Situationen vorbereiten. Viele Trader meiden die Eröffnung, weil hier der Markt häufig hektisch erscheint. Tatsache ist aber, dass der Trader gerade zu diesem Zeitpunkt die Möglichkeit hat, sich auf einen Trade sorgfältig vorzubereiten. Gleiches gilt für Wirtschaftsdaten.

▶ Trading-Taktik 8: Wer im Vorteil ist, darf diesen nicht wieder hergeben

Auf das Trading übertragen bedeutet dies, dass sowohl im einzelnen Trade als auch bei Betrachtung des Tagesgewinns oder Periodengewinns ein einmal erzielter Vorteil nicht wieder abgegeben werden darf. Sobald also Gewinne einen bestimmten Schwellenwert, eine gewisse Signifikanz erreicht haben, dürfen sie nicht vollständig wieder abgegeben werden.

Diese Regel hat nichts mit dem Markt zu tun. Sie ist eine taktische Überlegung, die dazu beiträgt, dass die Equity-Kurve nicht so erratisch verläuft und der Trader somit nicht emotional destabilisiert werden kann.

▶ Trading-Taktik 9: Stelle deine Gewinne niemals gestaffelt glatt

Trader beruhigen sich gerne, indem sie schon mal einen Teil ihrer Gewinne realisieren. Dafür verkaufen sie zum Beispiel ein Drittel oder die Hälfte ihrer Gesamtposition. So sehr dieses Verhalten zum psychischen Wohlbefinden des Traders beiträgt, ist es dennoch wenig empfehlenswert.

Erst einmal machen Sie mit einem Teil Ihrer Position immer einen Fehler – entweder mit dem zu früh glattgestellten oder dem anderen. Sie können also sicher sein, immer einen Trading-Fehler zu machen. Dieses Verhalten trägt aber auch dazu bei, dass Ihre durchschnittlichen Gewinne kleiner sind, als sie sein könnten, und damit Ihre Performance schlechter ist.

▶ Trading-Taktik 10: Leg Trading-Pausen ein

Heutzutage lege ich freiwillig Trading-Pausen ein, wenn es am Markt nicht so läuft, wie ich es mir vorgestellt habe. Meine Erfahrung zeigt mir, dass es sinnvoll ist, ab und zu innezuhalten und nachzudenken. Freiwillige Trading-Pausen sind Teil meiner Strategie geworden. In dieser Zeit sammle ich Kraft und reorganisiere mich. Ich bringe sozusagen meine Truppen für den nächsten Angriff in Stellung. Es ist eben nicht sinnvoll, immer nur anzugreifen und kopfüber loszustürmen. Ein geordneter Rückzug eröffnet Möglichkeiten für einen neuen, gezielteren Angriff.

Ich lege aber Trading-Pausen nicht nur nach einer Reihe von Verlusten ein, sondern auch, wenn mein Trading besonders gut gelaufen ist und ich merke, dass ich kurz davor bin zu überpowern – nicht nur körperlich, sondern auch in Sachen Trading-Frequenz und -Größe. Dieses freiwillige Zurücknehmen schafft mir einen Überblick, der mich stark macht.

The True Trader

Marcus Schulz

Für erfolgreiches Trading braucht man klare Strategien, ein fundiertes Marktverständnis und ein starkes Mindset. The True Trader erzählt die mutige Heldenreise des jungen Jimmy, der gegen die Schatten seiner Vergangenheit kämpft, um sich und seiner Familie im New York der 1920er-Jahre ein neues Leben aufzubauen.

Ein faszinierender Roman über das New York der 1920er-Jahre und über den Weg eines jungen Börsenhändlers, der nicht nur Spannung bietet, sondern auch wichtige Tipps und Weisheiten für angehende Trader bereithält.

208 Seiten | Hardcover | 25,00 € (D) | ISBN 978-3-95972-803-4

Die Essays von Warren Buffett

Lawrence A. Cunningham, Warren Buffett

Die fünfte, komplett überarbeitete Ausgabe – jetzt in vollständig neuer Übersetzung.

Die Essays von Warren Buffett genießen seit mehr als drei Jahrzehnten Kultstatus. Zusammengestellt und aufbereitet von einem der renommiertesten Experten für Value Investing, Lawrence A. Cunningham, bieten die hier zusammengefassten Briefe von Warren Buffett an seine Aktionäre einen unverklärten Einblick in die Investment-Philosophie des erfolgreichsten Investors aller Zeiten.

304 Seiten | Hardcover | 35,00 € (D) | ISBN 978-3-95972-768-6